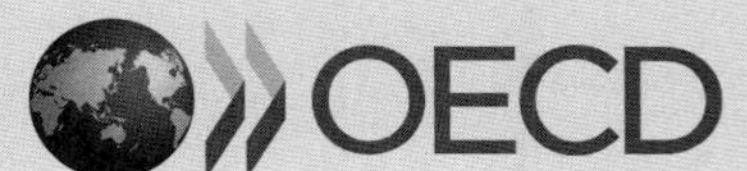

ITF
交通运输展望2017
ITF Transport Outlook 2017

经济合作与发展组织　著
Organization for Economic Co-operation and Development（OECD）
交通运输部科学研究院　译
China Academy of Transportation Sciences

人民交通出版社股份有限公司
China Communications Press Co.,Ltd.

图书在版编目(CIP)数据

ITF 交通运输展望. 2017 / 经济合作与发展组织著;交通运输部科学研究院译. — 北京 : 人民交通出版社股份有限公司, 2017.5

ISBN 978-7-114-13892-8

Ⅰ. ①I… Ⅱ. ①经… ②交… Ⅲ. ①交通运输发展—研究 Ⅳ. ①F503

中国版本图书馆 CIP 数据核字(2017)第 109428 号

著作权合同登记号: 01-2017-3674

书　　名: **ITF交通运输展望2017**
原 著 者: 经济合作与发展组织
译　　者: 交通运输部科学研究院
责任编辑: 崔　建　周　凯
出版发行: 人民交通出版社股份有限公司
地　　址: (100011)北京市朝阳区安定门外外馆斜街 3 号
网　　址: http://www.ccpress.com.cn
销售电话: (010)59757973
总 经 销: 人民交通出版社股份有限公司发行部
经　　销: 各地新华书店
印　　刷: 北京鑫正大印刷有限公司
开　　本: 880×1230　1/16
印　　张: 12
字　　数: 350 千
版　　次: 2017 年 5 月　第 1 版
印　　次: 2017 年 5 月　第 1 次印刷
书　　号: ISBN 978-7-114-13892-8
定　　价: 60.00 元
(有印刷、装订质量问题的图书由本公司负责调换)

ITF交通运输展望2017中文版

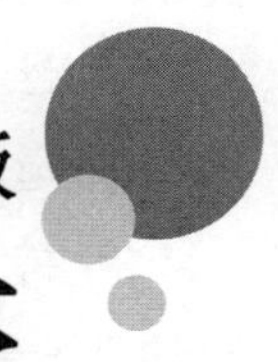

序

《ITF 交通运输展望》2017 版(以下简称本《展望》)首次集合了所有交通运输领域和交通运输方式的未来交通需求与 CO_2 排放的信息。以针对 OECD 和非 OECD 国家的长期预测作为基础,本《展望》分析了在不同政策情景下社会经济变化对交通需求的影响。从中我们得出了几项重要的发展趋势的结论,如世界范围内的交通活动将向发展中国家转移,其中亚洲国家所占的货运和客运总需求比例将不断增加。

所有地区的交通运输领域都面临着强烈的不确定性。不确定性与经济和贸易发展速度、油价、技术和创新相关,表明了世界交通的未来难以预测。不同政策情景下的预测结果不能被当作对未来 35 年间的实际交通预测,而是代表着不同未来的可能性。未来实际的发展将与哪种预测情况更为接近依赖于政策制定者采取的措施。在国际条约(如巴黎气候变化协定)需要被付诸行动时,《ITF 交通运输展望》中的政策情景表明交通运输行业脱碳化只有在客货运领域内都实施了一系列相关措施的情况下才可能实现。所有的政策手段都必须付诸行动,包括**避免**(不必要的交通需求)、**转变**(为可持续的交通方式)和**改善**(交通运输效率)。

建立本《展望》中描述的综合政策情景仅是国际交通运输论坛用于了解交通运输行业在经济脱碳化作用中的第一步。为了帮助各国实现目标,ITF 的脱碳交通运输项目旨在制定一个能有效缓解碳排放的措施清单,并在连贯的政策情景下评估这些措施的效用,并通过建立一个广泛认可的气候政策评估框架来帮助各国制定可持续交通策略。

同时,绿色交通的发展措施需要在与可持续交通发展的目标之间建立平衡。越来越多的人开始认同更好的交通运输发展不是运力和运量的增加,而是为就业机会、社会活动和市场提供平等的可达性,并为人们的健康和幸福牟利。交通政策需要关注可达性,而不仅是节省时间。本《展望》列举了如何在城市交通和国际航空运输领域分析政策对可达性的影响。

在遵循各国交通运输脱碳化承诺的同时,提供高效平等的交通服务极具挑战性。政策制定者们需要持有长期战略性眼光,并即时采取能确保交通未来可持续发展的行动。他们必须避免受目光短浅的节能行动的蒙蔽,尤其是那些涉及大量投资的项目,如基础设施建设。

政策制定者需要准备好迎接交通运力和绿色交通领域的创新型技术发展。信息化的影响已经在交通运输各领域产生了强烈的冲击。下一次交通运输革命即将到来,实时数据为供给和需求的匹配提供了更便捷有效的基础。未来几十年间,我们将迎接更具革命性的技术,首先是车辆自动化和需求响应交通。共享车辆能够以一种可持续发展的方式提高交通可达性。此类方式需要加以推广并且需要有足够的政策支持。没有这些铺垫,车辆自动化将使道路上行驶的车辆增多,并伴以空气污染、CO_2 排放、拥堵、不平等交通等问题。

可持续交通引领可持续发展,它是满足人们生活和经济需求的基础,同时还能确保我们的下一代实现他们自己的需求。可持续交通发展是一个难题,需要所有利益相关者的参与和帮助。为此,我希望本《展望》能有助于提高我们对即将面临的问题的认知,并作为我们制定有效解决方案的基础。

JoséViegas

国际运输论坛　总秘书长

序

国际运输论坛(ITF)《ITF 交通运输展望》2017 版报告从交通运输的“需求”和“排放”两方面出发,分析了在不同政策环境下社会经济变化对交通需求的影响,介绍了全球层面交通运输领域近来的发展趋势和未来短期内发展方向,对不同政策情景下未来至 2050 年货物运输和旅客运输及其相关 CO_2 排放发展趋势进行预测分析,全景展现了国际主要运输通道客货运输的完整图谱,是全球少有的全面预测交通运输需求趋势的高质量研究成果。

《ITF 交通运输展望》2017 版以数据为基础,针对 OECD 和非 OECD 国家的数据进行了长期跟踪;以模型为手段,ITF 模型以分析交通需求作为目标,测算了未来的人口、经济和贸易发展将带来的客运与货运需求变化;从综合交通运输视角出发,首次集合了所有交通运输领域和交通运输方式的未来交通需求与 CO_2 排放的信息。在全球人流、物流频繁交流的今天,报告既是我们把脉全球客货运输发展的窗口,也是我们思考和研判世界经济活力的依据。报告中关于中国交通运输的研究成果,可为中国交通管理部门制定相关政策提供参考。

《ITF 交通运输展望》2017 中文版是我院与国际运输论坛(ITF)首次合作出版的中文报告,得到了国际运输论坛的大力支持。报告的翻译出版在交通运输部国际合作司指导下完成,我院负责了全书的组织和翻译工作,主要参译人员有李忠奎、王显光、沈诗语、王先进、李艳红、武平、熊新竹、尚赞娣、杨天军、买媛媛、陈硕、刘蕾蕾等。报告的出版还得到了人民交通出版社股份有限公司的大力协助。国际运输论坛的陈贵能、黄伟萱等参与了中文版组织和校审工作,在此对他们的辛勤付出且富有成效的工作表示感谢。

交通运输部科学研究院　院长

2017 年 5 月 3 日

前言

《ITF 交通运输展望》2017 版拓展了前一版本的内容，对未来至 2050 年的交通需求和相关二氧化碳（CO_2）排放提供了全面的介绍。本《展望》中的政策情景是耗时数年与国际运输论坛（ITF）内部模型一起建立的。与大部分交通—能源模型框架不同，ITF 模型以分析交通需求作为基础，测算了未来的人口、经济和贸易发展将带来的客运与货运需求变化（附录 2. A）。交通方式选择、能源消耗和 CO_2 排放测算都在这一基础上进行。

本《展望》没有试图建立一个对于交通运量变化的实际预测，而是关注于揭示政策情景将对交通需求和 CO_2 排放造成的影响。本《展望》中包含所有交通方式，并将它们投入到相应的政策情景中。比较特别的是它设定了一个低碳环境，其中结合了所有交通方式中最乐观的政策方案，并用现在能预见的技术和交通方式选择发展路径为 2050 年的 CO_2 排放量指定了一个下限。

与 2015 版相比，本《展望》中加入了几项新的内容。尤其值得一提的是国际航空运输章节（第 4 章），以及有关我们对世界城市进行的城市交通分析章节（第 5 章）。本《展望》还关注于航空运输和城市交通的可达性问题。可达性已经成为分析交通政策的关键指标，因此本《展望》对于可达性的长期发展和它与政策措施之间的关系进行了相关的讨论。

前言

致谢

《ITF 交通运输展望》是由 ITF 统计与建模部门编写的，在编写过程中得到了很多个人与组织的支持。本文在 Jari Kauppila（统计与建模部门主任）的指导下，由 Vincent Benezech 整理出版。每章的主要作者如下：

第 1 章　交通运输行业现状	Vincent Benezech、Christian Pollok、Jari Kauppila
第 2 章　至 2050 年交通运输需求和 CO_2 排放	Vincent Benezech、Guineng Chen、Jari Kauppila
第 3 章　国际货物运输	Ronald Halim、Jari Kauppila、Luis Martinez、Olaf Merk
第 4 章　国际航空旅客运输	Vincent Benezech
第 5 章　城市交通	Guineng Chen（全球交通模型）、Nicolas Wagner、Olga Petrik 和 Christian Pollok（可达性）、Wei-Shiuen Ng（亚洲城市）

Claire Alanoix，Mario Barreto，Ryan Hunter 和 Rachele Poggi 提供了数据和研究协助。Cecilia Paymon、Janine Treves 和 Margaret Simmons 在出版过程中提供了帮助。Suzanne Parandian 复制编辑了原稿。

本《展望》经由联合交通研究中心委员会审阅，编写组非常感谢他们提供的建议和帮助。作者们还非常感谢 ITF 成员的帮助，特别是 Jagoda Egeland，Seiya Ishikawa，Alain Lumbroso，Olaf Merk，Stephen Perkins 和 Daniel Veyrard。ITF 还得到了 OECD 以下部门的帮助：造船工作组、环境司和国际能源署。

以下合作伙伴在方法研究和数据提供方面为编写组给予了很有价值的援助：国际清洁交通委员会（ICCT）有关地方污染排放方面的帮助；印度能源和资源部（TERI）、中国交通运输部科学研究院（CATS）、日本国际合作署（JICA）、中国交通运输部规划研究院和亚洲发展银行（ADB）有关亚洲城市数据方面的帮助；拉丁美洲经济委员会（ECLAC）和拉丁美洲发展银行（CAF）有关拉丁美洲城市和贸易数据方面的帮助；世界可持续发展工商理事会会道路货运实验室（WBCSD）有关货物运输优化方面的帮助；国际民航组织（ICAO）和欧洲国际机场理事会（欧洲 ACI）有关航空运输量预测与排放量预测方面的帮助；Sky Scanner 慷慨地提供了航空领域的票价数据库。

最后，ITF 秘书组还将表达对几位个人的感谢，包括 Tristan Smith 博士（伦敦大学学院）、Sainarayan Ananthanarayan 和 Antonin Combes（ICAO），Lloyd Wright，Melissa Cardenas 和 Alvin Mejia（ADB），Dr Cristiano Façanha（ICCT），Pierpaolo Cazzola（IEA），Jean Chateau 和 Karin Strodel（OECD）以及 Sudhir Gota（亚洲清洁空气中心）。

目录

概　述

0.1　背景

《ITF 交通运输展望》2017 版(以下简称本《展望》)介绍了全球层面交通运输领域近年来的发展趋势和未来短期内的发展方向。文中还记录了在不同政策情景下,针对未来至2050 年货物运输(海运、航空和陆运)和旅客运输(公路、铁路和航空)及其相关 CO_2 排放发展趋势的预测。

文中重点关注了 2015 年以来全球主要政策、经济和技术变革及其他国际发展动态(如联合国可持续发展目标的制定)对未来交通的影响。聚焦城市内部的可达性以凸显相关政策在为全民提供平等的出行权力与服务方面的作用。

0.2　发现

尽管本《展望》的基准情景中已经设想我们取得了很大的技术进步,但交通运输行业产生的 CO_2 排放量在 2050 年前仍将增加 60%。基于 OECD 的贸易量预测,国际货运量在基准情景下将增长为原有的三倍,如果没有采取其他的措施,仅全球货运便能增加 160% 的 CO_2 排放量。这很大程度上归咎于公路运输量的增加,尤其是在缺乏短途铁路运输的地区(如东南亚地区)。优化运输路径或在运营商间共享运输车辆与仓库将提高运载系数并减少空载次数,执行此类措施可以减少三分之一的公路运输 CO_2 排放量。

航空客运量将继续迅速增长,因为航空运输网络正在覆盖全世界越来越多的城市。在未来的 15 年间,航空客运量的年增长率将在 3% ~6%,其中亚洲内部线路的增长率最高,达到近 10%。即使燃料利用效率有所进步,但国际航空领域的 CO_2 排放量在 2015—2030 年将增长约 56%。自由航空服务协定与低成本的区域内航线将使航空网络进一步扩张,运输价格进一步下降,从而导致运量的增长。由于运输时间变短,世界上各个城市间的通行将更为方便。尽管航空运输的区域可达性存在差异,但兴建区域机场和建立更好的机场与城市间的通道将解决这一问题。

城市机动化运量在 2015—2050 年将增加一倍,在本《展望》的基准情景下,2030 年和 2050 年的运量将分别增长 41% 和 94%。私家车占有率在发展中国家将继续快速增长,而在发达经济体中仅存在些微小的下降。在以公共交通为导向的政策情景下,机动化客运周转量也将达到类似的水平,但公交和轨道交通需求将超过总需求的 50%。

0.3　政策启示

0.3.1　2016 年巴黎气候协定必须在交通领域付诸实践

为了将 CO_2 排放量维持在 2015 年的水平,需要实施一系列有关的政策和措施。所有类型的政策

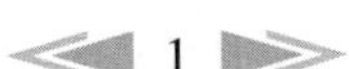

都需要付诸行动:避免不必要的交通需求、转变为可持续的交通方式和改善交通运输效率。同时还需要出台相应的市场机制,如国际民航组织制订的国际航空碳抵消方案。根据国际能源署针对不同行业制订的气候变化减缓设想,通过采取一系列措施有可能将全球变暖限制在比工业化前水平高 2℃以内,而不是巴黎协定期望的 1.5℃。

0.3.2 政策制定需要适应和应对革命性创新交通发展

电动汽车、自动驾驶和新型共享交通等方面的技术创新都有可能从根本上改变交通发展模式,尤其在城市交通领域。某些创新技术为降低 CO_2 排放量和促进包容和平等的交通服务提供了可能。在货运领域,自动驾驶货车将为公路货运带来的竞争优势。政策和规划需要考虑这些技术变革的影响,避免建设可能即将面临淘汰的昂贵的基础设施,并避免将自己限制在碳密集或不平等的交通发展道路上。

0.3.3 减少城市交通 CO_2 排放量需要优化车辆和燃料技术

仅靠技术进步无法达到城市 CO_2 减排的目标,还需要采取能够改变出行行为的政策(如征收燃油税和降低公共交通票价)以及限制城市扩张的土地利用政策。以减少地方空气污染和拥堵为目标的政策也可能将减少城市交通 CO_2 排放量作为其附属作用,因为地方空气污染和拥堵是很多城市中最为紧要的交通问题。

0.3.4 有针对性的土地利用政策能降低为城市提供更为平等的服务的交通基础设施需求

为就业和服务提供平等的可达性是联合国可持续发展目标中的一项子目标。在很多城市中,私家车能够提供更灵活的服务,意味着私家车的可达性即使是在考虑交通拥堵的情况下也优于公共交通。但是,公共交通有能力提供更具包容性的服务,因为经过合理的规划,它能为所有出行者提供服务。随着高密度城市公共交通系统向更高效的方向发展,有针对性的土地利用政策将能有助于提升城市的可达性。

0.3.5 政府需要制定规划来适应消费、生产和分配模式改变带来的不确定性

以长期战略性发展为基础的敏捷规划程序,将有助于适应全球需求、制造和运输路径模式变化带来的不确定性。时机上的安排对于良好的基础设施规划和逐步实施平稳的基础设施容量投资(如港口建设)是至关重要的。这类规划需要为未来发展指明方向,制订投资优先顺序,并指出未来可能面临的发展瓶颈。它们还能够成为土地储备的基础,如针对未来港口和通道的建设规划。

第I部分

全球交通运输展望

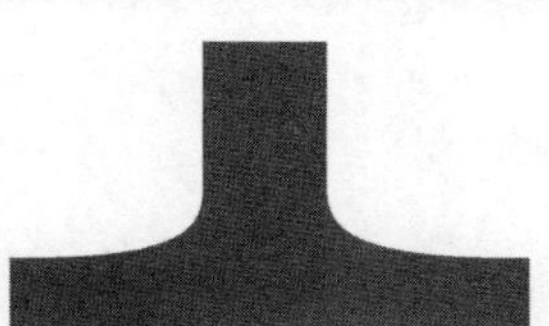

第1章　交通运输行业现状

本章对全球交通运输行业现状及近期发展趋势进行了概述。总结了自2015年以来交通运输行业的主要政策、经济和技术变化，并介绍了其他将改变交通运输行业未来的国际发展形势。其中列述了影响交通运输发展的三项宏观经济趋势：国内生产总值(GDP)增长、国际贸易和油价。本章随后重点介绍了有关货运(海运、航空和地面运输)、客运(公路、铁路和航空)、二氧化碳(CO_2)排放以及内陆基础设施投资的现状和近期发展趋势，为之后各章节中提到的发展模型环境和长期预测提供了基础。

过去的两年间国际形势发生了一系列重大变化，这些变化都将在未来的数十年间为世界交通运输变革指明道路。2015年12月，在联合国气候变化框架公约(UNFCCC)第21次会议(COP21)上，193个国家共同签署了巴黎气候变化协议，预示着人类向采取法律约束手段长期对抗气候变化的负面影响迈出了第一步。此外，还有162个国家制定了国家自主贡献(NDCs)，通过量化每个国家需要减少排放的目标，并公开为了实现目标所要采取的政策，用于强化该条约的执行。约四分之三的NDCs都明确地将交通运输作为一个减少排放的来源，10%的协议中都包含交通运输行业相关的气候减缓目标(SloCaT, 2015)。巴黎协议定有每五年一次的审查程序，这对交通运输行业制订实现碳中和的措施提供了动力。一些全球超大的经济体，包括中华人民共和国和美利坚合众国，都已经批准了这项条约，对于世界而言是一个强有力的信号。

巴黎协议所定下的承诺目前需要付诸行动。交通运输行业相关的排放量依然在快速增长，2015年占据了约18%的人造CO_2排放量。即使所有的发达经济体都在努力遏制交通运输行业相关的碳排放，这个挑战依然巨大。但是，解决这一问题对于交通运输行业而言有巨大的协同效益，能够同时减缓拥堵并减少地方污染对居民健康的影响。此外，还能为经济增长提供机会。拥堵和不可靠性对交通使用者而言增加了很多实际费用，而且对于经济的生产率与增长有极大的影响(ITF,2010)。经济合作与发展组织(OECD)国家内公路交通运输所产生的空气污染预计每年将造成近1万亿美元的经济成本，这包括由空气污染造成的生命损害与健康影响(OECD,2014)。

近期发生的另一重要事项是2016年联合国大会上采纳的2030年可持续发展议程，其中强调了交通运输在经济发展中所扮演的角色的重要性(见文本框1.1)。2030年议程由17项可持续发展目标(SDGs)组成，并由169项具体目标予以支持。可持续交通在这17项主要目标的7项中都有所提及，而具体目标中也有5项直接与交通运输相关，7项间接相关。这些具体目标涉及范围广泛，也包括道路安全领域(具体目标3.6)，提升全球道路安全政策的显著性、紧要性和目标性。道路安全领域在目前而言非常关键，因为每年都有超过120万人死于道路交通事故，且有更多的人因事故而受伤。

另一项具体目标(11.2)强调可能转变城市客运的一个深刻的变化。该目标旨在于2030年前“向所有人提供安全、负担得起的、易于利用、可持续的交通运输系统”，涉及道路安全、基础设施建设，以及特别关注处境困难者、妇女、儿童、残疾人和老年人的需要。该目标强调要将政策和投资重点从节省时间和交通需求上转移至交通的可达性上。在这一新的范式下，人人拥有平等的工作可达性、服务可达性及其他机会的可达性将比出行时间或旅客周转量的微小改变更取得优先权。这将深刻地改变我们对交通基础设施及服务的认知和政策评估的过程。

文本框1.1　联合国可持续发展目标

2015年9月,联合国大会采纳了2030年可持续发展议程。2030年议程由17项可持续发展目标(SDGs)组成,并由169项具体目标予以支持。可持续交通在这17项目标的7项中都有所提及,而具体目标中也有5项直接与交通运输相关,7项间接相关(表1.1)。

联合国可持续发展目标中与交通相关的具体目标　　表1.1

目　　标	具体目标
SDG2 零饥饿	具体目标2.3　实现农业生产力翻倍和小规模粮食生产者(进入市场)
SDG3 良好健康与福祉	具体目标3.6　2020年前将全球公路交通事故造成的死伤人数减半 具体目标3.9　大幅减少危险化学品以及空气、水和土壤污染导致的死亡和患病人数
SDG7 经济适用的清洁能源	具体目标7.3　全球能效提高一倍效率
SDG9 产业、创新和基础设施	具体目标9.1　发展优质、可靠、可持续和有抵御灾害能力的基础设施
SDG11 可持续城市和社区	具体目标11.2　向所有人提供安全、负担得起的、易于利用、可持续的交通运输系统 具体目标11.6　减少城市的人均负面环境影响
SDG12 负责任消费和生产	具体目标12.C　对鼓励浪费性消费的低效化石燃料补贴进行合理化调整
SDG13 气候行动	具体目标13.1　加强各国抵御和适应气候相关的灾害和自然灾害的能力 具体目标13.2　将应对气候变化的举措纳入国家政策、战略和规划

来源:可持续交通高级顾问组(2016),《发展使交通可持续》。

这些目标为全球机动性(交通)未来10~15年的转变指明了方向。但是,这些目标各种各样。某些目标很直观——如SDG具体目标3.6为2020年前将全球公路交通事故造成的死伤人数减半。与之相反,具体目标9.1为"发展优质、可靠、可持续和有抵御灾害能力的基础设施,包括区域和跨境基础设施",并没有具体阐释一个量化的目标。

2015年后发展议程谈判中很重要的一部分是关于在各可持续发展目标下的具体目标的指标。可持续发展目标指标跨部门和专家组(IAEG-SDGs)负责为全球2015年后发展议程的目标和具体目标制定指标体系,并且支持它们的实施。

与这些国际交通议程中的大事件一道,过去两年间还发生了几项技术革新。电动车逐渐替代化石燃料汽车,2015年全世界有超过130万电动车上路行驶。自动驾驶车辆的概念也不再遥远。此外,新出行方式如车辆共享和拼车,将出行与车辆所有权分开。未来信息技术的创新将为出行铺平道路,出行者将及时得到有关其出行最佳路线的多种交通方式的信息,包括路程规划和费用(见第5章有关共享机动性的描述)。私有和公共交通方式,包括出行共享和车辆共享服务,都在以更高效和可持续的方式为人们提供交通服务。一些国家已经开始探索这种形式转变可能带来的影响。这预示着目前建设的很多交通基础设施可能在未来10~20年被淘汰。

1.1　交通运输和经济环境

除了政治和技术进步的影响,交通需求还是主要与经济因素影响。从历史上看,国内生产总值(GDP)增长与客货运输增长之间有明显的数据相关性(Bannister和Stead,2002)。人均收入水平增长对于私家车保有量和使用量有正面影响，增加私家车的依赖性来满足交通需求，在新兴经济体中尤其明显。

自上一期的《ITF 交通运输展望》(ITF,2015a)出版后的这一段时期主要有三项宏观经济趋势特点，每一项都对交通运输行业有重大影响。经济增长比预期缓慢而会继续受到下行风险和不确定性的影响。国际贸易量增长目前保持与 GDP 增速相同，而在 2008 年经济危机之前，贸易量增长是 GDP 增速的两倍。油价也降至了过去十年间的最低水平。贸易量的疲软极大地影响了海运行业，并将其置于非常危险的境地。海运受到能力过盛的影响，部分归咎于大型船舶的使用。这在整个供应链内都形成了连锁反应，因为很多国家都在港口上投资过剩，而部分港口并不适宜于容纳大型船舶，而且内陆运输网络也受到越来越拥堵的影响。

经济和贸易活动是交通运输需求的主要驱动力。低油价限制了出行者的行动力，货运领域也受到经济环境不佳的严重影响。海运交通是世界贸易的脊梁，其增长率继续远低于 2015 年的预期(KPMG,2016)。集装箱运输船舶数量和容积的增长加剧了海运能力过盛的问题，并降低了集装箱运输量的增长率。航空货运量也在 2015 年遭遇了比以往低很多的增长。与此相反，由于油价和喷气燃料价格的降低，世界航空客运量在 2015 年增长了 6.8%。

1.1.1 国内生产总值

金融危机 8 年后，世界经济仍在努力寻找稳定的复苏途径。全球 GDP 增速在 2015 年大约为 3%，而且 2016 年的增速很可能也会保持这一数值(OECD,2016)。OECD、世界银行和国际货币基金组织(IMF)下调了之前所预测的 2020 年前增长趋势，认为全球 GDP 增长率在 2017 年将仅会有少量的增长，预计在 3.3% ~3.6%(表 1.2)。

历年 GDP 增长率(%)变化 表 1.2

项　目	2014	2015	2016	2017
OECD				
世界	3.3	3.0	3.0	3.3
OECD 国家	1.9	2.1	1.8	2.1
非 OECD 国家	4.6	3.7	3.9	4.4
中国	7.3	6.9	6.5	6.2
世界银行				
世界	3.4	3.1	3.1	3.6
高收入国家	1.7	1.6	1.5	1.9
发展中国家	4.9	4.3	4.3	4.9
IMF				
世界	3.4	3.1	3.2	3.5
发达经济体	1.8	1.9	2.0	2.0
新兴经济体	4.6	4.0	4.1	4.6

注：2016 和 2017 年的数字为预测。来源：OECD(2016)《经济展望》，http://dx.doi.org/10.1787/eco_outlook - v2016 - 1 - en；世界银行(2016)《经济前景》(www.worldbank.org/en/publication/global-economic-prospects)和 IMF(2016)《世界经济展望》(www.imf.org/external/pubs/ft/weo/2016/02)。

发达经济体预计在 2016—2017 年的平均经济增长率将低于 2%。相关的宏观经济政策和持续低廉的商品价格可能会使发达经济稍微复苏，但这需要假设工资和商业投资持续增加而且金融市场需要保持稳定(OECD,2016)。新兴经济体中经济发展放缓的表现在不同国家之间有巨大的差别。中国经济调整的力度比之前预计的要大，这是因为国内消费的回弹以及服务业的强劲增长(IMF,2016)。巴西的经济低迷程度比预期更为严重，而俄罗斯自 2015 年开始便陷入了经济衰退，对其他转型经济体产生负溢出效应。

近期全球经济的复苏似乎都逐渐放缓了。主要的风险因素在于新兴市场增长减速,而发达经济体的经济活动也进一步趋缓,金融市场的复杂多变,地缘政治紧张和对刺激经济增长的政策缺乏信心(世界银行,2016)。2016 年 6 月 23 日全民公投之后,英国正式从法律意义上脱离欧盟(Brexit),这可能造成金融市场巨大的额外波动并延长不确定性发展的期限,对于英国、欧盟及世界其他区域而言都有负面影响(OECD,2016)。

考虑到这些变化,《ITF 交通运输展望 2017》修订并调低了 2015 版本中的所有经济预测。这些修订仅反映了 2015 和 2021 年间经济预测的变化,但这些影响将持续至 2050 年(表 1.3)。因此,本文中大部分交通需求相关的预测数值都比之前的版本要低(见第 2 章)。

GDP 年增长率(复合年增长率,%)　　表 1.3

项　　目	2015 版	2017 版
2013—2017 年		
世界	3.7	2.4
OECD 国家	2.1	1.9
非 OECD 国家	5.5	4.0
2015—2050 年		
世界	3.1	2.5
OECD 国家	2.0	1.9
非 OECD 国家	4.0	3.6

1.1.2 国际贸易

世界贸易量增长比之前预测的要低许多。2016 年将是全球贸易量增长率连续低于 3% 的第五年,与 2015 年相比仍保持 2.8% 不变(表 1.4)。2014 年初对 2014 年和 2015 年增长率的预测值分别为 4.7% 和 5.3%,这一预测被证明过于乐观。发达经济体在 2015 年的进口量增长率为 4.5%,但在新兴经济体中,进口量基本停滞增长。出口量的变化类似。贸易量增长率预计将在 2017 年逐渐加速至 3.6%。但是,增长率预测仍然低于 20 世纪 90 年代的平均值 5.0%,并存在巨大的下行风险,如新兴经济体发展的进一步放缓以及金融市场的变化与波动(WTO,2016)。

世界商品贸易(2012—2017)(年均变化率,%)　　表 1.4

项　　目	2012	2013	2014	2015	2016*	2017*
世界	2.2	2.4	2.8	2.8	2.8	3.6
出口量						
发达经济体	1.1	1.7	2.4	2.6	2.9	3.8
新兴经济体	3.8	3.8	3.1	3.3	2.8	3.3
北美洲	4.5	2.8	4.1	0.8	3.1	4.0
中南美洲	0.9	1.2	-1.8	1.3	1.9	1.9
欧洲	0.8	1.7	2.0	3.7	3.1	4.1
亚洲	2.7	5.0	4.8	3.1	3.4	4.0
其他区域	3.9	0.7	0.0	3.9	0.4	0.4
进口量						
发达经济体	-0.1	-0.2	3.5	4.5	3.3	4.1
新兴经济体	4.9	5.0	2.1	0.2	1.8	3.1

续上表

项　目	2012	2013	2014	2015	2016*	2017*
北美洲	3.2	1.2	4.7	6.5	4.1	5.3
中南美洲	0.7	3.6	-2.2	-5.8	-4.5	5.1
欧洲	-1.8	-0.3	3.2	4.3	3.2	3.7
亚洲	3.7	4.8	3.3	1.8	3.2	3.3
其他区域	9.9	3.7	-0.5	-3.7	-1.0	1.0

*:2016 和 2017 年的数值为预测值;亚洲包括日本和韩国。

来源:WTO(2016),www. wto. org/english/news_e/pres16_e/pr768_e. htm。

图 1.1 重点强调了新兴经济体和发达经济体在贸易量增长方面的区别,新兴经济体在 21 世纪初贸易量增长比较迅速,这一增长势头在 2008 年之后再度兴起。近年来全球贸易量增长率低迷归咎于发达经济体出口量不温不火的增长,尤其是这些经济体中较低的需求,进口量的需求增长率低,相应地导致新兴经济体中出口量的缓慢增长。自此,新兴经济体和发达经济体之间的差距便越来越大。

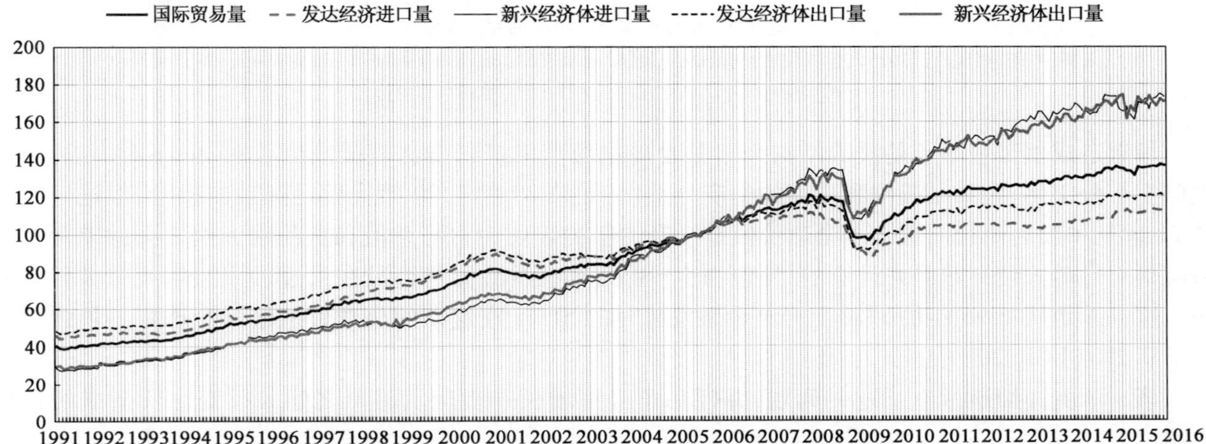

图 1.1　发达和新兴经济体中国际贸易量每月指标(2005 = 100,季度调整量)

来源:CPB(2016)国际贸易追踪,www. cpb. nl/en/figure/cpb-world-trade-monitor-august—2016。

数据链接:http://dx. doi. org/10. 1787/888933442205。

即使 2015 年商品贸易量有所增长,其贸易价值却在下降。按现值美元计算,贸易价值从 2014 年的 19 万亿美元下降至 2015 年的 16.5 万亿美元,下降了 13%(WTO,2016)。这一下降主要是由于商品价格和汇率的波动,从某种程度上是中国经济增速减缓和美国石油产量反弹导致的。各种石油和矿石产品对 2015 年贸易价值降低要负担过半责任。

世界贸易量增速放缓不仅体现在其绝对值上,也与 GDP 变化相关。金融危机之前的二十年间,世界贸易量急速增长,超过了 GDP 的增长。2008—2009 年开始,贸易量增长率仍然超过 GDP 增长率,但它们之间的关系逐渐弱化了(图 1.2)。贸易量的降低持续扩散至各个区域,而且就算考虑到贸易价值的下降,这一现象在增长率较低的区域也存在着(IMF,2016)。IMF 指出,在 65% 的国家中的平均进口量增长率与 GDP 增长率的比值,也是进口需求的收入弹性(因素),在 2012—2015 年低于其在 2003—2006 年的平均值,这也代表了全球 74% 的进口量。新兴经济体中进口收入弹性的降低比发达经济体更为显著。尽管亚洲的发展中经济体收入大幅增长,但都发生了贸易量增长减弱的现象,包括中国。

近年来贸易量和收入增长之间关系的变化造成了有关其近期和远期潜在因素和影响的争议。贸易疲软从某种程度上可以用周期性因素来解释,尤其是在金融危机之后,贸易需求有所降低,包括商业投资需求(ECB,2014)。但是,从历史角度来看,1990—2007 年弹性系数关系表现得异常强烈,可能是由于支持贸易的结构因素导致的,而这些因素目前已不再存在。举例来说,2000 年之前,运输成本降低、贸易障碍的减少，以及贸易商品相对价格的下降都促进了贸易量的迅速增长，但在20世纪90年代中期之后这一趋势逐渐趋向平稳，因此如今贸易量不再与收入增长有那么紧密的联系可能也是正常现象。

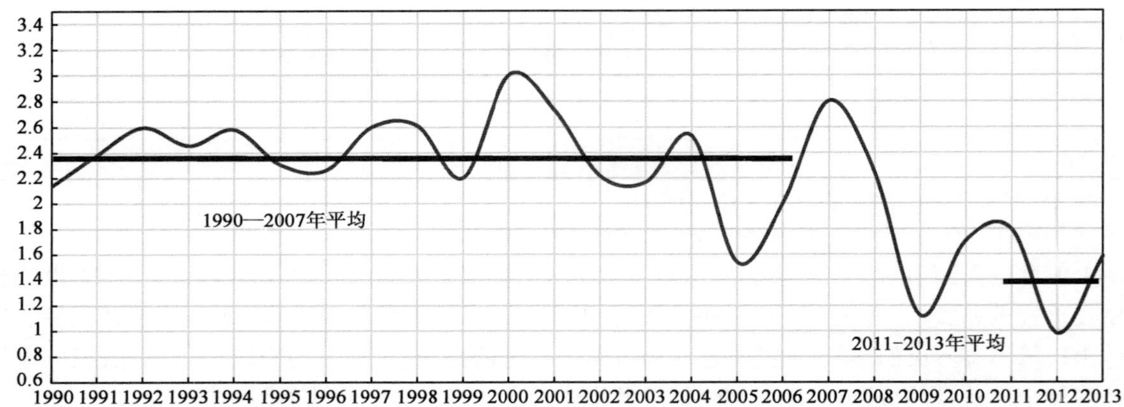

图1.2　全球贸易量与GDP的弹性系数

来源：基于世界银行（2016），世界发展指标，http://data.worldbank.org/data-catalog/world-development-indicators。

数据链接：http://dx.doi.org/10.1787/888933442219。

最近造成贸易量增长趋缓的结构因素是全球供应链的扩张率比较缓慢（Constantinescu 等，2015）。全球生产分工化，尤其是美国和中国的生产分工化，导致20世纪90年代贸易弹性的提升，但这一趋势在21世纪中期后便趋向缓和。全球价值链提升的影响表现为贸易总值和贸易附加值之间的差距。贸易流是通过船方装卸数量来计算的，外包物流产品可能会导致贸易商品在通过国家边境线时被计算两次。这一差距从1995年的33%上升至金融危机时的51%，在这期间全球价值链为全球贸易量弹性增加了0.2%（ECB，2014）。

第3章更详细地讨论了这一问题，并评估了经济增长和货运贸易量之间关系变化所造成的长期影响。

1.1.3　油价

原油价格的降低在2014和2015年尤为剧烈，这是由于油品供应的增加以及全球需求量减少所共同导致的，还有部分原因是能源利用效率的提升。英国布伦特原油、迪拜原油和西得克萨斯中间基原油的平均价格在2014年一年中下降了47%（图1.3）。预计在2016年这一价格会继续下降16%。到2017年，平均原油价格预计将回升16%，但是在短期内该价格不会恢复到其最高水平。IMF预测2016年一桶原油的价格仅为35美元，2017年的价格为41美元，比2007—2017年的平均值要低一半以上（IMF，2016）。供应导致的油价下降是否对世界经济有积极影响仍然存在争议。IMF之前的预测暗示积极的石油供给冲击将对全球经济活动有益，因为受益于石油的国家中的边际消费倾向高于原油输出国。而且根据这一预测，全球GDP在2021年前将增长1%，全球需求的减弱将多于其正面影响。此外，如果主要的石油输出国承受了财政和金融压力，则可能导致能够吸收低价冲击的公共消费和投资减少（IMF，2016）。

尽管短期预测显示2017年油价将经历缓慢的反弹，但何时油价将达到均衡价格仍然具有不确定性。需求的提升和供给的减缓预计将在近期和中期带来油价的重新平衡。国际能源署（IEA）假设的新政策情景下，油价将在2020年前达到新的平衡，为每桶80美元（IEA，2015）。与此相对的是另一种低油价的情形，均衡价格在步入2020年代前可能一直会维持在每桶50~60美元。以这种价格水平，交通行业的油产品需求可能会提升，寻求其他替代性能源的动力也会减少。例如在航空领域，低油价环境预示着燃油效率的年均增长率将降低0.1%。

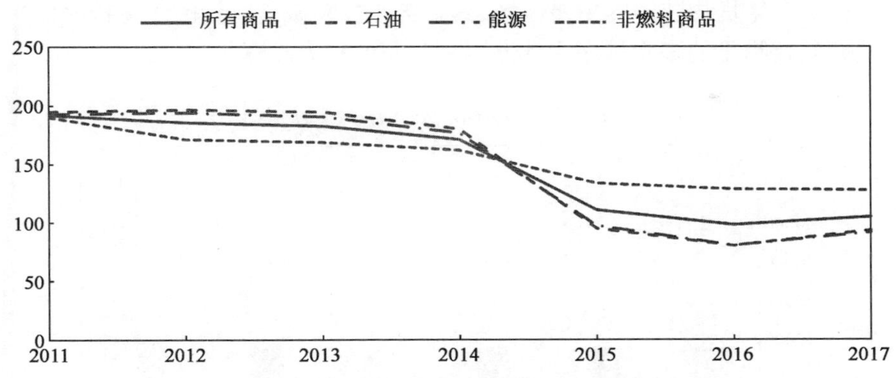

图 1.3 主要商品价格指标(定值美元,2005 = 100)

注:石油指的是原油现货:英国布伦特原油、迪拜原油和西得克萨斯中间基原油的现货价格。

来源:IMF 主要商品价格,www.imf.org/external/np/res/commod/index.aspx。

数据链接:http://dx.doi.org/10.1787/888933442224。

油价对交通行业的影响不容小觑。从短期至中期来看,低油价将威胁到各类有关对抗气候变化的承诺:它将鼓励石油燃烧,使清洁能源和技术投资陷入风险,对于清洁能源技术公司而言是个挑战。自2015 年初开始,当油价跌破每桶 60 美元后,SUV 的销量从之前的低谷中走出。很多国家中的私家车行驶里程也开始有所回升(可见本章之后的客运部分)。

但是,目前的低油价对于清洁能源长期投资也是个机会。当传统能源竞争越来越强,真正具有价格竞争力的清洁动力可能会出现。IEA 估计尽管现在的油价较低,但能效市场会继续扩大(IEA,2015)。这是一个通过政策鼓励和补助投资研究和发展清洁能源的机会,是为了之后发展不需要政府补贴的技术。如果政府利用这个机会制定严格的价格政策,则现有的低油价时期也是有益的,因为政府政策在成品油价格不高的时候更容易被接受。

1.2 货物运输

1.2.1 海上货运

海上运输仍然是长距离贸易的主要运输方式,占据全球贸易量的 80%,贸易价值超过 70%。全球海上贸易量在 2015 年增长了 2.1%(根据去年可追溯的数据计算):增速明显比前几年要缓慢(图 1.4)。该贸易量在 2015 年第一次超过了 100 亿吨,占全球商品贸易量的近三分之二(UNCTAD-stat)。以吨英里计算,海上贸易周转量增长了 2.9%,更清晰地表明了运输服务和运输量的需求。持续较低的商品价格与新兴经济体发展速度减缓和中国进口需求低迷相关,这也能导致未来几年海运价格的走低(IHS,2015)。

从商品进化的角度来看,干货运输占据总国际海上贸易量的 70.7%,其次是油轮贸易,包括原油、石油和汽油。干货运输在 2015 年增速放缓至 1.2%,其 2014 年的增速为 5%(图 1.5)。这表明主要商品运输量的增速减缓,尤其是煤炭,还表明中国建筑和基础设施投资的减少和趋缓(UNCTAD,2016)。与 2014 年相比,次要散装货的增长速度减缓至 1.5%,其他干货的增速为 2.6%。与此相反的是,由于油产品巨大的供应量和油价的降低,油轮贸易量达到了 2008 年以来的最高水平。经过两年的紧缩,原油运输量在 2015 年增长了 3.8%。石油和汽油运输量从 2014 年的 2.6% 上升至 2015 年的 5.2%。发展中国家仍然是海上货运需求的主要来源。这些国家在 2015 年贡献了 60% 的装载货物和 62% 的卸载

货物。亚洲仍然是2015年货物装卸的主要区域，其余各州按装载货物量的多少排序依次为美洲、欧洲、大洋洲和非洲，按卸载货物量的多少排序为欧洲、美洲、非洲和大洋洲。

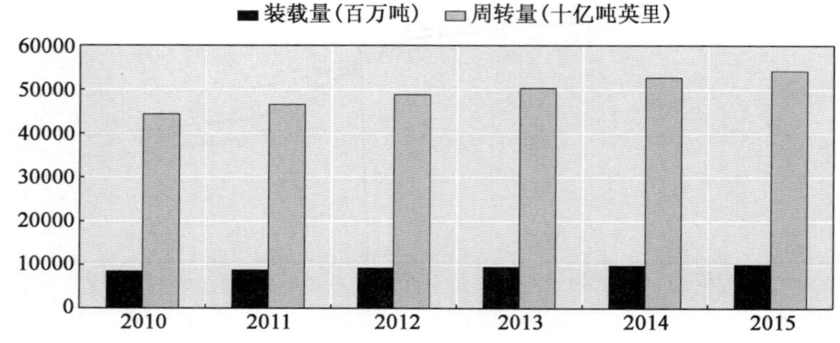

图1.4 国际海上贸易2010—2015(百万吨和十亿吨英里)

来源：UNCTAD(2015)，《海上运输和UNCTAD数据回顾》。

数据链接：http://dx.doi.org/10.1787/888933442234。

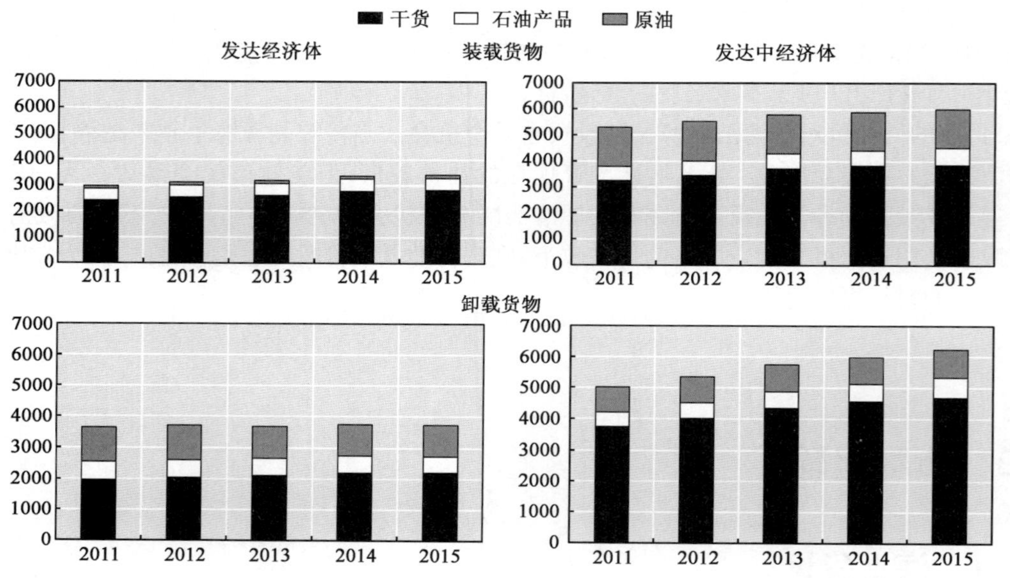

图1.5 按不同货物种类和国家组合划分的国际海上贸易量(百万吨)

来源：UNCTADstat。

数据链接：http://dx.doi.org/10.1787/888933442245。

集装箱贸易的增长幅度在2014年达到最大，增长率为5.6%，目前占据全球海上贸易量的15%(图1.6)。集装箱港口的吞吐量在不断增长，而且船舶体积的增长更为集中。UNCTAD估计2014年全球共运输了1.82亿整装集装箱。同年，所有集装箱港口吞吐量增长超过两倍，表明有很大一部分集装箱为空箱返还(UNCTAD,2015)。这一情况可能与超大型船舶的出现有关，极大地增加了近年来集装箱船的运载能力(ITF,2015b)。自2000年以来，集装箱船的装载能力每7年便会翻倍，预计到2017年装载能力将超过2100万标准箱(Reuters,2015)。尽管之前集装箱化的浪潮通过降低海上运输成本促进了国际贸易的发展，但是现在这轮超大型船舶的发展将会导致能力过剩，因为新的装载能力在现有运输量增长缓慢和停滞的环境下很难被吸收。供给和需求之间的差距不断增加，可能会导致货运运价的降低(见第3章文本框3.1)，运输行业的利润将会减少，港口和内陆运输的能力将面临挑战，尤其是在货物高峰期时(ITF,2015b)。

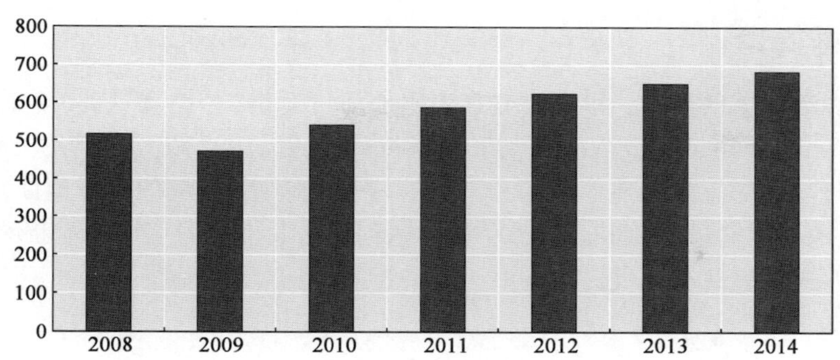

图 1.6　世界集装箱吞吐量百万标准箱(20 英尺箱等量单位)

来源:UNCTADstat。

数据链接:http://dx.doi.org/10.1787/888933442254。

1.2.2　航空货运

国际航空货运量在 2015 年的增速急剧减缓。以货物吨公里计算,总航空货运周转量仅增长了 2.2%,比 2014 年的增速少一半(图 1.7)。GDP 和贸易量增长的迟缓,尤其是欧洲和亚太地区,对 2015 年的颓势负有责任(IATA,2016a)。国际航空运输协会(IATA)和国际民用航空组织(ICAO)此前预测未来五年中该领域的发展比较乐观,年均增长率在 4% ~4.5%(IATA,2015;ICAO,2013)。但是,2015 年的发展颓势表明航空运输行业具有下行风险,在未来几年中很可能面临更缓慢的增长,这也是对目前经济环境和近期贸易发展形势的一种反映。

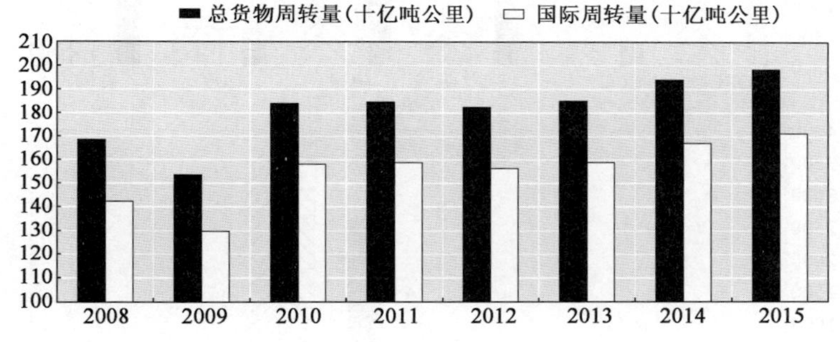

图 1.7　2008—2015 年国际航空货运周转量

来源:基于 ICAO(2014,2015b),《委员会 2014 年报》和《委员会 2015 年报》以及 IATA(2013),《2013 年 12 月航空货运分析》。

数据链接:http://dx.doi.org/10.1787/888933442266。

航空货运的运载系数在 2015 年继续下降,至 43.5%,2014 年该系数值为 50%(ICAO,2016b)。这是由于客机货舱底部运输的货物供应不断增长,因为航空客运的需求没有减弱的迹象。尽管油价降低也造成喷气燃料价格的降低,但这并不能转化为单位成本的降低。特定行业的套期保值行为和针对美元的货币贬值是导致基于美元的油价降低的潜在利益被延迟或抵消的主要因素(IATA,2016)。航空货运量的缓慢增长也表现为收入降低,从 2011 年的峰值 670 亿美元至 2015 年降低了 10.7%(IATA,2016a)。在所有区域中,中东国家的运输量增长率在 2015 年达到了最高值 11.3%。尽管政治的不稳定和油价的下跌造成了不确定性,但是在新兴市场中的网络扩张和积极的地方经济发展表明 2016 年将依然具有强劲的上升势头。亚太地区航线占据世界所有货运量的 39%,这一年中仅缓慢地扩张了 2.3%。由于中国的经济转型主要集中在发展服务业和国内消费上,导致中国制造产品出口订单减少,这也是亚太地区货运量增长缓慢的一个原因。拉丁美洲航空运输量在 2015 年减少了 6.0%,部分归咎于巴西政治局势的不稳定以及经济环境的恶化(IATA,2016a)。

1.2.3 地面货运

地面货运与经济活动息息相关。很多研究都表明地面货运量(公路和铁路)随着 GDP 增长而增长(Garcia 等,2008;Meersman 和 Van de Voorde,2005;Bennathan 等,1992)。货运与供应链紧密相连(包括制成品和半成品),货运能够反映制造业活动和销售的增长。因此,经济危机对地面货运量产生了严重的影响。总体而言,地面运输量在 2011 年或 2012 年达到其在危机前的水平并不断增长,但这一情况在不同的区域和运输方式中表现不同(图 1.8)。

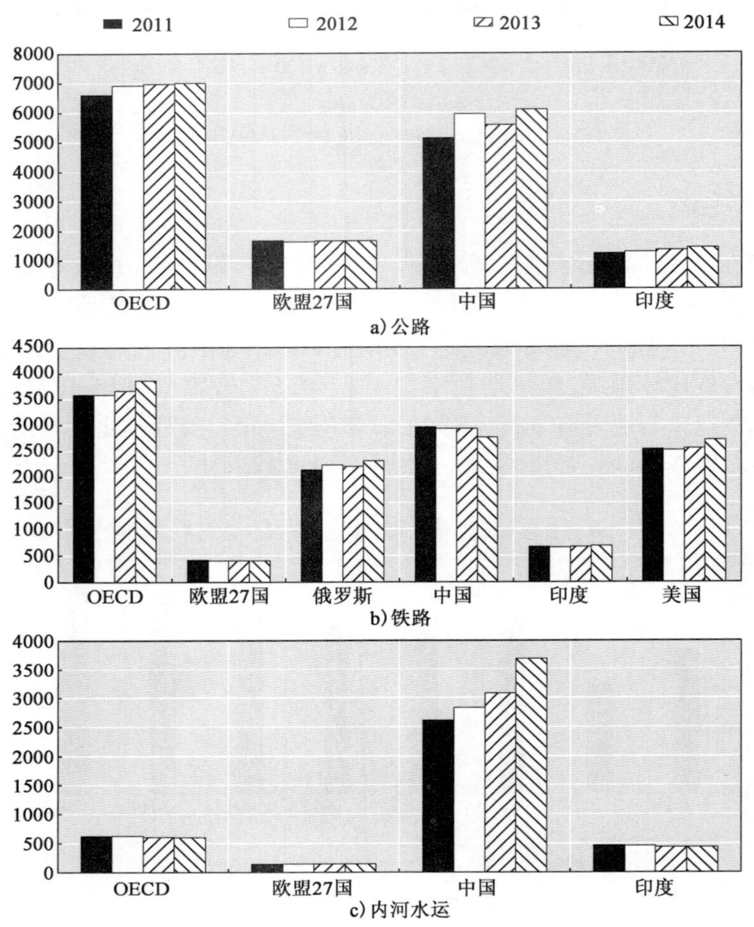

图 1.8　不同运输方式的地面货运量(十亿吨公里)

注:某些国家的 2013 或 2014 年的数据为预测值。

数据链接:http://dx.doi.org/10.1787/888933442277。

近期研究还表明 GDP 和货运周转量之间的关系并不像之前那么稳固,某些国家公路运输量的预测值可能需要修正(McKinnon,2007;Tapio,2005)。还有明确的证据表明货运周转量与 GDP 之间的弹性系数随人均收入的增长而下降(见第 2 章)。但是,某些国家中经济增长和货运需求之间的关系是否已经瓦解尚存在争议。

在欧洲,公路和铁路货运量自 2010 年开始就基本保持稳定,但这主要是因为萧条的经济环境。在过去几十年间,随着欧盟的扩张,商业领域供应商、仓库和工厂的地点越来越多元化,刺激更长距离货物运输的需求上升。目前该扩张阶段基本已经结束,近期货运需求预计不会大量增长。

但是在发展中国家,货运需求自 2009 年开始就一直在稳定增长,预计在未来几年内仍会继续上涨。随着这些国家商品价值的提升,预计这些经济体中货运强度将会下降,但是这一趋势何时会出现还不确定(见第2章)。尽管公路和铁路运量预计都将会增长,但高价值货物更倾向于公路运输,而不是铁路。

公路和铁路运输的模式分担率很大程度上是由运输的商品种类和运输距离决定的。由于铁路仍在各个国家中占据主导地位,而且由于互操作性的问题,大国中的大宗商品是铁路货运需求中的主要组成部分。在全球层面,该行业的发展主要由三个国家决定:美国、中国和俄罗斯,这三个国家占据全球货运总量的近80%(图1.8)。在2012年货运量经历低潮之后,2013年开始铁路货运量又开始增长,虽然增长缓慢,但仍带着这一趋势持续步入2014和2015年。2014和2015年美国和俄罗斯的货运量经历了大幅上涨,未来几年内的恢复趋势将更为强劲,但这依然依赖于中国的发展形势。由于中国工业产值数年来增幅较低,导致铁路货运量有所降低。

1.3　旅客运输

1.3.1　车辆使用

以人公里为单位计算,车辆使用量的增长在几个高收入经济体中都有减速的现象,而在某些国家,甚至出现了停止增长或负增长的情况(图1.9)。在大部分国家,城市区域中对车辆依赖的减少可以解释为私家车行驶里程的减少。尤其是因为目前有越来越多的大城市开始实行限制政策,以抑制私家车的使用,而转向公共交通或其他方式。其目的是减少拥堵、噪声、事故和地方污染排放。尽管目前能提供参考经验的城市样本较少,如伦敦、新加坡和斯德哥尔摩,但目前的证据表明拥堵收费政策的确能在目标区域内减少交通量,并提升行驶速度(Santos,2005;ITF,2010;Herczeg,2011)。减少汽车分配空间也能减少整体交通量和地方污染排放,尽管这类措施常常会增加拥堵,而且对周边区域造成有争议的蔓延后果(AIRPARIF,2013)。此外,在某些国家中,减缓人口增长、人口老年化和加速城市化发展也对车辆使用量产生了影响。

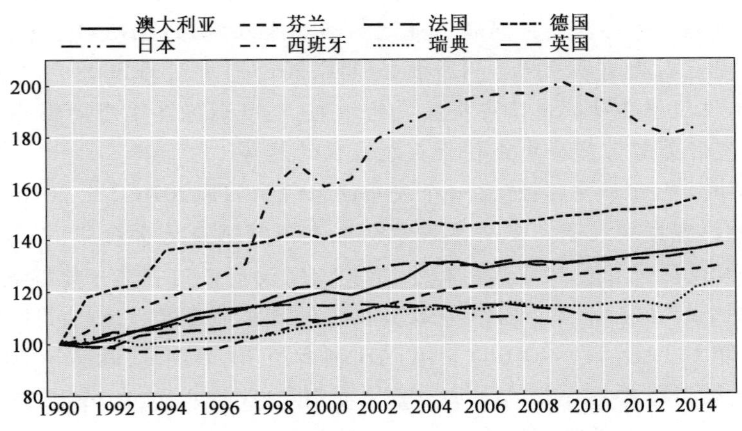

图1.9　私家车客运量(1990 = 100)

数据链接:http://dx.doi.org/10.1787/888933442288。

但是,2014年和2015年的初步数据似乎显示很多国家中的车辆使用量有所回升,很可能是由于低油价造成的。这一现象在瑞典和法国均有出现(图1.9)。如果确认是由于低油价造成的,则该变化对于对抗气候变化将有重要暗示,因为它佐证了油价和交通行业排放量之间具有紧密的联系(见后文"交通行业 CO_2 排放")。

在发展中经济体内,人均GDP和可支配收入的增长会促使机动化率的提升,但是在不同国家中影响速度不同。车辆保有量在机动化率较低国家中的增长尤为迅速(图1.10)。机动车保有量在中国的增长速度非常快,从2005年每千人拥有16辆车增长至2015年的83辆。这导致很多国家都采取了严格的控制车辆使用量增长的措施,因为机动车增长会带来很多负外部性,如污染、拥堵和交通事故。中国某些大城市限制机动车牌照的数量,采用拍卖或抽签的方式来分配有限数量的牌照使用权(见第5章亚洲城市)。但是,新兴国家中的经济低迷将会使增长比预期要低。车辆销售量的增长从2013年的16%降低至2015年的7.3%。巴西的车辆销售量自2012年达到峰值后至2015年下降了30%(PwC,2016)。几项技术革新能够彻底改变客运行业,尤其是在车辆使用方面。最显著的是,大规模共享经济的出现将改变城市出行模式,并极大地提升可达性。ITF最近的一项研究表明,如果所有的出行都使用共享模式,则日常通勤所需的车辆数量将降至现在的3%(ITF,2016c)。正如之前所述,车辆共享服务已经获得了越来越多的承运量,在某些国家中占据了很高的出行比例。

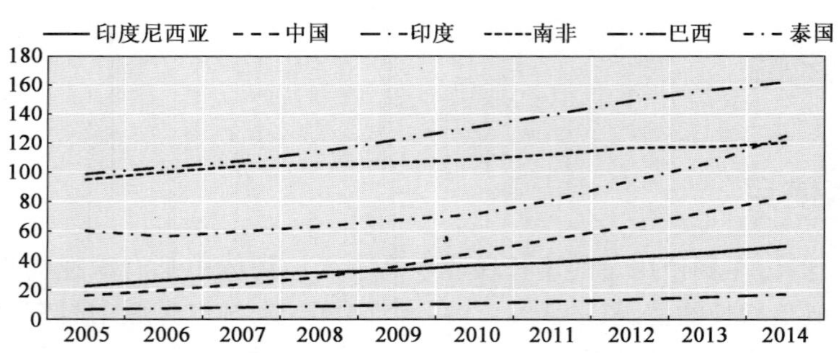

图1.10　部分发展中国家的机动化率(每千人私人小汽车拥有量)

来源:国际机动车制造协会。

数据链接:http://dx.doi.org/10.1787/888933442296。

文本框1.2　消除死亡和严重伤害

全世界每年都有超过120万人死于道路交通事故。道路交通事故是15~29岁年轻人群的头号杀手,道路安全已经成为全球公共健康问题。最近的数据令人震惊:2015年,有数据记录的28个国家中有19个国家的死亡人数有所上升。ITF报告(ITF,2015c)中认为2008年以来大部分OECD国家中伤亡人数减少不仅仅是强硬的道路安全政策的结果,还受到经济下行的影响。如果没有对道路安全持续性的管理,经济复苏可能会中止伤亡人数减少的趋势。

报告《消除道路事故死亡和重伤:建立一个安全的系统》(ITF,2016a)于2016年10月发布,其中收录了很多国家中的典型案例经验。安全系统承认人类不可避免地会犯错,而且很容易受到伤害。在一个安全系统中,假设所有相关人员都具有分担的责任,没有任何一部分能够被忽视。

为了建立一个安全的系统,收集和分析事故数据的能力非常关键。为此,ITF组建了国际交通安全数据和分析小组,即IRTAD(ITF,2016b)。IRTAD拥有约70个成员,收集了40个国家中的数据,是推动国际道路事故数据合作与分析的中坚力量。受IRTAD的启发,10个拉丁美洲国家也开始进行道路安全基准分析。每千人道路事故死亡人数见图1.11。

安全系统在城市中尤为重要,城市内的行人和自行车骑行者是交通事故死亡人员中的大部分。很多城市都采取了相应的政策以减少死亡和重伤的人数。城市安全街道项目(www.itf-oecd.org/safer-citystreets)的目的是监控这些政策的实施情况,并评估该城市在全球各城市中的道路安全水平。该项目由ITF启动并由Fédération International de l'Automobile(FIA)资助,将建立一个城市级别的道路交通与安全数据库,并召集专家针对城市环境制定相应的政策建议。

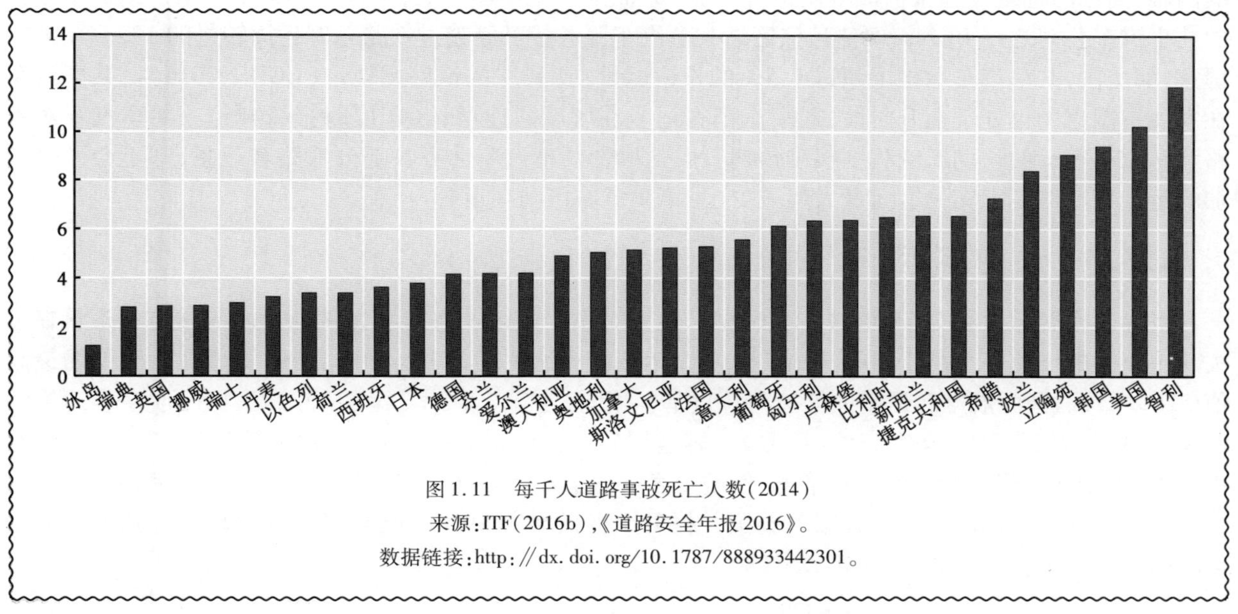

图1.11　每千人道路事故死亡人数(2014)

来源:ITF(2016b),《道路安全年报2016》。

数据链接:http://dx.doi.org/10.1787/888933442301。

1.3.2　铁路客运

经济危机对于世界各区域铁路客运的影响较小。但是,尽管发展中区域自经济危机后铁路客运需求急剧增长,但在OECD国家中铁路客运量并没有同时上升。

中国和印度的铁路客运量占据全球总量的比例超过70%,而且存在显著的上升趋势(图1.12)。中国高速铁路(HSR)网络的扩张极大地缓解了铁路客运行业的运能限制,并促进需求的上涨。2012年,中国投入运营的HSR线路里程为13000公里,超过世界其他地区线路里程的总和。中国国家统计数据(NBSC,2015)显示HSR年客运量从2008年的730万人上升至2013年的52960万人,目前乘坐高铁的旅客人数超过乘坐飞机的旅客人数。根据原铁道部(现为交通运输部)(MOR,2008)的修订规划,HSR网络将在2020年连接所有中国的省会城市以及超过50万人口的城市,HSR服务人群将超过全国人口总数的90%。此规划加上预期经济发展,这表明未来几年内铁路需求量仍将继续上升。

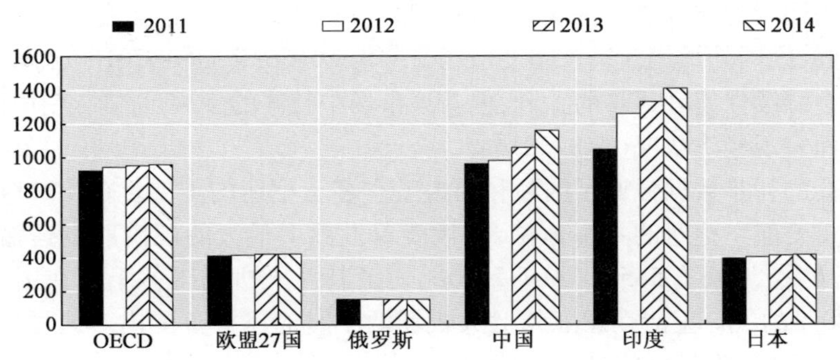

图1.12　铁路客运周转量(十亿人公里)

注:比利时、日本、韩国、墨西哥和瑞士2014年的数据为预测值。

数据链接:http://dx.doi.org/10.1787/8889334423。

欧盟铁路客运量在经济危机之前呈现大幅上升,主要是因为高速铁路网络的建设,包括在相邻国家之间。对于某些城市而言,高速铁路完全替代了航空,如巴黎和布鲁塞尔。

但是,从2010年开始,某些国家中甚至发生了铁路客运周转量下降的现象。铁路客运面临着巨大的困难,高昂的基础设施维护成本使票价上涨,而油价下跌又刺激公路和航空客运的发展。欧洲最主要的共享汽车公司之一 Blablacar 估计该区域共享汽车服务量已经超过铁路总客运周转量的1%。在某些国家,如法国,共享汽车承担了超过1.5%的长途运量,或10%的铁路周转量(CGDD,2016)。共享汽车在发展中国家中也处于上升阶段,共享汽车客运量在印度急速增长(印度时报,2016)。共享汽车对铁路和私家车客运的长期影响程度很难预期。但是尽管共享汽车会吸收部分铁路客运量,却不会通过增加的运载系数使私家车的客运量大幅减少(见第2章城市间客运)。

1.3.3 航空客运

世界航空客运量在2015年增长了6.8%,达到6.562万亿人公里(ICAO,2015a)。航空客运量在过去几十年间的增速一直高于GDP的增速,2015年该增速达到了2010年开始到经济危机后回弹的最高值(图1.13)。国际航空客运量的增速与总量基本相同,达到6.7%。虽然中东地区国际航空客运量的增长率最高,为12.1%,但2015年贡献收入客运周转量比例最大的为欧洲,占据总量的37%。在所有市场中,由于油价降低导致的票价降低,使航空客运需求在经济增长缓慢的情况下依然保持持续上升的势头。各航空公司都能够扩大其服务范围并提升服务效率。2015年航空客运运载系数达到了过去十年间的最高水平,为80.2%(ICAO,2016a)。

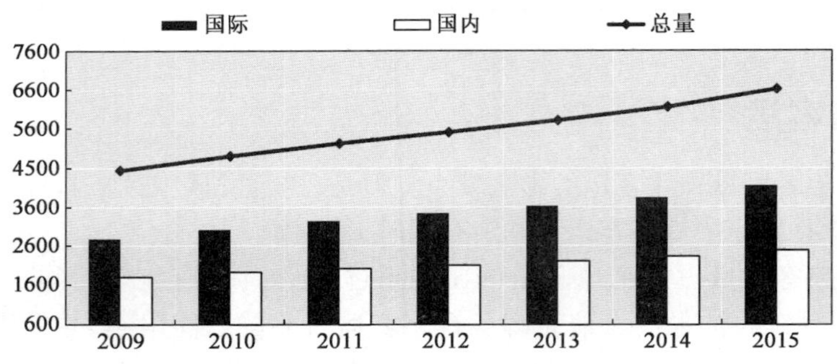

图1.13 国际和国内的世界航空客运量(十亿人公里)

来源:ICAO(2015b),《委员会2015年报》。

数据链接:http://dx.doi.org/10.1787/888933442322。

2015年亚太地区客运量增长了10.3%,主要受中国和印度的拉动。2015年印度国内客运量的增长率达到最高值,为20.2%。2015年末,印度实行了一项新的航空政策,使航空客运价格更为实惠,并且增加了在印度境内运营的航线。这一政策消除了原有强迫国内航空承运商在飞国际航线前必须运营至少五年的管制,并鼓励国外承运商进入印度市场(IATA,2016c;Reuters,2016)。虽然中国和印度需求的增长预计在近期会继续促使客运量的上升,但新兴市场中整体的发展可能在各国中仍有不同,巴西和俄罗斯都面临着负面宏观经济状况(ACI,2016a)。

国际机场委员会的初步数据强调了国际和国内航空客运枢纽的重要性(图1.14)。亚特兰大机场确定了其作为美国重要航空枢纽的主宰地位,并代表着世界上最大的国内航空运输市场;其客运量在2015年达到了1亿人次,增长了5.5%(ACI,2016b)。亚特兰大机场得益于其在国内航空网络中的中心枢纽位置;美国80%的人口生活在距亚特兰大机场两小时的飞行范围内。迪拜仍然是2015年国际航空运输中最繁忙的机场,总客运量增长了10.7%,目前已超过伦敦机场。

图1.14还揭示了航空客运行业快速变化的特点。尽管机场排名主要依赖的国内客运量,基本相对稳定,但进入21世纪之后还是出现了几个新兴的国际枢纽,如北京、迪拜和香港机场。伊斯坦布尔阿塔图尔克机场目前排在最繁忙机场的第11位,在2015年超过了法兰克福机场。随着土耳其航空公司的迅速扩张,其规划在2021年底前使飞机数量规模翻倍,伊斯坦布尔阿塔图尔克机场可能会在未来成为欧洲最重要的机场之一,超过伦敦希斯罗机场和巴黎戴高乐机场。

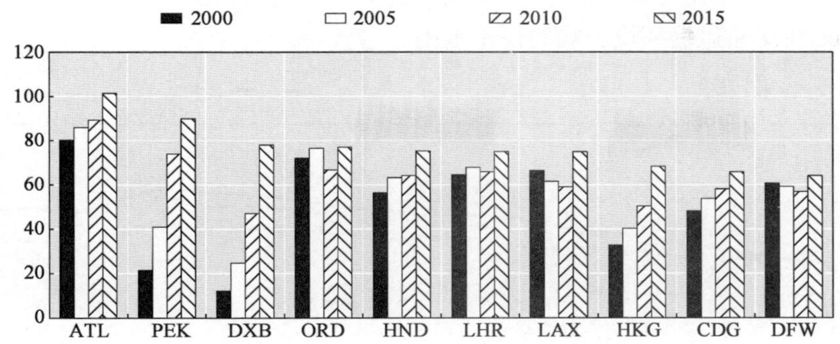

图1.14　2015年十大最繁忙机场以及自2000年以来的演化(百万人次)

注:机场从左至右依次为:亚特兰大哈兹菲尔德－杰克逊机场、北京首都机场、迪拜机场、芝加哥奥黑尔机场、东京羽田机场、伦敦希斯罗机场、洛杉矶机场、香港机场、巴黎戴高乐机场、达拉斯/沃斯堡机场。

来源:国际机场委员会。

数据链接:http://dx.doi.org/10.1787/888933442335。

1.4　交通运输行业 CO_2 排放

尽管巴黎协定没有明确地提到交通运输行业,但该行业在官方演讲中数次被州府领导提及,在数不清的会议中也被多方讨论。交通运输行业脱碳化的必要性出现在国家自主贡献(NDCs)内,其中频繁地提到交通政策或燃料效率技术和可替代燃料的重要性。某些NDCs中还提到了交通运输行业的具体目标。

与这些讨论的声音和交通在全球脱碳化进程中的重要作用逐渐相悖的是,全球交通运输行业造成的 CO_2 排放量仍在上升。2015年交通运输行业的 CO_2 排放量达到75亿吨,占全球燃料排放的23%,或所有人造 CO_2 排放量的18%(IEA,2015)。发达经济体中交通运输效率的提升没能抵消其客货运量的绝对增长。OECD国家中的居民平均要排放约2.8吨的 CO_2、而非OECD国家中人均 CO_2 排放量仅为0.5吨。根据发展中国家的交通需求,预计它们的 CO_2 排放量将会上升至OECD国家的水平。

图1.15中显示了交通运输行业排放量的变化情况,并将其与其他行业进行对比,表明了降低交通运输行业 CO_2 排放量的困难性。实际情况中,交通运输行业的排放量比1990年增加了60%,其增长速度高于其他行业,尤其是在OECD国家中。即使是在欧盟,其整体排放量自20世纪90年代之后就一直在减少,但交通运输行业的排放量在2006年仍达到了峰值,而且在之后一直保持稳定不变。此外,交通运输行业排放量开始下降的年份与高油价出现的第一年相同。在欧盟中,根据可获取的2013年之后的数据,交通运输行业排放量又开始呈现上升趋势,目前的油价已经连续几年处在较低水平。

发达经济体在交通运输行业脱碳化的过程中面临的困难,加上某些国家预期的经济发展,表明了我们所面临的难度巨大的挑战。各国需要联合实行一系列政策,包括支持性政策、技术研究政策、发展政策和行为政策,即所谓的避免(出行)和转移(模式)措施。这些措施从NDCs、联合国可持续交通高水平顾问小组,以及最近的一份针对政策制定者的UNFCCC文件中获得了支持。尽管在第2章中,我们详细描述了未来交通需求和 CO_2 排放量,2050年前科学技术可能依然是减少排放量的最重要手段,但是仅靠科学技术并不足以达成我们制定的气候变化目标。

针对避免和转移措施的政治意识提高也可能开发其充分的潜能。这些措施目前主要用于城市区域,因为城市车辆使用产生的拥堵和健康问题。NDCs反映出城市在交通政策中的重要地位:经常提到的就是公共交通分担率的量化目标。但是,其他领域包括高排放的货运和城际客运领域却往往没有受到政策约束,而且不在交通运输环境影响的讨论范围之内。

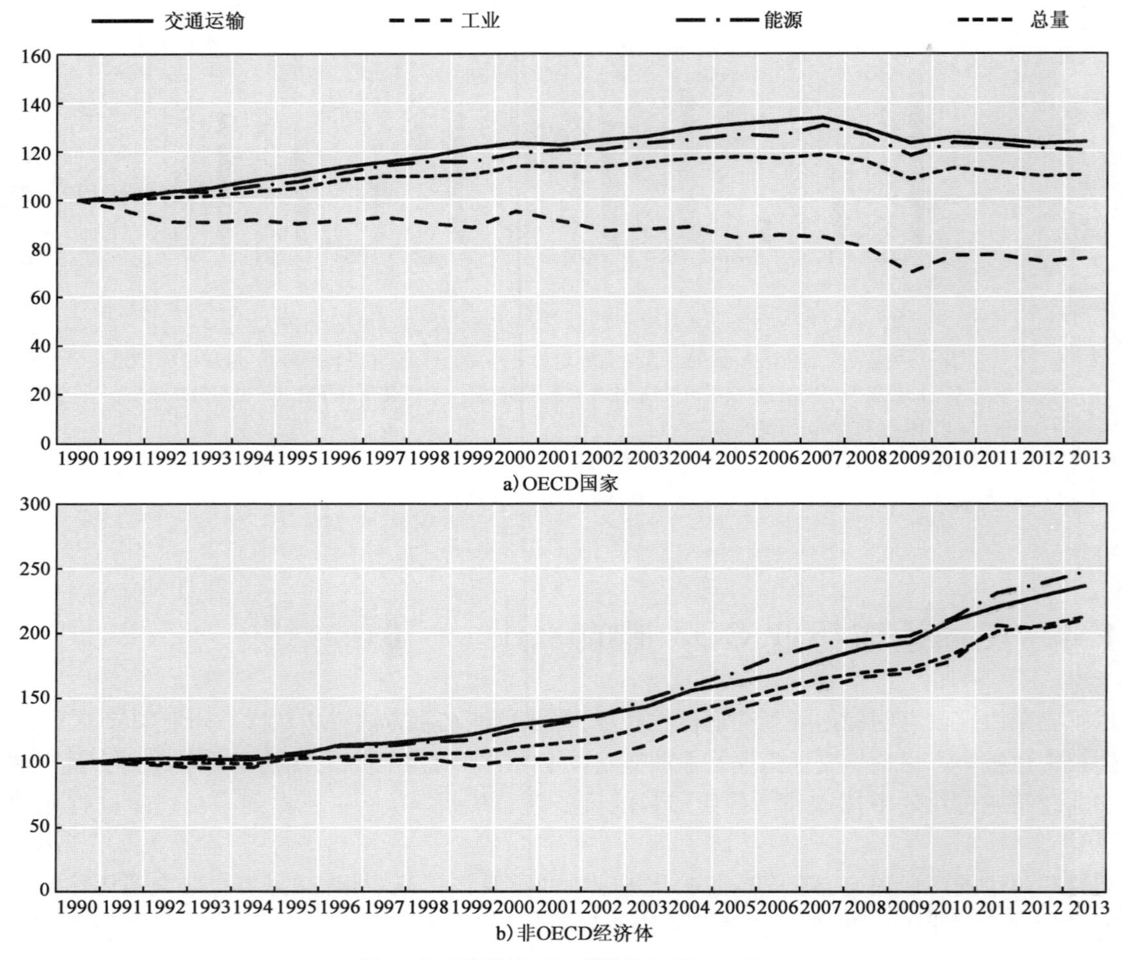

图 1.15　不同行业 CO_2 排放量(1990 = 100)

来源:IEA(2016),来自于燃料燃烧数据的 CO_2 排放量(数据库),http://dx.doi.org/10.1787/data-00430-en。

数据链接:http://dx.doi.org/10.1787/888933442346。

1.5　内陆交通运输基础设施建设投资

交通运输基础设施的经济影响在过去几十年间是很多论文的主题(实证文献总结见 Kamps,2005;Jong-A-Pin 和 deHaan,2008;Crafts,2009)。但是,基础设施投资的产出效益与具体环境相关,并不是每项投资都能产生巨大的产出效益。在交通运输投资的总体数据中,缺乏增长效应强有力的证据的一个可能原因是增长效应在这些数据中随着时间和空间的改变变得难于追溯。也可以说,一般而言并没有明显的效应出现。但是,某些证据表明,在发达经济体中公有资本的生产力在降低。从直观逻辑上判断,网络越完整,某一部分对整体的平均影响就会越低。但是,尽管在某一环境下的平均影响较低,单个项目仍可能拥有很高的经济回报率,并值得投资。

2014 年,OECD 国家在内陆(公路、铁路及内河水运)交通运输基础设施资本总投资中平均投入了 0.75% 的 GDP。OECD 整体数据呈现下降趋势,尽管在 2008 年和 2009 年由于某些国家在经济危机后采取的经济刺激而出现了一定的增长。整体趋势下降部分归咎于日本,在2007年之前日本与其他OECD国家的趋势都不同。日本的投资受到20世纪90年代末期总预期削减的影响。随后,汽油税收入分配减少,为了拨款给高速公路用于发展与维护,导致日本道路投资的进一步削减。

在西欧国家中,投资占GDP的比例自20世纪70年代开始就一直保持下降,那时投资比例约为1.5%。导致这一现象的因素有几点:首先,20世纪70年代末期和80年代初期,某些大国正好建设完成了一些重大基础设施工程,如法国和德国间的高速公路网。在这些核心交通网络建设完成后,投资水平自然下降。其次,很多欧洲国家的预算有限,尤其是21世纪初期,对现有网络的维护费用在国家预算中占据的比例在上升(图1.16)。最后,值得注意的是,仅有投资占GDP的比例在下降。OECD国家中的消费量一般都比较稳定或是上升(除了日本,日本自1995年之后消费比例就在下降);GDP的增长也是该比例呈下降趋势的原因之一。

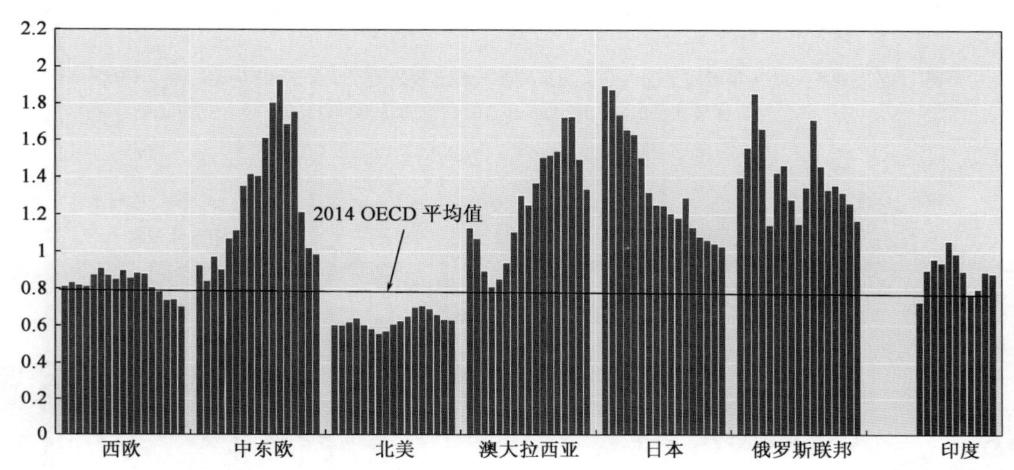

图1.16　1998—2014年不同地区内陆交通运输基础设施投资(占GDP的百分比,以现行价格和汇率计算)

注:西欧包括奥地利、丹麦、芬兰、法国、德国、希腊、冰岛、爱尔兰、以色列、意大利、卢森堡、马耳他、荷兰、挪威、葡萄牙、西班牙、瑞典、瑞士、土耳其和英国。中东欧包括阿尔巴尼亚、保加利亚、克罗地亚、捷克共和国、爱沙尼亚、马其顿共和国、匈牙利、拉脱维亚、立陶宛、黑山共和国、波兰、罗马尼亚、塞尔维亚、斯洛伐克和斯洛文尼亚。北美包括加拿大、墨西哥和美国。澳大拉西亚包括澳大利亚和新西兰。

数据链接:http://dx.doi.org/10.1787/888933442352。

发展中国家的交通基础设施资本分担比例一般要高于发达国家。根据在发达经济体中观察到的基础设施数量和质量建设其自身的基础设施,大部分发展中国家正处于建设阶段。在东欧国家,欧洲建设基金使得它们的交通基础设施资本分担比例高于一般水平。中东欧国家(CEECs)内陆交通运输基础设施投资分担率在2002年前基本维持在GDP的1.0%左右,接着迅速上升,到2009年达到了2.0%(图1.16)。但是,根据最新数据显示,自2009年以来实际投资水平几乎降低了一半,在2014年下降至1.0%以下。

据估计,OECD国家中铁路占总内陆投资的比例从1995年的17%上升至2014年的27%。这一趋势主要由日本、北美和欧洲的建设发展决定,因为这些地区铁路投资增长大于公路。西欧的数据趋势部分反映出现行的铁路建设政策方向。与此相反的是,大部分发展中国家的公路建设投资所占比例更高。自90年代末期至今,东欧和俄罗斯联邦的公路投资占内陆交通运输基础设施投资的比例要高于西欧。但是,最近几年的数据显示这一趋势正在逐渐反转,公路投资分担率在2014年降至71%,与1999年的水平相同,如图1.17、图1.18所示。

基础设施维护费用的信息比投资的信息要少得多,部分归咎于很难在投资和维护费用之间划清界限,而且私人维护费用的数据也有限。

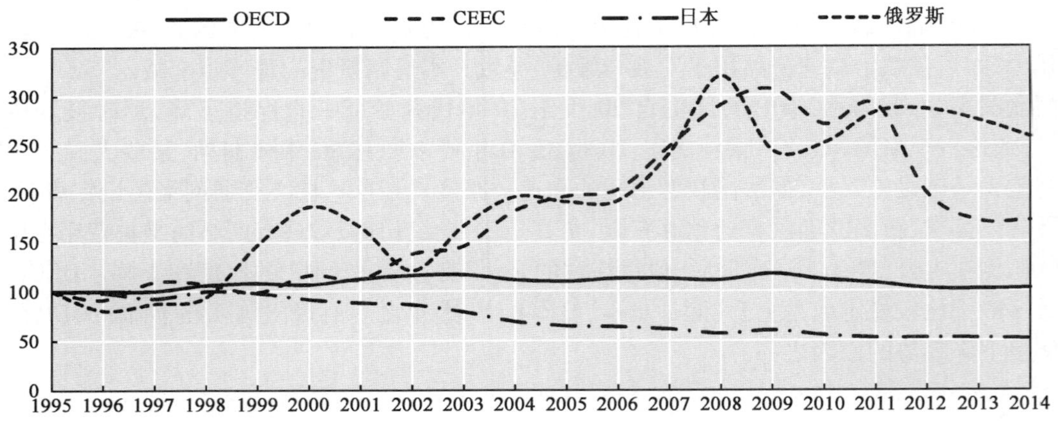

图 1.17　1995—2014 年不同地区内陆交通运输基础设施投资量(2005 年同期价格,1995 = 100)

数据链接:http://dx.doi.org/10.1787/888933442365。

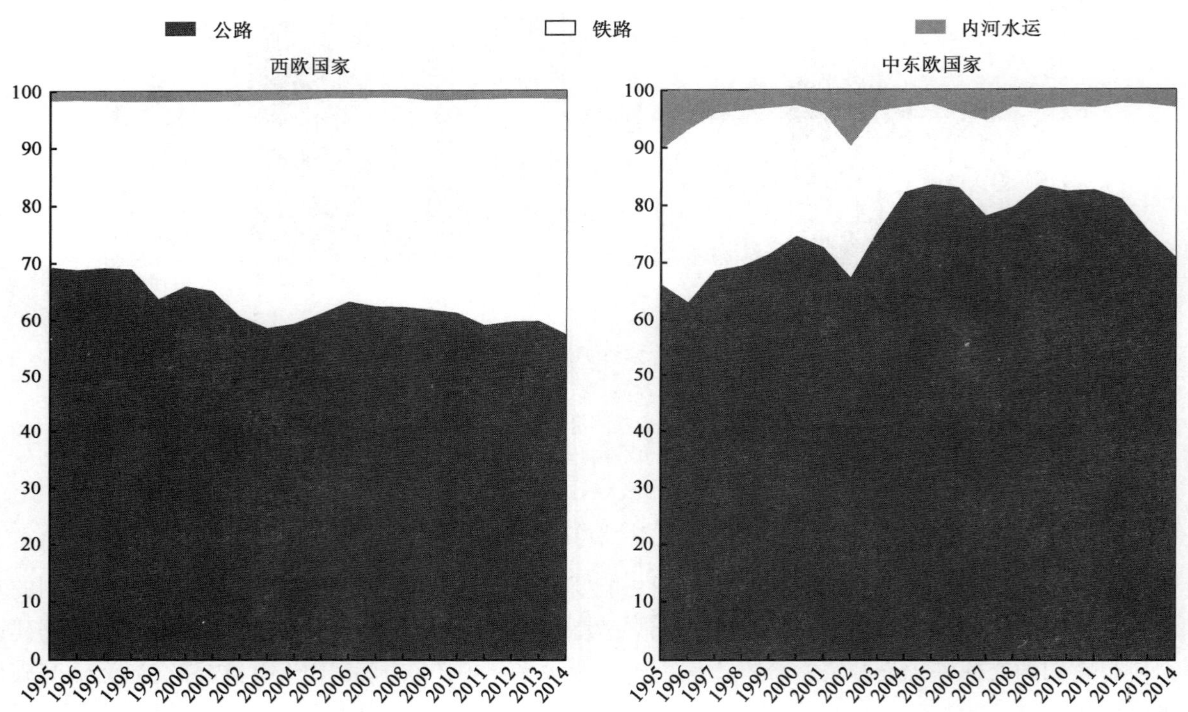

图 1.18　基础设施投资在铁路、公路、和内河水运领域的投资分布(以现行价格和现行汇率计算的百分比)

数据链接:http://dx.doi.org/10.1787/888933442372。

OECD 国家中的维护费用分担率一般都保持增长的趋势。由于基础设施总量在增长,而且很大一部分在老化,所以需要花费更多的财力来维持基础设施的数量和质量。尽管存在这种变化趋势,但很多国家的人都担心基础设施维护费用不足。公路维护费用经常延期,将来会有补足的期望,而且不会有直接资产损失。现有数据表明尽管有明显的周期性变化,但很多区域内公路维护费用和投资之间一直保持着相对稳定的平衡。我们估算西欧、北美和中东欧国家中公路维护费用占总费用的比例在 25% ~ 40%。但是,各区域间的值有明显不同,如图 1.19 所示。公路资产状况数据不足增加了证明公路资产投入不足的难度。

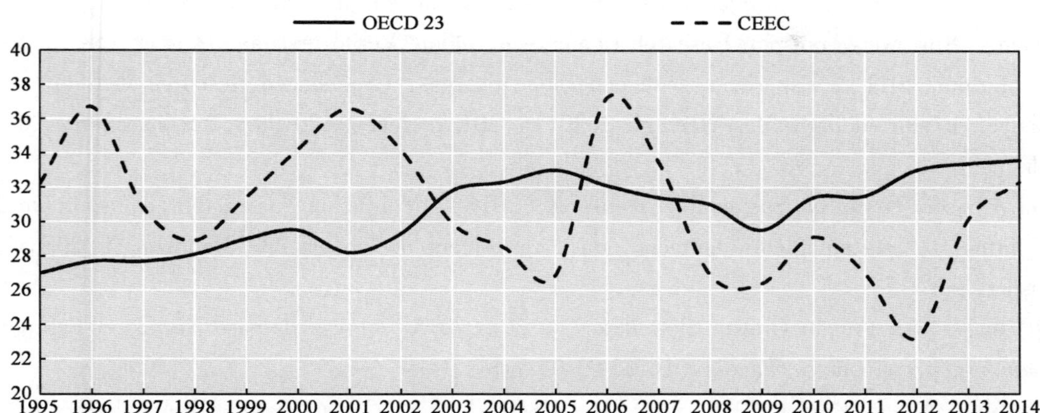

图1.19　公共道路维护费用在道路总投资中的分担率(现行价格、现行汇率,%)

注:OECD23 国包括奥地利、比利时、加拿大、捷克共和国、丹麦、爱沙尼亚、芬兰、法国、匈牙利、冰岛、意大利、日本、卢森堡、墨西哥、挪威、波兰、葡萄牙、斯洛伐克、斯洛文尼亚、土耳其、英国和美国。CEEC(中东欧国家)包括克罗地亚、捷克共和国、爱沙尼亚、匈牙利、拉脱维亚、立陶宛、波兰、斯洛伐克和斯洛文尼亚。

数据链接:http://dx.doi.org/10.1787/888933442383。

参考文献

ACI (2016a),"Airports Council International releases 2015 World Airport Traffic Report. The busiest become busier;the year of the international hub airport", ACI Media Releases, 9th September 2016, www.aci.aero/News/Releases/Most-Recent/2016/09/09/Airports-Council-International-releases-2015-World-Airport-Traffic-Report-The-busiest-become-busier-the-year-of-the-international-hub-airport.

ACI (2016b),"ACI releases preliminary world airport traffic rankings", Airports Council International, Press release, 4 April 2016, www.aci.aero/News/Releases/Most-Recent/2016/04/04/ACI-releases-preliminaryworld-airport-traffic-rankings-.

Airparif (2013), Évolution de la qualité de l'air à Paris entre 2002 et 2012, Airparif : Surveillance de la qualité de l'air en Ile de France, Juillet 2013, www.airparif.asso.fr/_pdf/publications/rapport-pdp-130703.pdf.

Bennathan, E., J. Frase, L. Thompson (1992), "What Determines Demand for Freight Transport?" World Bank Policy Research Working Paper.

Bloomberg (2016), "Istanbul Ataturk beats Frankfurt to climb Europe's airport rank", 1 May 2015, www.bloomberg.com/news/articles/2016-01-15/istanbul-ataturk-beats-frankfurt-to-climb-europe-sairport-ranks.

CGDD (2016),"Covoiturage longue distance : état des lieux et potentiel de croissance" Collection《Etudeset documents》du SEEIDD, Mai 2016, www.developpement-durable.gouv.fr/IMG/pdf/ED146.pdf.

Constantinescu, C. et al. (2015), "The Global Trade Slowdown: Cyclical or Structural?", IMF Working Paper, WP/15/6, www.imf.org/external/pubs/ft/wp/2015/wp1506.pdf.

CPB (2016), World Trade Monitor, Netherlands Bureau for Economic Policy Analysis.

Crafts, N. (2009), "Transport Infrastructure Investment: Implications for Growth and Productivity", Oxford Review of Economic Policy, 25, pp. 327-343.

ECB (2014), Understanding Gobal Trade Elasticities: What has changed?, Monthly Bulletin, ECB, www.ecb.europa.eu/pub/pdf/other/mb201407_focus01.en.pdf.

Garcia, C. et al. (2008), "Correlation between Transport Intensity and GDP in European Regions: A new Approach", 8th Swiss Transport Research Conference, Monte Verità/Ascona, October 15-17, 2008.

Herczeg, Marton (2011), Experience with congestion charges, Copenhagen Resource Institute. www. scp-knowledge. eu/sites/default/files/Herzog% 202011% 20Experience% 20with% 20congestion% 20charges% 20. pdf.

High-level Advisory Group on Sustainable Transport (2016), Mobilizing Sustainable Transport for Development, https: // sustainabledevelopment. un. org/content/documents/2375Mobilizing% 20Sustainable% 20Transport. pdf.

IATA (2016a), "Air Freight Growth Slowed to 2. 2% in 2015", Press Release No. 3, 3 February 2016, www. iata. org/pressroom/pr/Pages/2016-02-03-01. aspx.

IATA (2016b), Annual Review 2016, www. iata. org/publications/Documents/iata-annual-review-2016. pdf.

IATA (2016c), India's aviation policy could relaunch the industry, IATA Airlines International, 25th April 2016, http: // airlines. iata. org/analysis/indias-aviation-policy-could-relaunch-the-industry.

IATA (2015), IATA Cargo Strategy, August 2015, www. iata. org/whatwedo/cargo/Documents/cargo-strategy. pdf.

ICAO (2016a), 2015: Air Transport Yearly Monitor (Preliminary), www. icao. int/sustainability/Documents/Yearly% 20Monitor/yearly_monitor_2015. pdf.

ICAO (2016b), May 2016: Air Transport Monthly Monitor, www. icao. int/sustainability/Documents/Monthly% 20Monitor_Latest/MonthlyMonitor_latest. pdf.

ICAO (2015a), Continuing Traffic Growth and Record Airline Profits Highlight 2015 Air Transport Results, Press release 22 December 2015, www. icao. int/Newsroom/Pages/Continuing-Traffic-Growth-and-Record-Airline-Profits-Highlight-2015-Air-Transport-Results. aspx.

ICAO (2015b), Annual Report of the Council: 2015, International Civil Aviation Organization. Appendix 1, Tables relating to the world of air transport in 2015, www. icao. int/annual-report-2015/Documents/Appendix_1_en. pdf.

ICAO (2014), Annual Report of the Council: 2014, International Civil Aviation Organization. Appendix 1, Tables relating to the world of air transport in 2015, www. icao. int/annual-report-2014/Documents/Appendix_1_en. pdf.

ICAO (2013), Forecasts of Scheduled Passenger and Freight Traffic. Medium-Term Passenger and Freight Traffic Forecasts, www. icao. int/sustainability/pages/eap_fp_forecastmed. aspx.

IEA (2016), CO_2 emissions by product and flow, IEA CO_2 Emissions from Fuel Combustion Statistics (database), http: // dx. doi. org/10. 1787/data-00430-en (accessed on 19 October 2016).

IEA (2015), World Energy Outlook 2015, OECD Publishing, Paris, http: // dx. doi. org/10. 1787/weo-2015-en.

IHS (2015), Five trends shaping the global maritime industry, www. ihs. com/pdf/Global-Trends-Impacting-the-Maritime-Industry_235788110915583632. pdf.

IMF (2016), World Economic Outlook, April 2016, International Monetary Fund, Washington, DC, www. imf. org/external/pubs/ft/weo/2016/01/.

IMF (2015), World Economic Outlook, April 2015, International Monetary Fund, Washington, DC, www. imf. org/external/pubs/ft/weo/2015/01/.

ITF (2016a), Zero Road Deaths and Serious Injuries: Leading a Paradigm Shift to a Safe System, OECD Publishing, Paris, http: // dx. doi. org/10. 1787/9789282108055-en.

ITF (2016b), Road Safety Annual Report 2016, OECD Publishing, Paris, http: // dx. doi. org/10. 1787/irtad-2016-en.

ITF (2016c), "Shared Mobility: Innovation for Liveable Cities", International Transport Forum Policy Papers, No. 21, OECD Publishing, Paris, http://dx.doi.org/10.1787/5jlwvz8bd4mx-en.

ITF (2015a), ITF Transport Outlook 2015, OECD Publishing, Paris, http://dx.doi.org/10.1787/9789282107782-en.

ITF (2015b), "The Impact of Mega-Ships", International Transport Forum Policy Papers, No. 10, OECD Publishing, Paris, http://dx.doi.org/10.1787/5jlwvzcm3j9v-en.

ITF (2015c), Road Safety Annual Report 2015, OECD Publishing, Paris, http://dx.doi.org/10.1787/irtad-2015-en.

ITF (2010), Implementing Congestion Charges, OECD Publishing, Paris, http://dx.doi.org/10.1787/9789282102855-en.

Jong-A-Pin, R. and J. de Haan (2008), "Time-varying impact of public capital on output: New evidence based on VARs for OECD countries", EIB Papers, Vol. 13, No. 1, pp. 56-81.

Kamps, C. (2005), "Is there lack of public capital in the European Union?", EIB Papers, Vol. 10, No. 1, pp. 72-93.

KPMG (2016), KPMG Transport Tracker. Global transport market trends and views.

McKinnon, A. (2007), "The Decoupling of Road Freight Transport and Economic Growth Trends in the UK: An Exploratory Analysis", Transport Reviews, Volume 207, Issue 1, 2007, pp. 37-64.

Meersman, H. and E. Van de Voorde (2005), "Decoupling of Freight Transport and Economic Activity: Realism or Utopia?" 16th International Symposium on Theory and Practice in Transport Economics: 50 Years of Transport Research: Experience Gained and Major Challenges Ahead, Budapest 29-31 October, ECMT, Paris.

MOR, China's Ministry of Railway (2008), Mid-to-Long Term Railway Network Plan, www.china-mor.gov.cn/tljs/tlgh/201012/t20101228_731.html (accessed 11.21.10) (in Chinese).

NBSC (2015), China Statistical Yearbook 2015, China Statistics Press, Beijing.

OECD (2016), OECD Economic Outlook, Volume 2016 Issue 1, OECD Publishing, Paris, http://dx.doi.org/10.1787/eco_outlook-v2016-1-en.

OECD (2014), The Cost of Air Pollution, Health Impacts of Road Transport, OECD Publishing, Paris, http://dx.doi.org/10.1787/9789264210448-en.

PwC (2016), Industry perspectives, 2016 Auto Industry Trends, PwC Strategy.

Reuters (2015), Mega-ships are worsening overcapacity in the container market, 23rd September 2015, www.reuters.com/article/us-shipping-mega-ships-kemp-idUSKCN0RM2AS20150923.

Reuters (2016), India overhauls aviation rules to boost air travel, 15th June 2016, http://in.reuters.com/article/india-airlines-aviation-policy-idINKCN0Z10QC.

Santos, G. (2005), "Urban Congestion Charging: A Comparison between London and Singapore", Transport Reviews, Vol. 25/5, pp. 511-534.

SLoCaT (2015), SLoCaT Preliminary Analysis of NDCs Sees Potential for Ambitious Action on Climate Change inthe Transport Sector, available at www.slocat.net/news/1589.

Tapio, P. (2005), "Towards a theory of decoupling: Degrees of decoupling in the EU and the case of road traffic Finland between 1970 and 2001", Transport Policy, 12, pp. 137-151.

Times of India (2016), "BlaBlaCar: India could soon be our biggest market", Times of India, 18 April 2016, http://timesofindia.indiatimes.com/tech/tech-news/BlaBlaCar-India-could-soon-be-our-biggest-market/articleshow/51873962.cms.

UNCTAD (2015), Review of Maritime Transport 2015, United Nations Conference on Trade and Development, http://unctad.org/en/PublicationsLibrary/rmt2015_en.pdf.

World Bank (2016), Global Economic Prospects, June 2016, World Bank, Washington, DC, http://pubdocs.worldbank.org/pubdocs/publicdoc/2016/5/842861463605615468/Global-Economic-Prospects-June-2016-Divergences-and-risks.pdf.

WTO (2016), "Trade growth to remain subdued in 2016 as uncertainties weigh on global demand", Press Release, 7th April 2016, www.wto.org/english/news_e/pres16_e/pr768_e.htm.

第2章　至2050年交通运输需求和CO_2排放

本章简要概述了交通运输需求的长期发展。在国际运输论坛(ITF)系列模型预测的基础上,阐明了2050年前交通运输需求的变化趋势,并概述了各区域CO_2排放的预测量。本章首先按照不同的交通运输方式分析了2015—2050年间城市内和城际的客运需求情况。其次聚焦于同期货运领域的发展前景,主要关注于地面货运(铁路和公路)、海运和空运。最后以至2050年各交通运输行业的CO_2排放预测量收尾,并对ITF的低碳交通项目对实现巴黎协议作出的贡献进行了简要概述。

国际运输论坛(ITF)建立了一系列用来预测至2050年的交通运输需求和相关CO_2排放情况的情景分析模型。客运总模型为若干子模型的组合,包括城市交通,国内城际运输和国际航空客运。ITF的国际货运模型(见第3章)能够在货物运输网络中定位全球各运输方式的踪迹。尽管每个预测模型重点关注一种交通模式或一种运量类型,但是所有预测模型合在一起形成了一个用于分析长期全球交通运输发展趋势的一致性框架。附录2.A对这个框架进行了说明,并阐释了如何应用该框架来生成跨交通行业的结果。

本章利用了不同预测模型之间相互兼容的特点,对各种运输方式的客货运需求和CO_2排放的前景进行了概述,并分析了不同行业的相对重要性并比较了它们可能的演变情况。本章中的图表由基准情景下的交通运输需求推算而得,是对当前政策和未来政策发展趋势的预测。本章最后讨论到的低碳情景,集合了每个行业所能产生最少CO_2的情景。针对国际货运、航空运输及城市客运的具体可替代政策情景,将会在本书第2部分的三个章节进行深入讨论。

2.1　旅客运输

根据预测,在2015—2050年间,全球客运需求量将会翻番,客运周转量将从50万亿人公里增长到120万亿人公里(图2.1)。各个地区,各种交通方式的运量都在增长,但增长量并不是平均分布的。大多数增长都发生在亚洲,占据了2050年近三分之一的客运需求。相反,在所有OECD国家,增长率则在降低,2050年这些国家的交通需求将只占25%,而2015年为45%。类似地,各交通方式的运量也都不是同步增长的。全球平均增长率的变动很大,城际铁路运量每年增长率不到2%,而国际航空运输的运量增长率约为5%。

经济发展是客运发展的幕后驱动力。尽管本《展望》中应用的全球GDP增长预测速度比上一版本的增速要低(表1.2),却仍然导致了大规模的质变和量变。然而,在不确定的经济环境中这一增速仅处于中等水平。类似地,未来的油价也是预测模型中的未知变量。本《展望》考虑了石油和燃油价格的多种变化情况。基准情景中的石油价格将有适度的增长,这一增长与目前国际能源署(IEA)的4DS情景设想一致。

新型交通方式或技术变革的出现将全方位改变当前的交通系统。城市共享交通的流行将完全改变汽车在城市交通系统中的作用。根据里斯本的研究案例显示,当前汽车总数的3%就完全足够承担同样的运量了;这可以减少交通拥堵、车辆行驶里程和平均出行时间(ITF,2016)。在车辆总数较低的情况下提高车辆利用效率意味着节能燃料或其他技术变革的市场渗透率可以比目前更快。这类交通运输变革在短期内不太可能实现,在本《展望》的模型框架中也不予以考虑。但它们仍会在一定程度上改变目前的交通运输系统。它们出现的时机和产生的效果会带来其他不确定性,导致制定交通运输政策难度的增加。

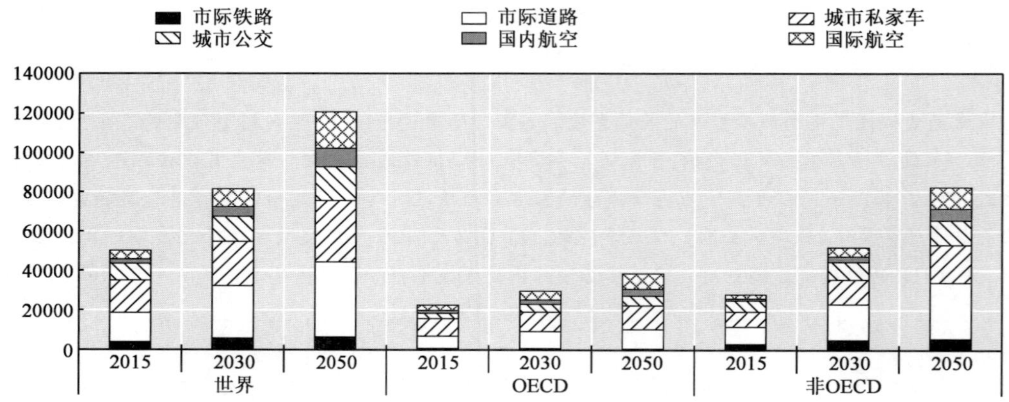

图2.1　不同运输方式的客运周转量(十亿人公里,基准情景)

备注:国际客运周转量均匀分布在起始国家和目的地国家之间。

数据链接 http://dx.doi.org/10.1787/888933442391。

2.1.1　国内城际运输

将所有运输方式统计在一起来看,国内城际运输的客运周转量预期可从2015年的20万亿人公里增长到2050年的50万亿人公里左右。按人均计算的话,这代表着每人每年的出行里程从不到3000公里增长至超过5000公里。平均行驶里程在OECD国家中只有轻微变化,而在非OECD国家中的则增长了一倍多。

所有运输方式的运量发展都贡献了总客运周转量的增长,但是国内航空运量的增长率最高,从2015—2050年,每年增长4.1%(表2.1)。在2050年,航空运输将贡献超过五分之一的国内城际客运周转量,而其在2015年仅占十分之一。中国和印度的国内航空运量增长尤其迅速,这与美国非常类似,由于国土面积的原因,地面运输方式与很多境内出行无关。根据预测,在2050年,这三个国家将占据超过75%的全球国内航空需求(图2.2)。

GDP增长和国内运输需求(全球年复合增长率(%),基准情景)　　表2.1

	2015—2030年	2015—2050年
GDP	2.7	2.5
客运需求	3.3	2.5
国内城际		
铁路	3.3	2.0
公路	4.1	3.4
航空	5.1	4.1

交通运输政策一般都以促进国内航空发展为目的,会对区域机场的低成本航线采取取消管制或经济鼓励的措施。国内航空运输既是重要的经济发展要素(尤其是针对就业),又是区域发展的强大载体。航空运输领域相对较低的CO_2排放分担率进一步降低了对该行业需求管理的强度。在过去的数十年中,美国国内市场采取了强有力的放松管制政策,航空行业从中获取了极大的利益。类似的变化正在或即将在其他市场发生,这就给了国内航空营造了一个总体来说非常乐观的前景。当然,由于经济增

长和石油价格的不确定性，下行风险仍然存在。但2010—2015年这段时期的发展趋势表明，航空公司在经济低迷时依然能够进行调整甚至产生效益增长。

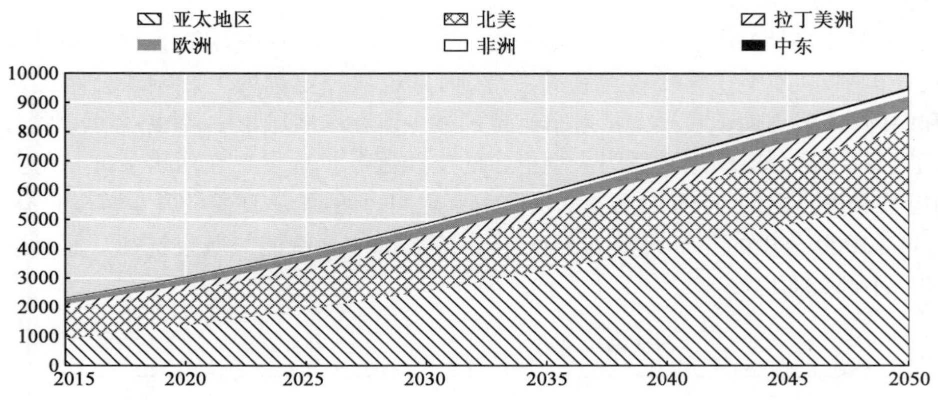

图2.2　不同地区国内航空客运周转量（十亿人公里，基准情景）
数据链接 http://dx.doi.org/10.1787/888933442404。

由于国内航空市场中缺少预期的技术和组织变革，使得未来预测更为乐观。尽管高铁能在中等距离（通常来说是200～1000公里）与之抗衡，但昂贵的基础设施建设费用阻碍了其对航空需求产生大规模的影响。其他高速的地面运输方式（比如超级高铁）仍处于早期研究阶段，且它在技术和资金上的可行性也存在很大疑问。就航空领域本身来说，似乎也没有重大变动的计划。

但是，油价持续处在不稳定的状态，如果燃料在长时间内保持昂贵的价格，那么铁路投资也许会更具吸引力。但是，在没有证据的前提下，本《展望》中假定石油价格在基准情景下只会有缓慢的增加，促使私家车和航空运输方式的使用量。从增长量的绝对值看，在几种城际运输方式中，公路运输需求增长量最高：在2015—2050年之间，会增加45万亿人公里的客运周转量。

发展中国家收入水平的提高导致机动车量的增加（图2.3）。就小客车存量而言，2015年为近10亿辆，按基准情景发展，2030年将增长至17亿辆，至2050年为24亿辆。尽管许多发达国家的小客车保有量已达到饱和状态，在某些城市地区人均汽车保有量甚至在减少，但是发展中国家人口和经济增长仍将使得这些地区涌现更多的行驶车辆。到2050年，发展中国家将会有超过世界汽车总量75%的车辆，相比之下，2015年该比例还不到50%。在我们的基准预测中，中国和印度的车辆保有总量将在2050年增加近五倍，达到8.77亿辆。对私家车使用量实行更强有力的政府调控，特别是在交通拥堵和空气污染比较严重的城市，虽然不会完全阻止私家车出行，但还是会极大地减少私家车的使用量。

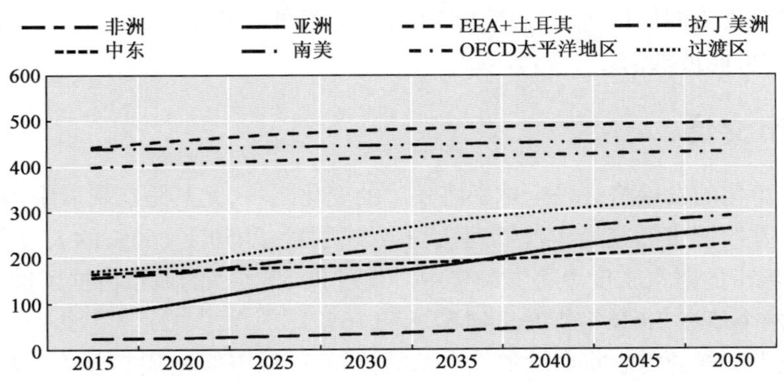

图2.3　不同地区小客车保有量（每千人小客车保有量，基准情景）
数据链接 http://dx.doi.org/10.1787/888933442419。

尽管迅速增加的机动车保有量所产生的负面影响是这些城市的政策关注焦点，但针对城际运输的专项政策还是很少。当然，其负外部性通常与公路运输有关，它们对当地居民的影响较小。限制汽车使用(比如通过高价燃料或城市政策)可能会对交通使用者的行为产生一些影响,从而对城际运输产生溢出效应。然而,这些政策将使得城际出行的机动性水平下降,因为在许多城际运输中,由于除了公路运输外的其他可替代运输方式很少。

铁路运输(尤其是高铁)也可以应用于城际交通(图2.4)。在一些国家,发达的高铁线路改变了城际交通的模式分担率,从航空主导转移至铁路主导,而且也从一定程度上影响了公路运输的模式分担率。在欧洲和中国,许多高铁项目导致了航空运量的减少。在一些城市中,铁路客运已经完全取代了航空客运,仅留下了一小部分航线用来作为大型枢纽的支线服务。这发生在西班牙的马德里和塞维利亚之间、法国的巴黎和里昂之间,还有中国的武汉和南京之间。然而,该现象的发生范围是有限的,只会发生在相距在200~1000公里的几个大城市之间,在这些城市中高铁能与航空抗衡。而且这仅占了所有城际交通中的一小部分而已。

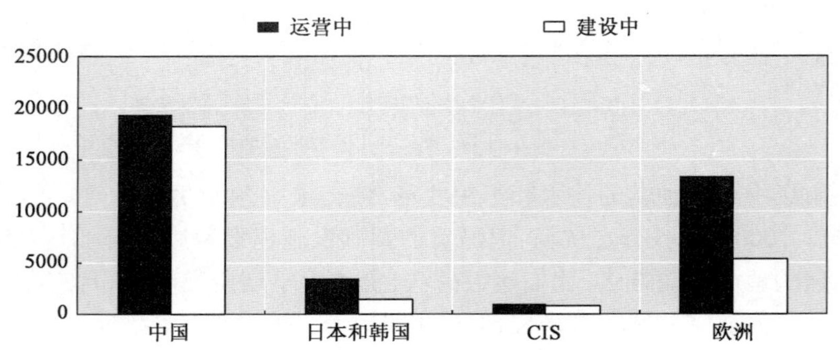

图2.4　部分国家或地区的高铁网里程(2016年1月,公里)

数据链接 http://dx.doi.org/10.1787/888933442421。

因此,城际铁路的发展前景很微妙。如果在2030年前,在中国大型基础设施建设发展的促进下,城际铁路运量的增幅可达到每年3.3%(表2.4),则2015—2050年的平均总体运量增长率有可能被限制在每年2%,比预计GDP涨幅低。由于缺乏可预见的基础设施建设发展区,加上国内航空的崛起,这都是导致预测值可能较低的原因。此外,与欧洲等国在19~20世纪的情况相反,发展中国家不可能在私家车已如此盛行的年代还投资建设大量的传统铁路网络。

共享汽车的发展也有助于减少机动车保有量,同时还能保证机动性水平不减少,但这种新的运输方式在一段时间内将保持边缘化。如果大规模的共享汽车能够提高私家车的平均车辆负载系数,那它就也能刺激私家车的机会使用,从而对铁路运输发展不利。法国政府(CGDD,2016)委派的一项研究结果表明,综合铁路转移至公路的使用者和因共享汽车能产生额外收益而生成的共享汽车使用者,共享汽车对私家车产生的影响可能被抵消。

2.1.2　城市交通

未来数十年,城市化的发展将会是全球必将发生的变化之一,尤其是在发展中国家。这将会改变城市生活的各个方面,并给城市的交通运输管理机构带来挑战。2050年,66%的人口会生活在城市,2014年该比例为54%。城市的财富密度也将继续集中。超过30万居民的城市占据了世界人口的31%和世界GDP的50%,这两个值在2050年将增长到37%和56%。

理论上而言,城市交通的需求将会增加。在基准情景下,城市客运周转量在2050年比2015年增长了95%,达到50万亿人公里(图2.5)。在发展中国家城市化进程最显著的区域,城市交通量会大规模增加。OECD国家的城市人口只会发生少量的变化,而亚洲国家在2050年人口将翻番,占世界人口的20%。与2015年相比,OECD国家的小客车运量仅将增加32%,而非OECD国家将增加185%(表2.2)。

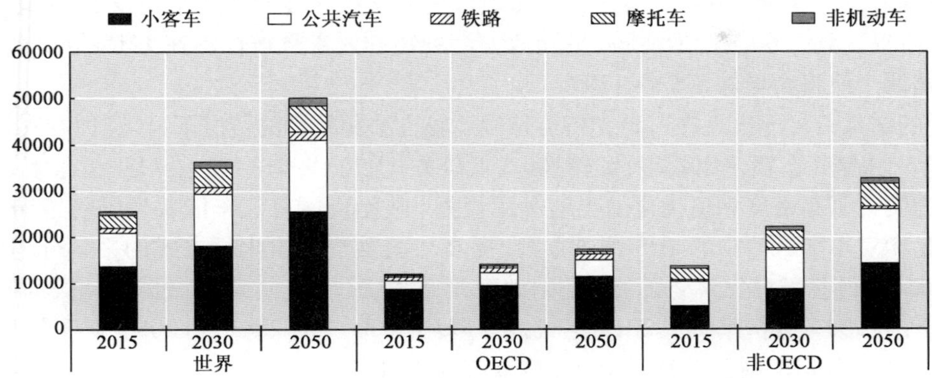

图2.5 不同交通方式的城市交通需求(十亿人公里,基准情景)

数据链接 http://dx.doi.org/10.1787/888933442434。

不同城市交通方式相对于经济的增长率(客运周转量的年复合增长率(%),基准情景) 表2.2

项 目	2015—2030	2015—2050
城市 GDP		
OECD	2.1	1.9
非 OECD	4.2	3.6
OECD 城市交通需求		
私家车	0.7	0.8
二轮车	2.4	1.8
公共汽车	2.6	1.9
铁路和地铁	2.1	1.4
非 OECD 城市交通需求		
私家车	3.7	3.0
二轮车和三轮车	2.9	2.0
公共汽车	3.1	2.3
铁路和地铁	2.3	1.7

以年为单位计算,城市客运量的增长率很小。然而许多城市(尤其是发展中国家)在适应新增加的运量时会有困难。已经非常拥堵的街道上将有更多的车辆行驶。为解决这个问题,许多政策手段都需要以减少城市机动车增加而导致的负面影响为目的。这意味着在模拟当前运输政策发展趋势的基准情景下,一些地区的城市交通政策措施已经相当严格。在这种情景下,城市公共交通运量的增长率是105%,仅比私家车运量的增长率(90%)稍微高一些。

某些亚洲国家目前的政策包括机动车辆注册管制或大型基础设施(包括公共交通)投资计划。由于该地区机动化率的增加以及机动化对排放量的影响很明显只在初期,所以在基准情景下亚洲地区的机动车保有量预计在未来数十年都会持续增长。由于每个亚洲国家的机动车增长率不同,第5章里研究了数个有明显特征和问题的城市,这将有助于更好地了解亚洲地区各类交通问题的解决方法。

如果公共政策能影响交通运输需求并改变部分交通行为,那这些改变带来的影响可能很小。任何鼓励转变运输方式的措施都会因私家车的需求增加而很难产生真正的影响。由于每年道路上将新增3000万辆汽车,要想引发1%的运输方式的转变都会是一项巨大的挑战。发展中国家的经济增长强度和随之而来的运输需求增加量,与当前匮乏的政策体制形成了巨大的对比,尤其是以全球性的角度来观察。

然而,城市客运情景分析(详见第5章)表明,实行严格的土地利用规划政策、大力发展公共交通和采取某些经济手段能够直接影响交通需求和行为。除了能减少CO_2排放量之外,这些手段还有助于减轻交通拥堵和提升空气质量。在我们考虑的大多数以公共交通为导向的政策情景下（如综合土地利用和交通（LUT）情景），到 2050 年，CO_2 排放量和地方污染物排放量将被控制在 2015 年的水平。但是在基准情景下，这两个值将会增加 50% ~120%。

这些乐观的结果只可能出现在三种支持可持续运输方法相结合的情况下，这三种方法分别是：避免（不必要的出行）、提高（车辆使用效率）和转换（为低碳方式如公共交通）。在 LUT 情景下，平均出行里程将减少，因为实行了高密度和更优化的土地利用规划（避免）；所有汽车能效发展将遵循 IEA 2DS 情景方案，而不是相对不那么严格的 4DS 情景方案（提高）；公共交通占出行方式的平均分担率将比基准情景上涨 150%，这得益于对公共交通领域的财政政策和投资（转换）。在交通需求增长显著的亚洲地区，LUT 情景下的私家车分担率将从 2015 年的 28% 降到 2030 年的 21%，到 2050 年只有 16%，而在基准情景下，2030 年该分担率则会上升到 35%，2050 年为 40%。

严格的机动车保有量调控政策和公共交通发展政策一道，都能提升城市的可达性，同时减轻交通拥堵并降低污染排放量。从另一角度分析，提倡改善私家车的可达性会引起很多问题，而不仅仅是交通拥堵。适应以私家车为导向的可达性所需要的道路基础设施的建设和维护都十分困难，尤其是在拥堵的城市里。另一方面，公共交通可以最大限度地为居民提供服务。第 5 章里对全球可达性指标的分析显示，在大多数城市中，私家车依然是出行方式中效率最高的一种，但公共交通系统的发展是唯一能够提供公平服务的方式，尤其是在私家车保有量很低的发展中国家。

城市的不断扩张助长了对汽车的依赖，并使得更多的不符合环保而且财务上不可持续的基础设施投资成为必需品，尤其是在亚洲和拉丁美洲。严格的土地控制政策很有必要，因为它能够减少对基础设施的需求，并提高公共交通系统发展政策的执行力。在高人口密度地区发展公共交通是减轻交通拥堵和减少排放量的一项有力政策，尤其是在发展中国家，公共交通为居民提供了一种低于私家车使用成本的服务。

2.1.3 国际航空运输

以增长率来看，航空运输在所有运输方式中的增长是最快的，在 2015—2030 年之间，基准情景下的航空运输量年增长率为 4.7%，在 2015—2050 年间为 4.1%。2050 年航空运输的总体客运周转量需求从 2015 年的 4.2 万亿人公里增至 19 万亿人公里（图 2.6）。对所有运输方式来说，发展中国家的运量增长是最为集中的，尤其是在亚洲，大批中产阶级的出现会极大地刺激航空客运量的增加。往来亚洲国家的国际游客量有可能会增至五倍，同期在这些地区的国内游客数量将增至三倍。

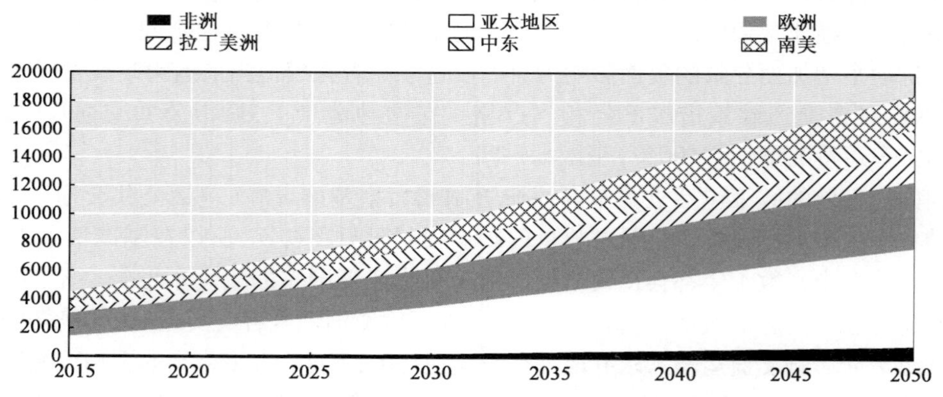

图 2.6 不同地区的国际航空客运周转量需求（十亿人公里，按始发地，基准情景）
数据链接 http://dx.doi.org/10.1787/888933442447。

经济增长只是航空运输需求增长的部分原因。航空网络的快速发展也起到了重要的作用。由于国际航空网络发展的不确定性，本《展望》中主要介绍三种国际航空客运的发展情景。基准情景延续了 2010—2015 年观察到的趋势，静态网络情景假设从 2015 年起供给量不再发生变化，而动态网络情景中交通网络的发展速度比基准情景下要快。

不同情景下交通需求增长量预计有很大的区别,这就凸显了网络灵活性的重要作用。在未来数十年内保持5%的年增长率仅在航空运输网络能适应需求增长的情况下才是可能的。高增长率还来源于运输网络创造的其他额外需求,特别是来自于区域内市场的低成本航空公司的需求。在许多市场中,航空运输自由化并不只是让航空服务能更好地适应需求的变化,同时它还通过降低价格和运营之前不够经济的航线来创造出新的需求。竞争水平的提升,低成本航空公司的出现和最近石油价格的降低都使得航空公司能够在更薄弱的市场之间运营。技术进步(特别是节能燃料飞机方面的进步)也加快了这一发展趋势。

2.2　货物运输

在基准情景下,货物运输周转量总需求(国内和国际)从112万亿吨公里将增长两倍达到329万亿吨公里(图2.7)。货物运输周转量需求的主要驱动力仍主要来自于经济增长,发现GDP和地面货物运输强度高度相关,研究得到一组国家的平均长期弹性系数是0.98(ITF/OECD,2015)。

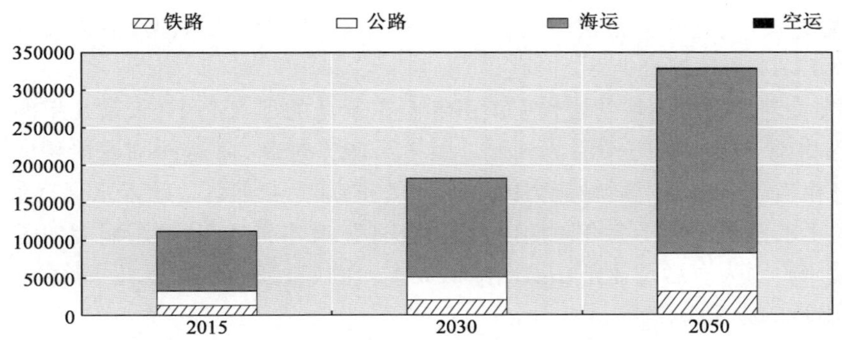

图2.7　不同运输方式的货运周转量需求(基准情景,十亿吨公里)

数据链接 http://dx.doi.org/10.1787/888933442458。

2030年之前,全球货运周转量需求的年平均增长率为3.3%,在2015—2050年间会稍有降低,主要是受到潜在经济发展涨幅降低的影响(表2.3)。航空货运量比其他运输方式增长要快,年均增长率为5%。该增长率产生的主要动力来自于潜在的贸易构成中高价值货物在总货运量中的份额不断增加。海运在货运周转量中占了最大份额。在我们的基准情景中,该份额从2015年的71%增长到2050年的75%。公路和铁路占据了余下的份额,以吨公里为单位计算,航空货运量只占很小一部分。

货运周转量需求的年增长率,与GDP相比(全球年复合增长率(%),基准情景)　　表2.3

	2015—2030	2015—2050
GDP	2.7	2.5
货运需求	3.3	3.1
铁路	3.0	2.6
公路	3.2	2.8
航空	5.6	5.4
海运	3.4	3.3

这些预测存在诸多不确定性,并取决于很多不够坚实的假设。经济增长比预期要低,并随时可能存在下行风险和不确定性。全球贸易量与GDP同步增长,在2008年经济危机之前,贸易量的增长是GDP的两倍。最近的研究表明,贸易自由化的步调(更具体而言是贸易限制的加剧)是全球贸易增长减速的

重要因素。前一版本《展望》(ITF,2015)中的研究结果显示,多边贸易自由化可使货物运量在基准情景下增加10%。然而,各国协商新贸易条例的困难度会极有可能导致预期贸易量的减少,而进一步的贸易保护主义会使未来货物运量下降成为必然。

2050年贸易量和货运量的预测突出强调了评估现有国内用于解决潜在瓶颈问题的基础设施容量的必要性。根据2030年的交通预测,亚洲所需要的基础设施扩容建设量最大。但是,除了南亚之外,针对基础设施容量建设的规划已足以适应未来交通运量的增长。

2.2.1 海上运输

根据我们的预测,海运在各运输方式中的货运量分担率会在2050年前一直保持稳定在80%左右。发达国家之间的传统贸易通道上的货运量会增长得相对缓慢,然而连接发展中国家的贸易通道的货运量年增长率则是17%。至2050年,美国和亚洲间的运输通道会受到最高货运量的双向限制。

海运一直是解决低价值物品(例如原材料)长距离运输问题的主要或唯一方法。该运输方式与大部分从亚洲通往发达国家的海运相关。然而,新的地面运输通道正在出现,也使得贸易模式产生了相应的变化。对某些类型的产品来说(比如高新技术产品),传统海运通道在运输时间上的竞争力正在减小。中国和其他地方的工厂向内陆迁移加剧了这一情况,公路货运量的增加和港口装卸时间的竞争力下降进一步延长了海上运输通往欧洲的时间。为解决这些问题,连通哈萨克斯坦、俄罗斯和欧洲的新公路和铁路通道正在建设中,这些道路在中间国(如哈萨克斯坦)十分受欢迎,他们表示十分愿意从欧亚贸易中获利(另见KOTI/ITF,2015)。

从2010年起,海上货物运输量的增长率就不像船东预计的那么高了,未来几年的增长也会比预计要低,本《展望》已将前一版本中的预测值调低。因生产能力过剩,海运面临着严峻的发展问题。2015年,供大于求的量相当于全球海上运输能力的近四分之一,加上当前订单的未来交货量和船舶存储量的困境,意味着供大于求这个问题不会在短期内得到解决(见文本框3.1)。运输能力过剩会对海上运输网络产生巨大的影响,因为海运行业正在试图降低成本。例如,海上运输公司可能会试图减少它们的停泊港口数和船舶出行的频率。

由于海上承运人经常将运输路线集中在几个港口间,港口容量将会出现问题。我们的研究结果显示,在2030年除了某些地区之外(如南亚),港口所规划的容量增长在地区级已能满足集装箱运输的需求。然而,总量的背后隐藏了地区之间的不一致性,某些需求集中的港口可能需要额外的容量。此外,需求量的未来发展也存在很大的不确定性。具有战略眼光的敏捷计划能够帮助应对这些长期不确定性,因为港口规划的时机选择非常重要,而且基础设施建设的道路是漫长、起伏和不可逆转的。这些规划需要设定未来发展方向和投资优先等级,并提前确定潜在的困难。它们也是形成未来港口发展的土地储留的基础。

2.2.2 地面货运

地面货运(公路和铁路)周转量预计将从2015年的32万亿吨公里增长到2050年的83万亿吨公里,占到全球货运总需求的近25%(图2.8)。货物运量在所有地区都呈现增长,但在OECD和非OECD国家之间有很大差别。大部分运量增长发生在发展中国家,在2050年非OECD国家的运量增至2015年的三倍,占了全部地面货运需求的近80%。同期OECD国家的货物运输需求将会增长1.6倍。根据计算,公路运输占了总运量的60%以上。

按地域而言,非洲货运周转量增长最快,尽管其货运周转量的起始水平非常低,2015年只有1万亿吨公里,但从2015—2050年将增长3.7倍。亚洲地面货运周转量从2015—2050年增长3.2倍,占了全球地面货运量的三分之二以上。亚洲各个区域之间的增长幅度相差很大,日本(增长50%左右)和其他东南亚国家(增长3.5倍)的增长差别就非常大。北美和欧洲的高收入国家的增长量就相对低一些。

在欧洲,增长预计为一倍,而北美只增长 50%。拉丁美洲和中东的增长幅度适中,中东地区地面货运周转量将增长 90%,而拉丁美洲将翻倍。

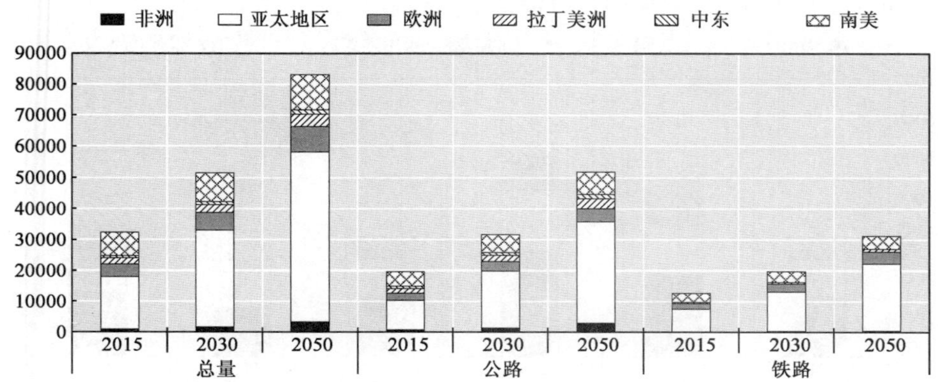

图 2.8 不同地区的地面货运周转量(基准情景,十亿吨公里)

数据链接 http://dx.doi.org/10.1787/888933442464。

我们的研究结果(尤其是对新兴区域的研究结果)与《展望》前一版本里的结果相差很大。主要是因为新版本将潜在的 GDP 预测值调低了。这同时也反映了随人均 GDP 的增长而发生变化的货运强度预测的困难。未来的货运增长会强烈依赖于这些国家未来的发展方向,尤其是以服务为导向型经济的发展。

地面货运预测中假设交通运输业相对于 GDP 的强度发生减少,主要因为服务业对 GDP 的贡献在不断增长。计算结果显示服务业相对于经济的重要性是各国之间货运强度存在差别的原因。由于很难预测 GDP 中服务业的未来比例,地面货运领域的政策情景建立在货运强度(作为收入比例)的基础上。根据我们的估计,长期弹性系数(货运强度)很大程度依赖于收入水平;低收入地区的货运强度约为 1.2,而高收入国家则是 0.8(表 2.4)。

货运强度:作为人均 GDP 的变量 表 2.4

收入组(2005 国际美元)	货运强度
0 ~ 4000	1.18
4000 ~ 20000	0.98
20000 ~ 40000	0.87
40000 以上	0.82

除了可能发生的改革创新之外(关于物理网络另见文本框 3.2),公路货运仍将处于不可替代的位置,尤其是短途运输领域。在基准情景下,约有一半的货运车辆行驶里程发生在城市地区,然而行驶里程的增长与货运周转量的增长并不同步。

图 2.9 详细列出了基准情景下和货运经营得到优化情景下的车辆行驶里程。在货运经营优化情景下,根据世界可持续发展工商理事会(Route Monkey,2016)的计算,货运经营者通过一系列方法优化了载荷因子并减少了空载行程。这些优化包括运营线路优化,各公司之间的资源共享(仓库、货车、IT 系统)。此外,这一情景中还假设装卸时间窗口比较宽裕,这会对城市货运有很大的影响。在道路优化情景中,2050 年的车辆行驶里程是基准条件下的 60% 左右,其中城市交通行驶里程下降最多。

对城际货运来说,发展高运载能力汽车有助于提升燃料效率、减少排放和提高运营效率。它们还可以降低路面货车的数量,对交通安全和环境都有好处(OECD/ITF,2011)。

最后,货运行业也将受到未来改革创新的影响。自动驾驶货车也许在 2020 年就能上路行驶,这将极大地改变各种运输方式之间的竞争力。尤其是铁路,会因公路运输的成本降低而受到影响。自动驾驶货车也会给物联网的发展铺路,标准规格货物能够在一个通用网络中运输,就像信息在网络中传输的方式一样。目前,已经有一些小规模的系统投入试验,它们将带来极低的运输成本和极大的环境效益(Hakimi 等,2012)。然而,洲级规模的物联网发展需要政策制定者采取强有力的手段来强化货物的标准化和公司之间的合作,特别是在新建的物流中心周边。

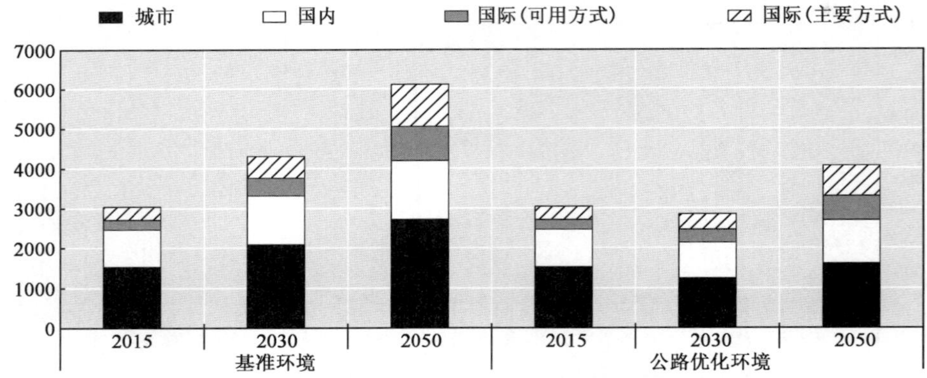

图 2.9 不同地区公路货运车辆行驶里程(十亿车公里)

数据链接 http://dx.doi.org/10.1787/888933442476。

2.3 CO_2 排放

联合国气候变化框架公约(UNFCCC)第 21 届缔约方会议(COP21)最重要的成果之一是签署了巴黎协定,此外还制定了 162 个国家自主贡献(NDCs)目标,通过每五年对各国脱碳化目标进行一次阶段性审查(从 2020 年开始),从而使各国走上了一条为缓解气候变化而努力的道路。在所有提交的 NDCs 中,75% 的国家承认了交通运输对气候变化的作用。一些更常见的目标包括公共交通发展;使用低碳燃料(例如生物燃料,液态丙烷(LPG)或压缩天然气(CNG));发展电动车;建立国家级共享交通、能量消耗或可再生能源目标。

交通运输行业产生的排放相比于其他行业仍然在不断增长,仅最近才在发达国家开始降低,因此十分需要强有力的政策手段予以配合。2015 年,交通运输行业产生的 CO_2 排放量总计达 90 亿吨,占所有人为排放量的 18%。总体来说,货运产生的排放量只比客运少一点。

由于国际运输产生的排放量很难分配给各个国家,因此暂时忽略这一领域。2015 年 OECD 国家的 CO_2 排放量总计约 40 亿吨,占全部运输相关 CO_2 排放的 42%。按人均计算,这相当于每位居民每年排放了近 3 吨 CO_2,非 OECD 国家的只有 0.5 吨(表 2.5)。

交通运输行业人均排放量(每年人均 CO_2 排放量,吨) 表 2.5

	2015	2030	2050
国内运输方式			
OECD	3	2.2	1.8
非 OECD	0.5	0.8	0.9
国际运输方式	0.2	0.3	0.4

在基准情景下,2050 年排放量将增加 60%(图 2.10)。货运的排放量增加最多,占了 2050 年排放量的一半。尽管能源效率预计有大幅提升,但排放量依然会继续增加。2015—2050 年间,交通运输行业的平均 CO_2 排放强度显著降低。在基准情景下,2050 年客运领域 CO_2 排放量为平均每人每公里 60g,2015 年为 100g。与货运的发展情况类似。然而因为运输需求预计会大量增长,所以这还远远不够应付排放量的增长,更别说扭转这个趋势了。

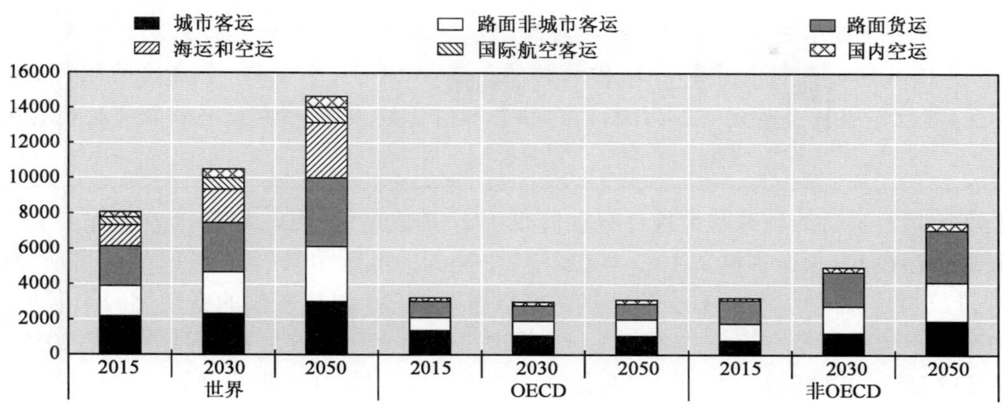

图 2.10　不同地区 CO_2 排放量(百万吨,基准情景)

备注:国际运输方式的排放量在 OECD 和非 OECD 国家间未做区分。

数据链接 http://dx.doi.org/10.1787/888933442489。

各个领域的 CO_2 排放量都会发生增长。公路运输产生的排放量(包括货运和客运)在 2015—2050 年间增长会超过 70%,那些国际运输方式(空运和海运)则增长了近两倍。城市间的排放量差别很大。在基准情景下,2015—2030 年间的排放量是稳定的,因为很多地方政府已经开始处理许多与私家车相关的负外部效应。诚然,控制城市排放水平的最有效的办法是实施能为居民所接受的针对污染物或交通拥堵的政策,使得减少 CO_2 排放共同受益。提升燃料效率通常引起污染物的排放量增加,反之亦然。柴油车在提升燃料效率的同时也会排放出比汽油车更多的颗粒物质(PM)。如果公共交通车辆主要由柴油公交车构成,那么交通方式转变政策会产生预料之外的结果。

文本框 2.1　ITF 的脱碳交通运输项目

2015 年 12 月签署的巴黎协定,通过建立一个始于 2020 年的针对各国脱碳化发展承诺的五年审查周期,使各国走上了努力缓解气候变化的政策道路。ITF 的低碳运输(DT)项目通过采取广为接受的措施来减少 2050 年前交通运输行业 CO_2 排放量,这将能帮助减少各经济体之间的减排目标与实际措施之间的差距。

DT 项目直接反映了所有 CO_2 减排政策制定参与者的需求,并评价了 NDCs 对于减少交通运输领域 CO_2 排放、实现联合国可持续发展目标(SDGs)和采取其他措施的影响。这种做法建立在承认大规模挑战的基础上,也是建立在全球许多部门和组织的动员能力和资源的需要之上,以便能够成功解决这些问题。

该项目的建立基于一个包容所有参与者的态度。为了成功解决这些问题,该项目的实施方法建立在承认大规模挑战存在的基础上和对于在全球范围内调动产能和各地区的资源的迫切需求上。DT 项目是一个基于量化不同的 CO_2 减排政策、方法和行动的有效性的一个对话进程。

一系列由 ITF 交通运输模型分析得出的结果将有助于为政策制定提供依据,这些依据可以用于制定国家减缓气候变化策略和制定新的 NDCs 目标。项目成果将会给参与 2020 年气候谈判的交通运输行业提供帮助,并有助于不同运输系统的低碳改造计划。该项目通过不同的传播和沟通途径来支持 UNFCCC 的执行决定和解决方案以促进国际合作(包括通过 ITF 网站、成员国、服务和会议途径)。

该项目还计划与众多公共和私有机构建立一个包容的、非指令性的对话,这些机构的政策、投资、操作规程和商业模式等对运输系统的发展都会产生巨大的影响。该项目还旨在建立参与者日益增长的碳中和运输系统,以支持 SDGs 的实现。

作为唯一一个覆盖了全部运输方式的政府间组织,ITF 是全球运输政策交流的重要平台。它有广泛的地理多样性和众多的成员国 CO_2 排放档案。在 2014 年,它与 23 个主要的国际公司(截至 2016 年 6 月)建立了企业合作理事会(CPB),与私营部门接触,以便研究政府和私营机构共同感兴趣的议题。

尽管基准情景下实行的现有政策预计只能降低 CO_2 排放量的增幅,但将排放量保持在 2015 年的水平的方法也是存在的(见文本框 2.1)。本《展望》中提到的低碳情景(图 2.11)结合了所有运输方式和地区 CO_2 排放最乐观的情况:所有交通工具的能效都将提高(包括船舶的备用燃料),征收更高的燃料税,公路货运、土地利用及城市公共交通规划都将取得全面优化成效。在这种情景下,2050 年的排放量总计达到 73 亿吨,而基准情景下则是 136 亿吨。地面运输领域 2050 年的排放总量是 59 亿吨,比 IEA 提出的 2DS 目标稍高。然而,与 1.5DS 情景中提出的 20 亿吨排放量的目标还是相距甚远(Gota,即将发表)。

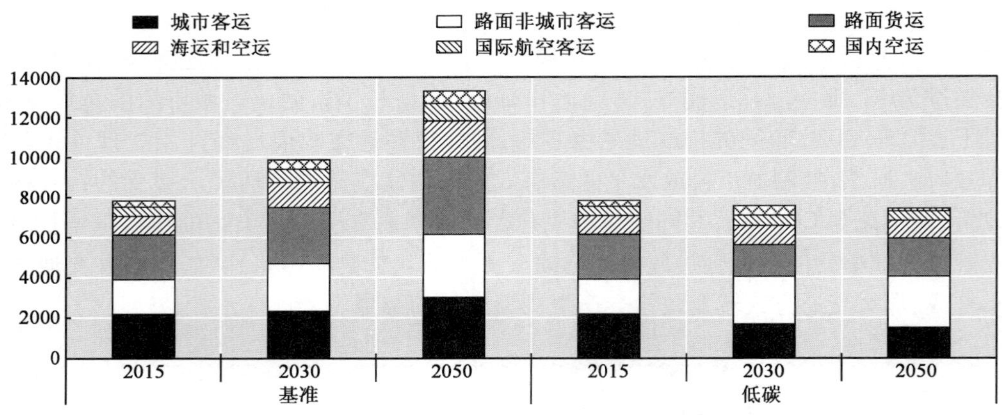

图 2.11 不同情景下各地区的 CO_2 排放量(百万吨)

数据链接 http://dx.doi.org/10.1787/888933442498。

低碳情景下的减排措施主要有两方面:公路运输和海上运输。在公路运输方面,能效技术进步、城市交通方式转换政策、货运车队的共享与优化能够在 2030 年前减少近 20 亿吨 CO_2 年排放量。在海上运输方面,船舶能效提升使得每年可避免近 8 亿吨的 CO_2 排放量。本书第 Ⅱ 部分的 3 章详细说明了各个领域的减排前景。

对客运而言,技术进步能够减少绝大部分的 CO_2 排放量。依靠科技的减排量占据了城市内减排量的 60% ~80% 和城际减排量的近 100%。然而节能技术和可替代能源的发展速度仍存在很强的不确定性。除了电动车的发展,当前其他领域的技术发展已经落后于 2DS 情景。这使得未来几十年的技术发展难以预测。这些不确定性直接来源于燃料未来价格走势和经济增长趋势。低油价严重妨碍了个人和公司购置燃料效率更高的汽车。同样地,这还可能延缓生物燃料生产工业的发展,生物燃料目前比传统燃料要贵很多(另见第 4 章关于航空的排放部分)。此外,经济增长低迷也给投资带来了更高的风险,其中包括对清洁技术和可替代能源设备的投资。

参考文献

CGDD (2016),"Covoiturage longue distance :éat des lieux et potentiel de croissance",Collection《Etudeset documents》du SEEIDD, Mai 2016, www.developpement-durable.gouv.fr/IMG/pdf/ED146.pdf.

Gota (forthcoming), Implications of 2DS and 1.5DS for Transport Sector Emissions in 2050.

Hakimi, D. et al. (2012), "Simulating a physical internet enabled mobility web: The case of massdistribution in France (p. 10 p.)", the 9th International Conference on Modeling, Optimization & SIMulation-MOSIM'12, retrieved from https://hal.archives-ouvertes.fr/hal-00728584/document.

IEA (2016), "Tracking Clean Energy Progress 2016" in Energy Technology Perspectives 2016, OECDPublishing, Paris, http://dx.doi.org/10.1787/energy_tech-2016-en.

ITF (2016), "Shared Mobility: Innovation for Liveable Cities", International Transport Forum Policy Papers, No. 21, OECD Publishing, Paris, http://dx.doi.org/10.1787/5jlwvz8bd4mx-en.

ITF (2015) ITF Transport Outlook 2015, OECD Publishing, Paris, http://dx.doi.org/10.1787/9789282107782-en.

KOTI/ITF (2015), Transport and Trade: Connecting Continents, Summary of the KOTI-ITF seminar, Seoul, 24 March 2015.

OECD/ITF (2011), Moving Freight with Better Trucks: Improving Safety, Productivity and Sustainability, OECD Publishing, Paris, http://dx.doi.org/10.1787/9789282102961-en.

Route Monkey (2016), Demonstrating the GHG reduction potential of asset sharing, asset optimization and other measures, Report of the Road Freight Lab, prepared on behalf of WBCSD members in the Low Carbon Technology Partnership initiative.

SLoCaT (2015), SLoCaT Preliminary Analysis of NDCs Sees Potential for Ambitious Action on Climate Change in the Transport Sector, available at www.slocat.net/news/1589.

附录2.A:ITF模式框架

本《展望》描述了至2050年全球客运和货运的长期发展情景,利用ITF建模工具建立了客运和货运政策情景,并在前一版本《展望》的基础上进行了修订和扩展。不同ITF工具的输入和输出数据在一致的框架之下是统一的。

正如图2.A1中所述,ITF模型会以全球化的角度对当前和未来的运输量进行细化和详尽的描述。为避免重复计算,国内运输、城市运输、国内城际运输和国际运输都在独立的子模型中进行预测。人口和国内生产总值(GDP)是政策环境变化的主要驱动力。人口预测建立在联合国对世界人口预测的基础上。GDP预测建立在OECD环境署的长期预测基础上。此外,ITF模型可以评估一系列政策效应及其外部性影响,特别是城市政策,如交通基础设施供给、停车或土地利用政策会对城市的模型布局产生巨大的影响。

城市运输模型对1667个人口在30万以上的城市进行了评估,结果可推广应用至世界上的所有城市地区。该模型模拟了城市运输需求变量的变化——如人口增长、经济活动、燃料价格、土地利用、道路规模以及公共交通的数量和质量。该模型可得到在不同政策情景下交通活动水平和运输方式分担率(例如公交优先发展或燃料价格降低政策)。该模型的计算数据来源于各类机构,覆盖了全球大部分地区。

国际运输模型由两种不同的网络模型组成。国际货运模型在贸易自由化情景基础上预测了2050年的货运周转量及相关CO_2排放量。该模型的输入项为ENV Linkage模型中的价值流,该模型由OECD环境署的一般均衡模型按运输方式划分而得,接着通过赋予价值模型一个权重子模型将结果换算成货运量。最后根据路径能力限制分配各路径上的流量,该模型研究了333个地区中19种商品的流动。

ITF 航空客运模型是一项用来研究航空政策的预测工具。该模型可预测不同政策情景下至 2050 年的国际客运量(客运量和收入客运周转量)的变化。该模型采用了重力模型来计算旅客需求,并使用需求路径选择模块将两个地区之间的需求分解为不同的路径。两种计算模型在 ICAO 提供的飞行需求数据基础上进行计算。因为该模型覆盖的地理区域是十分广泛的(310 个地区),它也能在地区、国家或机场层面做更详细的分析。

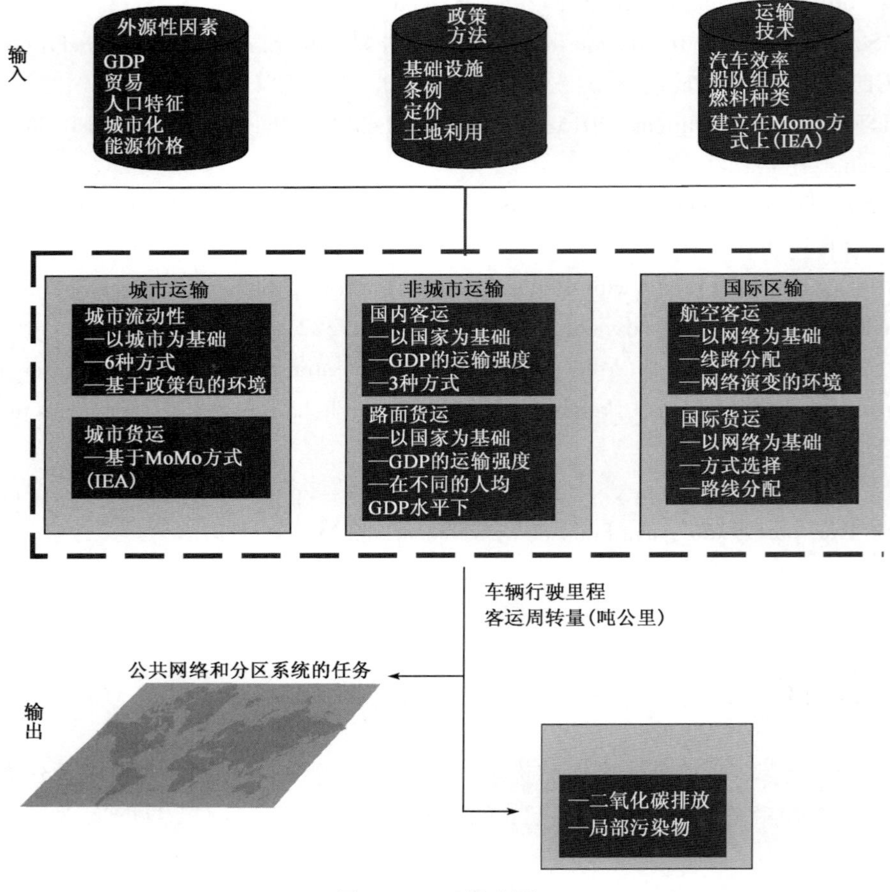

图 2. A1　ITF 模型框架

城际运输模型来源于对国家级数据的统计分析。货运和客运都把 GDP 作为运量的主要因变量。GDP 的弹性系数随着国家的收入水平而变动,并通过 ITF 和国际公路联盟(IRF)提供的样本数据进行回归分析来计算。

第Ⅱ部分
行业前景

第 3 章 国际货物运输

本章介绍了国际交通论坛(ITF)国际货运模型对国际贸易相关的货运量和二氧化碳排放量至2050年的预测。本章重点介绍了对未来贸易预测的不确定性,并讨论其对货运的影响。然后提出了国际货运对全球二氧化碳排放的潜在影响。本章还将讨论交通运输需求增长对港口和内陆联运能力的影响,并提出解决内陆联运问题的方法和为决策者在规划未来国际货运上提供指导。

世界贸易增长仍然疲软,国际贸易相关的货运相较2008年前以缓慢的速度增长。全球贸易需求的减少、贸易保护主义的增加,加上近年来对更大型的船舶的积极订购为海运行业带来了更多的危机。海运能力过剩使海运费用降至非常低的水平。海运成本的降低并没有导致贸易增长,而是使海运行业陷入债务危机,导致部分海运公司的破产。集装箱运输业应对这场危机的方式是不断增加船舶规模,这一举措加强了集装箱运输业的整合和集装箱运输公司间的联盟合作。

这场危机对全球供应链有涟漪效应。许多国家都对港口过度投资,与海运公司一样对需求的预测过于乐观。因此,港口遭受产能过剩的冲击,而且财务状况不容乐观。在集装箱运输业,大型船舶和公司联盟带来的货物集中运输导致港口使用率日渐降低,海运服务的经济合理性也有所下降,所以越来越多的港口和码头缺乏货物处理。同时,这种集中的集装箱港口吞吐量也导致一些地区内陆运输的拥堵增加。

中长期来看,贸易增长可能会回升,但预测仍然有许多不确定性。预测显示,至2050年国际贸易货运量可能是现今的三倍,但这些预测是基于各种可能不够成熟的假设。如果没有采取有效的措施,至2050年由国际贸易相关的货物运输导致的二氧化碳(CO_2)排放量可能增长120%。因为国际海运和航空的性质,其排放量不包括在目前谈判的联合国气候变化框架公约(UNFCCC)的范畴,而是分属于国际海事组织(IMO)和国际民用航空组织(ICAO)的管理范畴,这两个组织均为联合国的专门机构。目前的挑战是减少货运的碳排放强度。虽然使用优化的运输网络和更严格的排放技术能有效地解决问题,但是新的监管政策和替代燃料也是必要的手段。

港口和贸易相关的地面运输网络的投资需求也很重要,但是当前的大环境不明朗,因此规划投资难度较大。证据表明,目前宣布的预估运输容量增值已经足够,但是部分地区实际上过度预估了运输需求。

运输从业者需要找到解决这些不确定性的方法。货运公司和决策者需要纳入考虑不确定性和不同环境来规划未来,而不是简单地认为未来是过去趋势的延伸。特别是远期运输规划,无论是私营公司和政府部门都要考虑到未来发展的不确定性。

3.1 潜在贸易前景

在国际运输论坛(ITF)出版2015年《展望》以后,全球的贸易状况恶化。在2016年,全球贸易增长回缩,短期内前景并没有改善。近年来,贸易限制增加,贸易协定谈判的难度加大,例如跨太平洋伙伴关系(TTP)和跨大西洋贸易和投资伙伴关系(TTIP)。此外,我们似乎已经达到了全球外包模式的极限:价值链的全球扩张已经停止,制造业已变得更加区域化。

正如第1章所讨论的，近年来世界贸易放缓不仅体现在绝对数量上，还体现在贸易量与国内生产总值（GDP）比率（也称弹性系数）的降低。在金融危机之前20年，世界贸易迅速增长，其速度超过了国内生产总值的增长速度。这种关系自2008、2009年以来一直下降（图1.2）。在潜在的经济预测中，贸易增长预计在未来40年中仍然将超过GDP增长，虽然这个差距比危机前的几十年更小。世界贸易估计以每年3.5%增长（1990—2007年期间是6.9%），意味着贸易对GDP的弹性系数将长期降低。

几个周期性和结构性的原因被用来解释贸易弹性系数的变化（关于贸易弹性系数的讨论见OECD，2016；Constantinescu等，2015；ECB，2014）。周期性原因将贸易弹性变化归因于全球危机后全球经济的状况。经济危机打击了发达经济体，特别是欧盟，其对贸易弹性系数的贡献在危机期间大幅下降。投资作为国内运输需求中与贸易最相关的部分，也在经济危机期间遇冷。然而，这些更多是全球经济活动下降的表现，而不是贸易弹性的变化。

其他长期的结构性原因可以解释观察到的弹性变化。新兴经济体在价值链的位置上升，导致出口商品的国内附加值的增长。在下半个世纪中，世界贸易将比过去几十年更少依赖于出口导向型增长。它也反了映全球价值链的分割强度正在放缓，因为其可能对产品和任务的分割程度有所限制（Fontagné and Fouré，2013）。事实上，有证据表明自从2008年全球供应链已经开始整合化，而不是以前观察到的分割化。

经济合作与发展组织（OECD）最近的研究表明，贸易自由化的步伐是世界贸易增长放缓的一个重要原因（经合组织，2016年）。这似乎支持了经济危机开始以来保护主义增强的论点。这项研究也发现全球价值链的整合导致了贸易放缓。

结果进一步表明，与贸易预测一致的经济增长和收入收敛将得出1.1的贸易对GDP比率，这被认为是在假设人均GDP继续增长和保护主义不进一步增加的环境下的比率下限。基于OECD对贸易的长远预测，在贸易全面自由化的假设下，将会得出1.4的贸易对GDP比率。这被认为是长期比率的上限（OECD，2016年）。

为了体现全球贸易模式和货运量之间的相互依赖性，我们将提出两种可能的贸易情景：低弹性系数和高弹性系数，对应于上述的比率下限和比率上限。上一版的《展望》提出了高弹性的情景。两者之间的主要区别是贸易对GDP的弹性，其影响贸易总额的增长率（表3.1）。两个情景下的产品组成和地理分布也不同。低弹性情景（基准情景，反映了近期贸易的放缓）的特点是贸易模式和产品组成的更加明显的结构变化。

2015—2050年间不同贸易情景比较 表3.1

	低弹性系数	高弹性系数
贸易增长因子	3.0	3.5
贸易量相对于GDP的增长系数	1.2	1.4
贸易年增长率	3.0%	3.6%

这两种情景的区别也体现在世界范围内贸易活动量变化的不同。在高弹性的情景下将会看到发达经济体在世界出口份额逐渐下降，而亚洲和非洲的发展中经济体的份额将增加（图3.1）。在低弹性（基准）情景下，出口份额组成的变化更加明显。至2050年，中国和印度将主导全球贸易，全球出口流量的27%来自这些国家。欧洲经济区（EEA）和土耳其的出口份额在2050年减少到全球出口流量的20%，而在2015年为33%。此外，亚洲和非洲的其他发展中国家的出口份额也大幅增加。到2050年，亚洲（不包括中国和印度）将占到全球贸易的18%，非洲增至8%。

两种情景在贸易组成方面的差异更加显著。在高弹性情景下，贸易结构在2015—2050年期间只有微小的区别。其他制造业商品（图3.2）占价值总额的最大份额，占所有贸易的20%。紧随其后的是电子产品（15%）、化学物品（14%）、运输设备（13%）和纺织品（8%）。

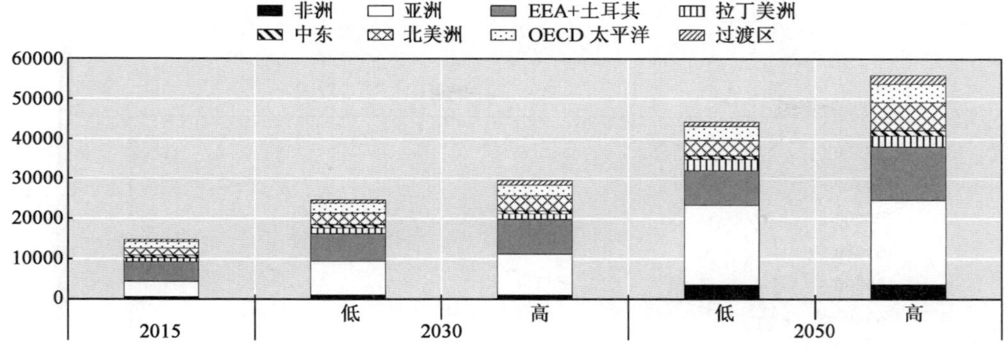

图3.1　不同地区贸易价值(以2004年美元价值计算,十亿)

数据链接 http://dx.doi.org/10.1787/888933442504。

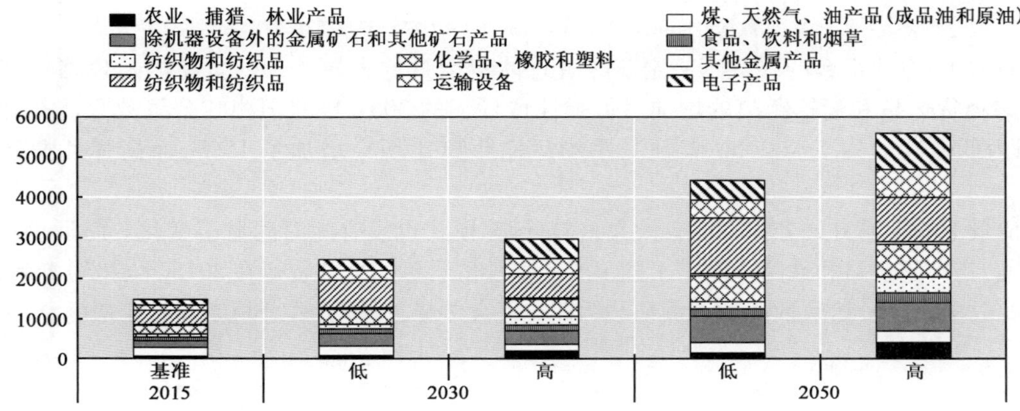

图3.2　不同商品贸易价值(以2004年美元价值计算,十亿)

数据链接 http://dx.doi.org/10.1787/888933442516。

与之相反,在低弹性(基准)情景下,贸易结构呈现出不一样的产品组成(图3.2)。其他制造商品的份额到2050年将大幅增长到31%。石油产品,如原油、成品油、天然气和化学品以及橡胶和塑料在全球贸易总额中的份额将下降。这主要是由于新兴经济体(到2050年将会构成全球最大的经济体)通过生产和消费模式的转变而在全球价值链的地位上移。以上所述情景并不考虑石油或煤炭贸易缓解政策的影响。中国、印度等亚洲国家的GDP增加,低价值产品制造业的生产和消费逐渐向高价值制造产品转变。

3.2　至2050年国际货物运输

为了了解不同贸易预测情景下的货运量,ITF开发了一个全球货运模型,可以将以货币为单位的贸易量转换为货运周转量和相关的二氧化碳排放。整个模型包括四个主要步骤,模型的校正步骤可参考附件3.A。

2011年的国际贸易带来了81万亿吨公里的全球货运周转量。海运是主要的交通运输方式,占总货运周转量的87%。这些计算还包括国际货运的国内联运货运周转量,这部分通常由公路进行运输。道路、铁路和航空运输占全球货运周转量的8%、5%和0.1%。

低贸易弹性对以吨公里为单位的整体货运周转量的影响相对较小。在低弹性的情景下,2050年的世界贸易总价值为2015的三倍,对应的总货运周转量的增长率为2015年的3.1倍。在高弹性情景下,贸易总价值在2050年增长为2015的3.5倍,而相应的货运周转量增长为2015年的3.3倍。图3.3总结了两种贸易预测情景下得到的货运周转量。

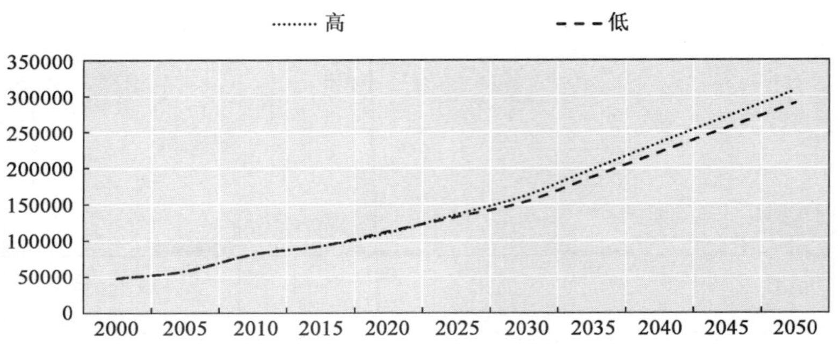

图3.3　不同贸易弹性情景下的货物运输需求(十亿吨公里,2000—50)
数据链接 http://dx.doi.org/10.1787/888933442521。

贸易对GDP弹性系数的降低不一定意味着总体货运量的大幅减少。贸易的地理格局和产品构成更能够解释货运量和运输距离的增加。低弹性情景下的2050年的预测吨公里数只比高弹性情景低6%,因为低弹性情景下至2050年预测平均运输距离比现今增加了15%,而高弹性情景只增加了12%。

两种情景下的运输方式分担率没有太大差异,运输模式也没有随时间显著变化。海运仍将是主要的运输方式,其次是公路和铁路。图3.4显示了低弹性情景下的全球货运在2015年、2030年和2050年的运输方式分担率。虽然两种情景下贸易结构存在很大差异,运输方式分担率却是相似的。

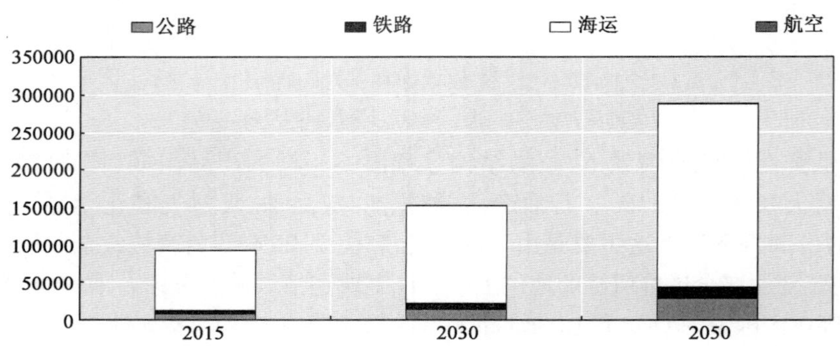

图3.4　不同运输方式国际货运周转量(低弹性情景,十亿吨公里,2015—2050)
数据链接 http://dx.doi.org/10.1787/888933442530。

如上所述,两种情景下贸易的空间格局将在2010年和2050年之间变化。我们将世界划分为12个运输区域/通道,来调查空间格局的变化对货运活动的影响(图3.5)。各地区的货运需求增长是不一致的,海运路线上或者亚洲内陆连接上的地区增长更强。

在所有运输通道中,2015年北太平洋通道的国际货运量最大。这主要是由于从中国到美国的大量国际贸易。预计北太平洋通道的货运量将继续大幅增加,到2050年将达到76万亿吨公里。在印度洋也出现了货运量显著增加的情况。由于欧洲和北美之间的贸易增加,北大西洋的货运量预计也将大幅增加。欧洲和亚洲之间的贸易增长主要表现地中海通道的货运增加。

贸易增加也将带来区域内部陆路或铁路的货运量增长。根据对GDP的预测,最高的区域内货运增长将出现在亚洲和非洲。在基准情景下,亚洲内吨公里将增长至2015年的4.5倍,而改数值在非洲为6.5倍。因为铁路网络在这些地区(除了中国和印度)欠发达,大部分贸易由陆路运输完成,其对二氧化碳排放产生重大影响,如下节所述。

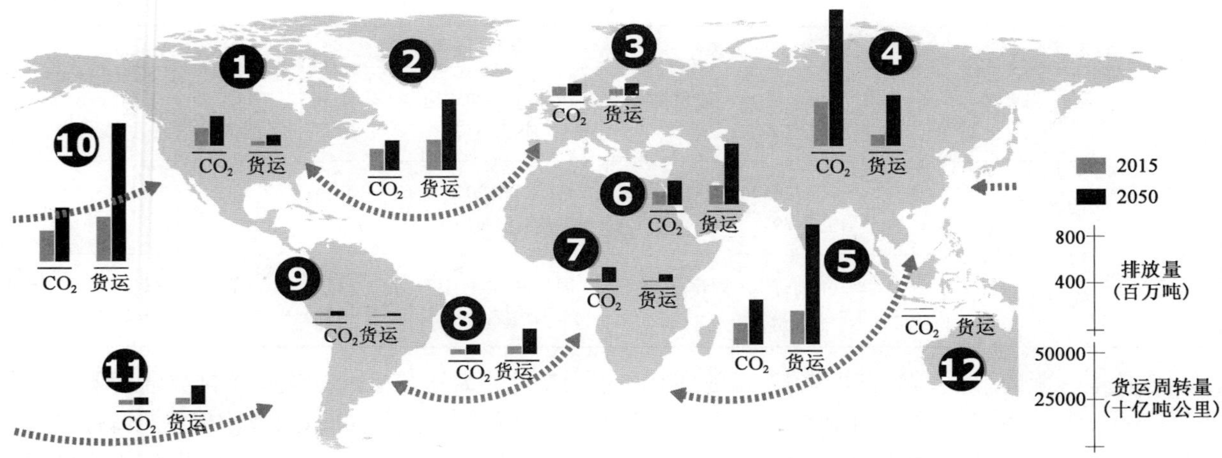

图3.5 不同运输通道上国际货运周转量和相关 CO_2 排放量

1-北美;2-北大西洋;3-欧洲;4-亚洲,包括日本和韩国;5-印度洋;6-地中海和里海;7-非洲;8-南大西洋;9-拉丁美洲;10-北太平洋;11-南太平洋;12-大洋洲

3.3 国际货物运输 CO_2 排放

3.3.1 量化排放

我们预计2015年国际贸易相关货物运输产生的二氧化碳排放量约为16亿吨(超过燃料燃烧产生的全球总排放量的5%)。海运占了一半左右的排放量(8.3亿吨)、货车40%(6.3亿吨)、空运6%(9700万吨)和铁路2%(3500万吨)。

由于海运和航空的国际性,它们带来的二氧化碳排放不包括在目前谈判的UNFCCC的范畴。在IMO,各国已经达成了协议,要通过船舶设计和提高船舶燃料效率以减排,分别称为能效设计指数(Energy Efficiency Design Index,EEDI)和船舶能效管理计划(Ship Energy Efficiency Management Plan,SEEMP)。ICAO与其成员国合作制定了一系列限制气候变化影响的措施。这些措施涉及范围很广,从提高运营效率到2016年10月在第39届国际民航组织大会上通过的全球基于市场的策略(参考第4章)。

对于这个展望,国际货运的碳足迹是通过使用每个模式每吨公里二氧化碳排放效率的数据得到的。

本《展望》总结了国际货运的碳足迹是通过使用每种运输方式的每吨公里二氧化碳排放量(g)计算所得。公路和铁路的排放数据参考了从国际能源署(International Energy Agency,IEA)的MoMo模型(Mobility Model,MoMo)。海运的排放量数据来自于文献Smith(2014)和Smith(2015)。航空运输排放量数据来自于EEA,2014(表3.2总结了关于情景和假设前提的排放数据)。

有关 CO_2 排放的不同情景　　表3.2

情景假设	基准情景	严格技术情景	道路优化情景
贸易量相对于GDP的弹性系数	低弹性:1.2	低弹性:1.2	低弹性:1.2
航空	每年提高1.5% CO_2 排放效率	每年提高2% CO_2 排放效率+2050年增加50%生物燃料	每年提高2% CO_2 排放效率+2050年增加50%生物燃料

续上表

情景假设	基准情景	严格技术情景	道路优化情景
公路	IEA 4DS:2050 年前 EEOI 效率平均提升 20%	IEA 2DS:2050 年前 EEOI 效率平均提升 35%	IEA 2DS + 车辆行驶路径优化,运输窗口灵活,资源共享
铁路	IEA 4DS:2050 年前 EEOI 效率平均提升 39%	IEA 2DS:2050 年前 EEOI 效率平均提升 47%	IEA 2DS
海运	2050 年前 EEOI 效率平均提升 50%	因使用生物燃料导致 EEOI 效率平均提升 70%	因使用生物燃料导致 EEOI 效率平均提升 70%

自从上一版的《展望》修订以来,海运效率有了很大变化。海运带来的二氧化碳排放强度取决于几个因素:速度、利用率、船舶设计和船队组成。自金融危机以来,广泛报道的海运减速现象对海运二氧化碳排放强度有主要影响。第三届 IMO 温室气体研究估计海上速度低于设计速度 12% 带来的平均每日燃料消耗量减少 27%(IMO,2014)。这是否是一个确切的数据仍有待观察。如果运输需求增加,船舶自然会提高自身的速度。

在基准情景下,道路和铁路运输的排放强度遵循 IEA 的 4℃情景(4DS)准则。这种情况考虑到各国最近对限制排放和提高能源效率的协定,旨在长远来说温度上升限制在 4℃以内。多方面来看,4DS 已经是一个激进的目标,需要政策上和技术上的重大改变。基于 IMO(2014),基准情景假设海运到 2050 的平均能源效率比 2012 年提高 50%。对于航空运输,我们使用的是跟行业目标(ATAG,2016)一致的假设,每吨公里能源效率将以每年 1.5% 的增率提高。

严格技术情景中的车辆技术的市场渗透率假设根据 2DS 情景。2DS 的情景设置了未来能源系统的部署的途径和与至少有 50% 的几率将全球平均温度升高控制在 2℃以内的排放轨迹。该情景也考虑了 Lloyd's Register(2016)描述的高生物燃料情景。在该情景下,海运业采用生物燃料并结合化石燃料的目标和要求。航空业根据 ICAO 成员的决议(2013),能源效率每年提高 2%,2050 年生物燃料的使用率提高至 50%。虽然这种情况已经反映了非常严格的技术要求,但是还不足以满足巴黎协议提出的 1.5℃情景下的要求。

道路优化情景来自世界可持续发展工商理事会(World Business Council for Sustainable Development WBCSD)最近的一项研究,该研究调查由私营道路货运经营者采用各种措施以减少其二氧化碳排放(Route Monkey,2016)的有效性。该情景在严格技术情景的基础上再结合了这些措施的影响。这些措施包括:(1)车辆路径优化和资源分配;(2)避免狭窄的运输时间窗口;(3)货运运营商之间的资源共享,例如仓库和车辆。

车辆路径优化和资源分配旨在通过顶层优化软件最小化总运营成本和货物运输总距离。WBCSD 的研究结果显示这一措施可以使得的货物运输的车辆公里数减少 12.5%。在道路优化情景中,我们根据货物类型和运输地点(如从港口到城市的运输,反之依然),将这一研究结果应用到 80% ~90% 货运运输中。我们也应用了资产共享假设于此情景中,从而使得 80% 的货物运输的车辆公里数至 2030 年减少 20%。最后,该研究还得出通过业务模型来避免狭窄的运输时间窗口可以令到车辆公里数至 2020 年减少 25%(主要集中在城市)。

3.3.2 CO_2 排放的长期展望

至 2050 年,货运量预计将增至三倍,进而大幅增加相关的 CO_2 排放量。在基准情景中,排放量预计从 2015 年到 2050 年将增加 120%。排放量中各运输模式分担率发生很大的变化。在低弹性和高弹性情景下,国际贸易相关的道路货运都将成为最大的排放源,低弹性情景下占总排放量的 45%,高弹性情景下占 49%。在两种情景下,到 2050 年海运占国际贸易相关货运总 CO_2 排放量的 40% 左右。每单位运输的船运排放远低于路运排放。

较高的贸易增长(高弹性情景)不一定导致更高的排放量。相反,排放量取决于其他因素,例如贸易产品的组成。低弹性情景的 CO_2 排放量略高于高弹性情景可以说明这一点(图 3.6)。根据预测,到 2050 年,低弹性情景下 CO_2 的排放量将达到 35.33 亿吨,而高弹性情景为 35.1 亿吨。计算表明商品组成是导致高排放的关键因素。低弹性情景的特点是商品更多使用具有较高排放率的运输工具。这些商品包括通过车辆和集装箱船运送的运输设备、制造商品和电子设备(图 3.7)。节能运输的可能性很大程度上取决于运输商品的类型。图 3.7 显示了低弹性和高弹性情景下各种商品的运输带来的 CO_2 排放量。

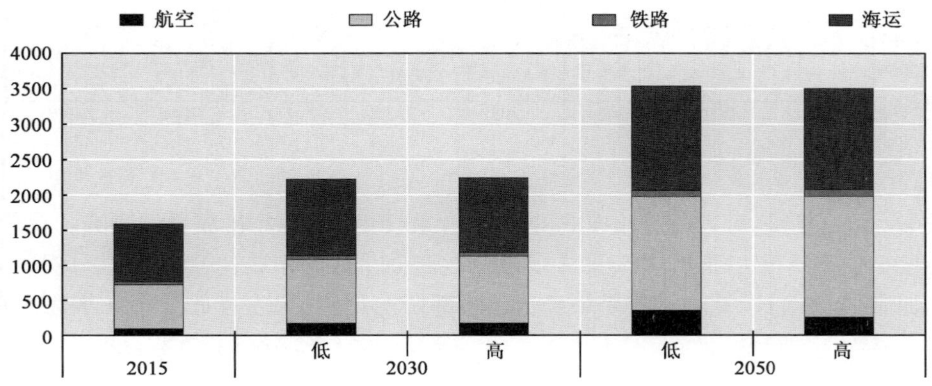

图 3.6 不同运输方式国际货运 CO_2 排放量(百万吨,2015—50)

数据链接 http://dx.doi.org/10.1787/888933442549。

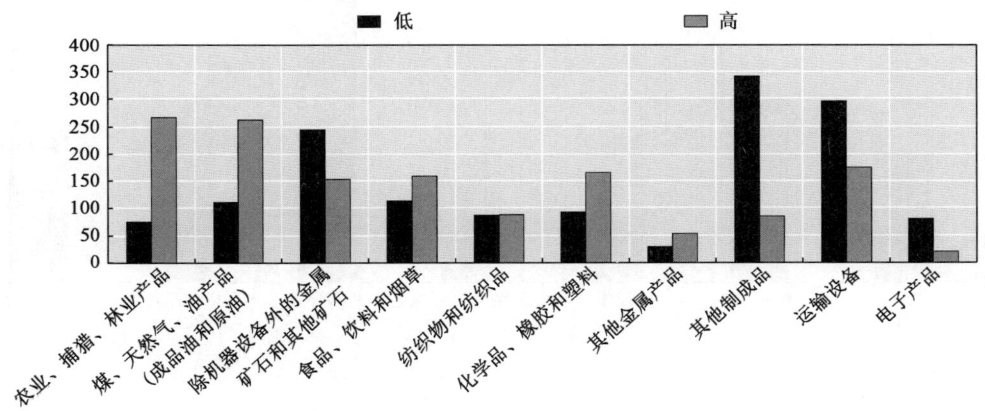

图 3.7 不同商品海运 CO_2 排放量(百万吨)

数据链接 http://dx.doi.org/10.1787/888933442558。

在不同的运输通道(图 3.5),CO_2 排放增长与货运量增长的比例是不同的。来自区域内部贸易运输的排放量,尤其是亚洲和非洲,排放量一般随着货运量的增长而增长。亚洲区域内运输带来的 CO_2 排放预计到 2050 年将增长 210%。这是由于这些地区(除了中国和印度)缺乏可替代的更环保的运输方式。造成这种趋势的另一个原因是对于更环保的燃料技术较低的采用率。图 3.8 显示了基于 IEA 的运输模型在基准情景下不同地区的 CO_2 排放强度的下降趋势。

可以看出,区域内运输通道每单位运输的 CO_2 排放量通常高于其他运输通道。北太平洋和印度洋运输通道证明了这一点,其总吨公里是最高,但其 CO_2 排放量低于亚洲内运输通道(图 3.5)。

3.3.3 其他解决方案

尽管贸易商品组合是运输导致 CO_2 排放的决定因素,但是政策和运营措施对未来排放也会产生重大影响。

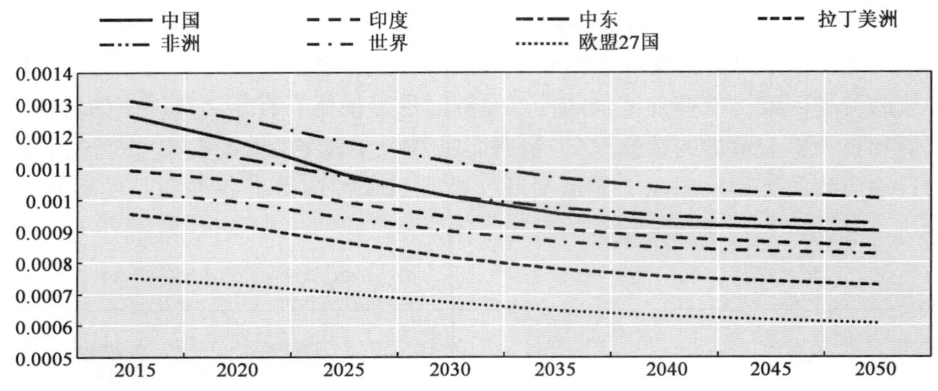

图 3.8 IEA 交通模型 4℃情景下不同地区公路货运 CO_2 排放强度(单位车公里 CO_2 排放吨数)

图 3.9 比较了不同措施对各种运输模式的 2030 年和 2050 年 CO_2 排放量的影响。在严格技术情景下,总排放量仍将比 2015 年增长近 40%。主要原因是路面货运的排放持续增长,由于 2DS 情景下的技术进步不足以抑制排放增长。然而,如果结合了道路部门的运营措施,排放量将几乎保持在 2015 年的水平。

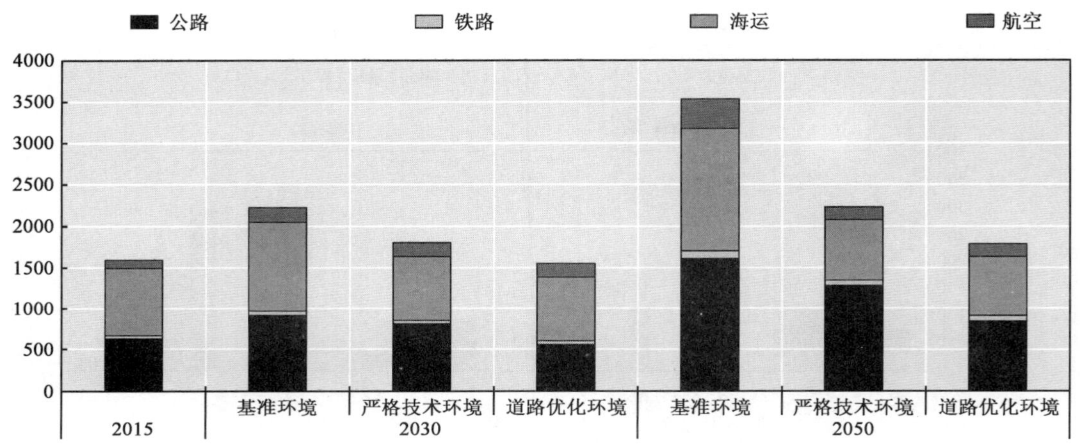

图 3.9 政策手段对排放量的影响(百万吨 CO_2)

数据链接 http://dx.doi.org/10.1787/888933442574。

与基准情景相比,严格技术情景能够令 CO_2 的总排放量显著减少。排放减少是由于化石燃料使用的减少。到 2030 年,生物燃料的中档渗透率、其他能源效率措施和氢气在航运业作为燃料的可用性将导致国际海运的 CO_2 排放量比基准情景减少 27%。到 2050 年减排更为显著,达到基准情景的 50%。因此,2030 年总排放量将持平 2015 年的排放量,而 2050 年排放量将比基准年减少 12%。

取代现今海运使用的化石燃料是一个重大的挑战。生物燃料的来源以及生物燃料与化石燃料之间的价格差都存在重大不确定性(LR,2016)。到目前为止,以液化天然气(Liquified Natural Gas,LNG)作为替代燃料在某种程度上也存在着储存、处理和基础设施等方面的挑战。

此外,计算表明道路优化情景可以很大程度地减少 2050 年货运的 CO_2 排放量。与严格技术情景相比,这一系列措施将使 2030 年的公路货运排放总量额外减少 31%,到 2050 年减少 34%。虽然公路和铁路运输估计在 2050 年会大量减排 CO_2,但这些减排量仍然不如海运的 CO_2 减排量那么大。

减少运输排放的措施可能是有效的,但也是昂贵的。2016 年 ITF 研究计算了将于 2020 年实施的全球燃料硫含量降至 0.50% 策略的成本。计算显示,成本可能会增加 20% ~85%,具体取决于运输速度、燃料价格和运输规模。估算空间相对较大的主要原因来自于可用低硫燃料的不确定性。为了实现

2020 年的低硫要求，集装箱海运业将增加 50 亿～300 亿美元的年总成本。成本增加可能对运输成本敏感的行业产生巨大影响。在高成本情景下商品价值也会上升，制成品估计会增加 4%、农产品 9.5%、工业原料 20%（ITF，2016a）。

即使在严格技术情景下，未来货运的 CO_2 排放量也会比 2015 年水平高。缓解目标和上述结果之间存在差距。应继续努力优化供应链结构，提高车辆利用率，减少现有车队的排放强度，或开发替代运输方式（特别是内陆运输），以提高运输系统的效率。目前，只有四个国家（美国、中国、日本和加拿大）采用了货车燃料效率标准，但这个标准正在逐渐得以推广。根据 ICCT（Muncrief，2014），正在考虑引入燃料效率标准的国家总共拥有全球货车量的 80%。提高新货车的燃料效率的综合方法结合了三个政策要素：信息措施（如车辆燃料经济或 CO_2 排放标示）、设置车辆燃料经济和 CO_2 排放的标准。财政措施（如车辆税或税收优惠和燃油税）。

CO_2 减排战略一般侧重于车辆技术，技术改进对交通运输去碳化有很大帮助。然而，有关部门可以考虑许多其他有效措施，包括车辆维护，驾驶员培训，设计车辆装载、路由和调度。大容量车辆具有提高燃料效率和减少排放的潜力。提高运营效率可以有效地减少排放，同时使运输行业有更大的利润空间。例如，更好的路线规划可以通过降低燃料成本为公司带来显著的效益，同时有助于减少排放。更多地利用共享运输可以通过创造物流协同效应和避免空车运行，从而降低成本和 CO_2 排放量。

为了实现气候变化减缓的目标，调整供应链的政策以实现运输去碳化是至关重要的。除了国际协议，还需要国家层面的政策调整来减少 CO_2 的排放。国家应该使经济措施、法规、基础设施和土地使用政策与行业目标保持一致，如改善车辆的设计和利用率、共享装载或使用替代燃料。改善物流和优化供应链可以有效地减少国际贸易相关的货物运输的 CO_2 排放量。

3.3.4 贸易自由化的影响

贸易是经济增长的重要动力。贸易以及全球贸易价值链的扩大，通过改善资源配置、增加生产规模和专业化，鼓励创新活动、推进知识普及、加快优胜劣汰，提高了生产力并促进了经济增长。贸易自由化对贸易和经济增长的影响被广泛研究，文献中提及如果贸易自由化的速度保持 20 世纪 90 年代的水平，可以使世界贸易以每年 1%～2% 的速度增长。

然而，贸易增长可能与可持续运输的目标相互矛盾。关于贸易自由化对国际货运量的影响，货运量的地理分布及其导致的 CO_2 排放量的研究很有限。2015 年版的《展望》对两种贸易自由化情景对货运量及其相关 CO_2 排放的影响进行了评估（ITF，2015a）。

在贸易双边自由化的情景下，2012 年在北美自由贸易区（North American Free Trade Area，NAFTA）、欧洲自由贸易区（European Free Trade Area，EFTA）、澳大利亚、新西兰、日本和韩国建立了自由贸易协定。这些地区逐步淘汰关税和交易成本（如海关处理）。到 2060 年货物关税将完全取消，货物交易成本比基准情景减少 25%。贸易双边协定将于 2030 年与自由贸易区的关键伙伴谈判，包括南非、俄罗斯联邦、巴西、中国、印度、印度尼西亚、其他东南亚国家联盟（东盟）和智利。至 2060 年，这些国家的自由贸易区双边关税逐步降低 50%。

在贸易多边自由化的情景下，到 2060 年，货物关税在全多变球基础上减少 50%，交易成本至 2060 年比基准情景减少 25%。自 2013 年起至 2060 年，欧盟、美国、日本、韩国、加拿大和欧洲自由贸易区的农业补贴将减少 50%（关于自由化情景的描述见 Johansson 和 Olaberria，2014）。

结果表明了双边贸易自由化不会显著影响贸易货运量。与之相比，在多边自由化情景下非 OECD 地区的贸易显著增长，反映了这些地区比 OECD 国家有更大的关税削减以及更强的增长潜力。因此，该情景下 2050 年全球货运的增长量将比基准情景高出 10%（图 3.10），而 CO_2 排放增长量高出 15%。多边贸易自由化导致运输量显著增加，特别是在非洲、南美洲、南大西洋、印度洋和亚洲某些地区。潜在原因部分来自贸易强度的增加，部分来自平均运输距离的增加。

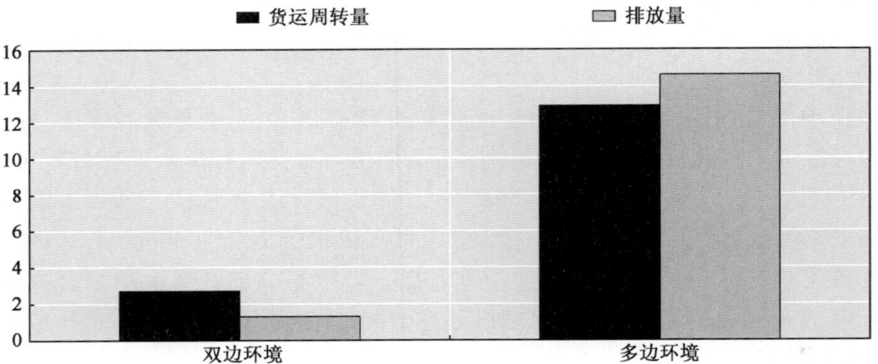

图3.10 贸易自由化对货运周转量和 CO_2 排放量的影响(2050年双边与多边贸易自由化情景与基准情景对比,%)

来源:ITF(2015),ITF 交通运输展望 2015,http://dx.doi.org/10.1787/9789282107782-en。

数据链接 http://dx.doi.org/10.1787/888933442585。

3.4 集装箱运输面临的挑战

3.4.1 集装箱港口承载量

2050年的预计贸易和货运量强调了评估现有国家基础设施承载能力的需要的必要性,如港口码头,机场或道路和铁路等基础设施的承载能力,以应对可能出现的瓶颈问题。

研究结果表明,高增长情景下,国际贸易相关的集装箱运输量到2030年可能会增长73%,这意味着到2030年将增长10亿标准箱(TEU),到2050年将增长近22亿标准箱。

到2030年,绝对上升幅度最大的国家和地区是东南亚(1.43亿TEU)、中国(9400万TEU)、北亚(5400万TEU)、西欧(5200万TEU)和南亚(3700万TEU)。相对而言,南亚地区(193%)、东南亚(163%)、北非(138%)和西非(137%)最需要增加货运承载能力。

目前,已经有许多港口扩张计划。德鲁里(2014)的全球码头集装箱运营商以及海运顾问(2012a,2012b,2012c)的报告预测,根据已宣布的未来十年扩张来预测2025—2030年的港口能力发展。这些数据构成了2030年以前所有货物类型的港口能力增长的基准。根据至2030年的预测港口能力开发情况,大多数地区仍然有足够的能力来应对未来货运量的增长。几个地区甚至出现了承载能力严重过剩。只有南亚出现了预测货运量高于该地区的港口承载能力的情况(表3.3)。

2030和2050年海域集装箱运量和2030年规划能力 表3.3

海　　域	2013年运量 MTEU	2030年运量 MTEU	2050年运量 MTEU	2013年估算能力 MTEU	2030年规划能力 MTEU	2030年运量能力 MTEU
大中华区	196.4	290.0	494.1	248.3	383.8	-93.8
东南亚	88.0	231.0	520.3	124.4	277.3	-46.3
西欧	97.8	149.4	257.5	168.1	238.2	-88.8
北亚	43.0	96.5	146.0	70.9	141.6	-45.1
北美东海岸	23.9	29.1	34.7	42.4	51.7	-22.6
北美西海岸	24.9	36.8	32.2	43.2	65.5	-28.7
东非	8.2	14.6	46.2	13.0	31.9	-17.3
南亚	19.2	56.2	143.8	29.1	53.1	3.1
地中海与黑海东部	16.8	23.6	50.7	27.5	65.1	-41.5

续上表

海　域	2013 年运量 MTEU	2030 年运量 MTEU	2050 年运量 MTEU	2013 年估算能力 MTEU	2030 年规划能力 MTEU	2030 年运量能力 MTEU
中东	36.7	50.0	108.4	50.9	137.6	-87.6
北美墨西哥湾区	7.4	13.2	58.1	11.8	33.1	-19.9
非洲南部	4.7	8.9	18.6	7.8	15.5	-6.6
大洋洲	11.2	16.2	36.3	17.1	23.9	-7.7
中美洲/加勒比海	19.6	20.2	58.5	29.5	75.4	-55.2
南美东海岸	13.2	14.3	28.8	19.0	35.0	-20.7
西非	5.4	12.8	36.6	8.8	40.9	-28.1
北非	9.8	23.3	87.0	13.2	47.4	-24.1
南美西海岸	7.9	9.2	19.3	14.0	27.8	-18.6
总量	634.3	1095.2	2177.1	938.7	1744.9	-649.5

注:MTEU 代表百万标准箱。

来源:ITF(2016b),能力增长:应对未来贸易增长的交通基础设施需求,http://dx.doi.org/10.1787/5jlwvz8jlpzp-en。

这些预测值取决于未来经济增长和贸易弹性等方面的不确定性。我们对港口利用率在 75% 和 100% 之间的影响进行了敏感性分析。

图 3.11 详细说明了世界各地区的敏感性分析结果。在港口利用率较低的情况下,大多数地区 2030 年仍然出现承载能力过剩。但对于其他几个地区,未来交通量和承载能力之间的差距不大,特别是在南亚和东南亚,说明目前的扩建计划可能不足以满足未来贸易相关集装箱运输的增长。

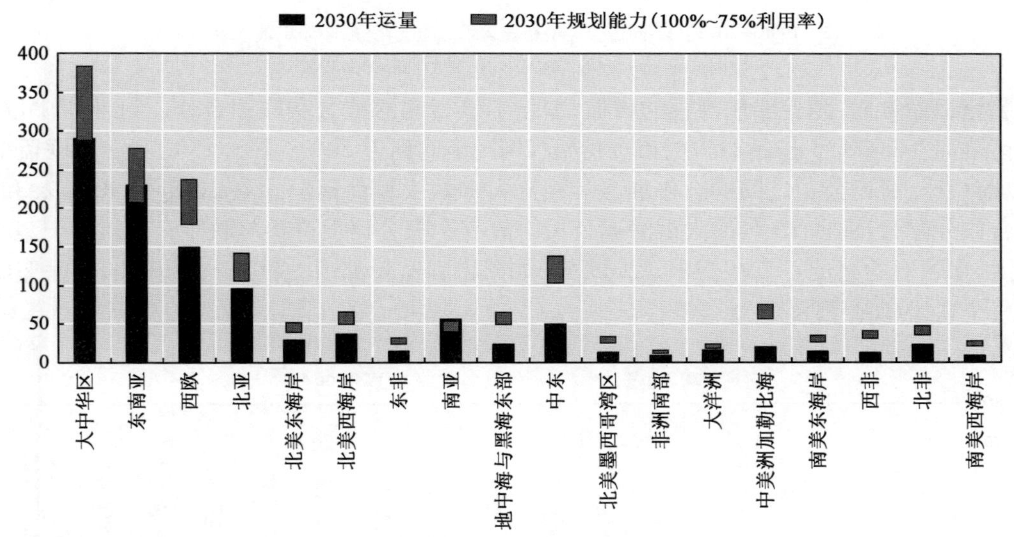

图 3.11　不同海域扩张计划与运量预测(百万标准箱)

来源:ITF(2016b),能力增长:应对未来贸易增长的交通基础设施需求,http://dx.doi.org/10.1787/5jlwvz8jlpzp-en。
数据链接 http://dx.doi.org/10.1787/888933442592。

3.4.2　全球集装箱海运网络

对于未来货运需求的预测有很大的不确定性,特别是集装箱港口的需求。另外,潜在的海运业务模式的发展,比如预测的集装箱化率、船舶尺寸和海运路线都带有不确定性。港口能力衡量方法的其中一个局限性是,模型没有考虑全球贸易变化对全球海运网络的影响。Halim(2016)的研究调查了全球贸易格局变化对全球海运网络的影响以及全球港口的竞争地位。模型给出的不同情景下的结果表明,由于网络结构的改变可能会导致港口竞争力的重大变化。

全球海运网络的结构不断适应贸易的日益增长。一个显著的趋势是班轮船公司正在越来越多地使用更大型的船舶。随着越来越多的大型船舶投入使用,更好地开发和利用规模经济的机会也在增加。反过来,这又促使海运公司采取战略举措来进一步降低单位运输成本。

船舶数量大大超过实际需要的数量:运输产能过剩(详情见文本框 3.1),使用更大型船只的趋势是一部分的原因。近年来,集装箱业的船只运载能力增长巨大(图 3.12),这是造成当前供需差距的主要原因。将于 2016—2018 年交付的约一半的新集装箱船的装载容量超过 13000TEU。2015 年 ITF 报告评估了大型集装箱船对整个运输链的影响,并得出结论:与大型船相关的总体系统成本超过了这些大型船舶海运线路的在成本上的节约。系统成本包括适应大型船舶(在疏浚、码头和港口腹地连接方面)的相关设施调整和大型船舶的高峰效应(ITF,2015b)。

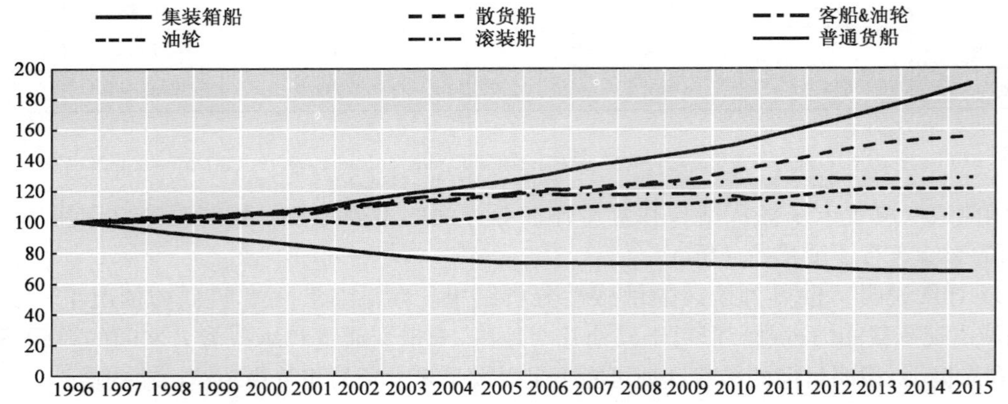

图 3.12 1996—2015 年不同运输类型船舶运载能力变化(船舶净载重,1996 = 100)

数据链接 http://dx.doi.org/10.1787/888933442606。

在集装箱运输方面,随着船舶规模的增加,加强了该行业的整合和联盟合作。行业集中度增加:最大的四个运营商在 2000 年占有 23% 的市场份额,2016 年达到近 50% (图 3.13)。此外,联盟变得更加重要:与以前相比,海运公司之间的合作加强。相比大多数大型海运公司在 20 世纪 90 年代和 21 世纪初鲜有的合作分配,目前前 15 名的大型海运公司中只有一家公司没有参与联盟合作。由于集装箱海运的整合,近年来联盟的组成一直在变化。2017 年,如果得到监管部门的批准,目前的四个联盟结构将会被整合成三个联盟(2M、海洋联盟、联盟)。

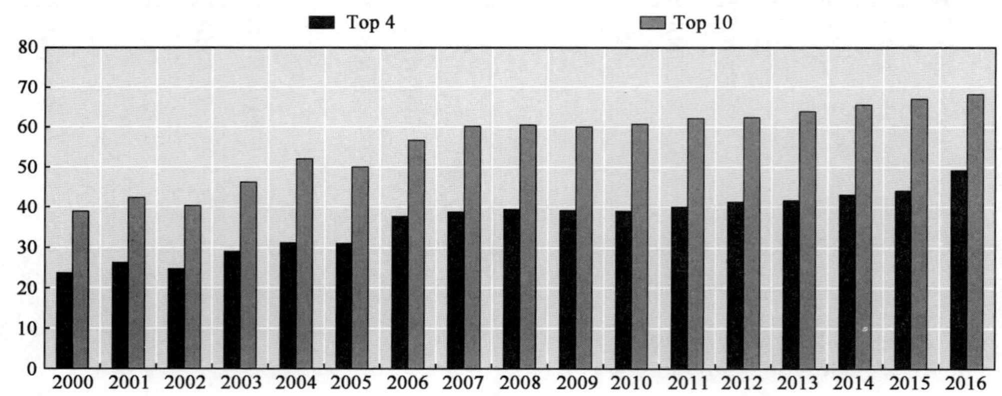

图 3.13 2000—2016 年集装箱运输市场集中度(集装箱航线市场分担率同,%)

来源:ITF(即将发表),超级船舶时代海上供应链管理(暂定名称)。

数据链接 http://dx.doi.org/10.1787/888933442616。

海运业的变化对整个供应链产生了涟漪效应。在集装箱运输方面，由于大型船舶和运营商联盟造成的货物集中，导致了集装箱海运在货物转运上的脆弱性、港口使用率低下和运输服务的经济主义至上。亚洲和欧洲每周海运服务次数已从2013年的38次减少到2016年的33次，亚洲和欧洲之间的直航港口对数量已经从2013年的560个减少到2016年的490个(ITF，即将出版)。服务次数的减少以及船舶规模增大导致的单位装载量的增加使得越来越多的港口和码头的使用率下降，有时甚至出现了空置的情况，例如Taranto和Malaga。由于港口一般都依赖于一个或两个运营商联盟，空置事件发生的可能性因此更高：一半的地中海主要集装箱港口有超过一半以上的来自亚洲的集装箱货物是由同一个运营商联盟(图3.14)。

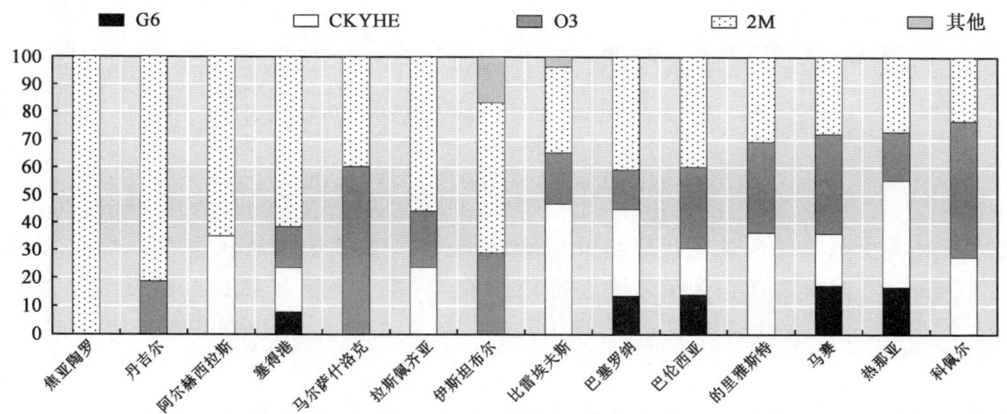

图3.14　不同联盟和港口在远东地中海航线上的集装箱运输能力(2015)(总能力百分比)

来源：ITF(即将发表)，超级船舶时代海上供应链管理(暂定名称)。

数据链接 http://dx.doi.org/10.1787/888933442623。

3.5　内陆集疏运面临的挑战

所有国际货运流量从产品的出发地到目的地的运输过程中都需要进行多模式联运，我们的货运模型也对这一环节进行了建模。根据预测，约7%的国际贸易相关货运量(吨公里)在国境内，由从港口(和机场)到城市和从工厂到港口产生。这一份额估计在2015—2050年保持不变。然而，根据每个国家主要生产地和消费地的地理位置，地区之间存在巨大差异。例如，在中国，大部分经济活动集中在沿海地区，国际货运的境内运程占总国际贸易货运量的9%。另一方面，在印度，大部分生产和消费中心均位于内陆地区，该份额为14%。

文本框3.1　全球船舶运力供给过度

OECD船舶制造部门内部研究显示，全球船舶市场累积了大量的过度供给。2008年的经济危机导致世界贸易量的萎缩，并增加了船舶运力供给与需求间的差距。全球商业船舶运力(gross tons，总吨位)和海上贸易总量(gross tons，总吨位)可以用于说明这一现象(图3.15)。2012年之后，船舶制造业有明显的下滑，但还是不足以使市场恢复平衡。如今，船舶运力过度供给量已经达到了约307百万吨，占2015年全球船舶总运量的近四分之一。

供过于求的状态对于大部分大型船舶而言仍然是令人担忧的，尤其是油轮、散货船和集装箱船。2015年油轮的过度供给量约为8800万吨(2015年全球油轮总运能的36%)，散货船的过度供给量约为1.22亿吨(油轮总运能的29%)，集装箱船的过度生产量约为5600万吨(集装箱船总运能的26%)。

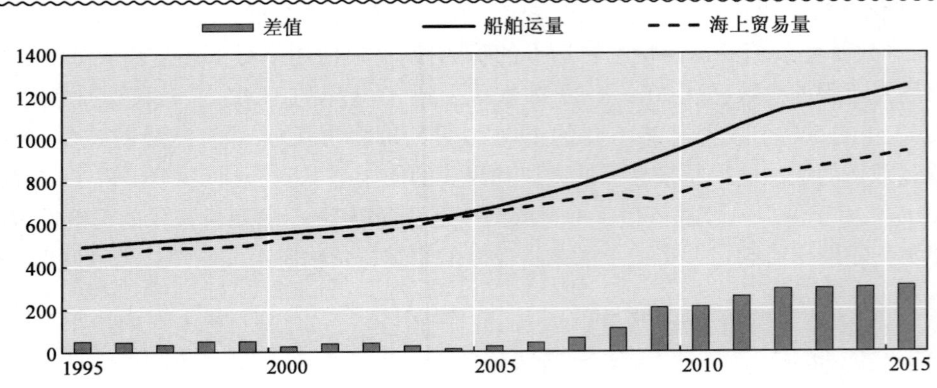

图 3.15　全球商业船舶运力和海上贸易量(1995—2015)(百万吨)

来源:基于 IHSSeaweb 和 Clarkson。

数据链接 http://dx.doi.org/10.1787/888933442631。

如果不及时减少船舶供给量或快速提升运输需求,现有供过于求的状态在接下来的 20 年间仍将持续。到 2035 年,制造需求总量预计将达到 12.3 亿吨:其中油轮占 4.2 亿吨、散货船占 5.5 亿吨、集装箱船占 2.64 亿吨。在这一结果的基础上,2035 年未来船舶运力需求预计将达到 2011 年的峰值。

全球船运市场不平衡的潜在原因不仅是波动性导致的,如在全球经济危机中经历的负面经济冲击。其实在经济危机之前供需不平衡就已经存在了,供过于求早就埋下了种子。

船舶制造业的结构特点也阻碍了市场的再平衡。船舶制造从下单到交付有 2 ~ 3 年的时间差。由于船东很难准确地预测未来经济增长趋势,所以新造船舶的运力可能就会在交付的时候超过当时的实际需求。此外,制造园区很难存放这些船舶。建造能够存放这些未使用船舶的仓库成本很高,特定船舶的特殊性使得制造园区不得不将船舶放在市场上售卖(即使是以低价出售)而不是在订单取消时将其存储起来。

一些非市场性因素也导致了过度供给,如严苛的贸易政策、国有公司优待条件,或间接和非间接的补助。全球船舶制造业面临着历史上最低的能力利用率,从 2008 年的峰值 85% 降低到 2015 年的 57%。补助政策帮助政府维持其战略重要性、国家级船舶制造业的竞争力和维持就业水平。但是,这些政府支持政策刺激了船舶供应的增长,进一步推动了供过于求的状态发展。

内陆运输的主要问题有两个:基础设施拥挤和排放。虽然占总吨公里不到 10%,但国境内货运运输占国际运输的总成本的 80%(Rodridgue 和 Noteboom,2012)以及占贸易相关的 CO_2 排放总量的近 30%。由于大部分从港口到消费地的货物是通过陆路运输的,所以相关的 CO_2 强度明显高于其他运输方式。在港口操作涉及的排放量使得国际货运国境内的排放量进一步增加。港口相关 CO_2 排放量仅占全球货运排放量的 2% 左右。在内陆,海运排放对健康有很大影响。预计内陆空气污染物排放量将持续大幅增长,特别是 CH_4、CO、CO_2 和 NO_x,如果不采取其他措施,到 2050 年可能将增长至现在的四倍(ITF,2015a)。

内陆运输也可能出现承载能力瓶颈现象。现在一些地区已经面临国家基础设施的不足,特别是港口城市。预计至 2050 年的贸易量和货运量增加表明了评估现有国家基础设施的需要,特别是内陆公路和铁路基础设施的承载能力,以应对未来可能出现的运输瓶颈。

承载能力要求(针对内陆地区的连接)是根据整个区域的可用总容量(分别以道路公里和轨道公里计算),即使这些设施不是位于主要的货运通道。然而,运输短缺和拥堵一般发生在货物需要得到处理和分发的地方,比如港口和货物主要生产地和消费地。拥堵也往往集中在较短的一段距离上,并不会显著影响货运网络的整体水平。因此,我们仅在距离港口、消费地和生产地50公里以内的范围比较了陆上货物运输与整体货运活动。

货运量与区域总体承载能力的比较结果并没有表现出对基础设施较大的额外需求,除了亚洲和非洲之外(表3.4),这也是区域内运输量最大的地区。长远来看,这些地区缺乏基础设施可能会成为贸易的障碍。

内陆地面货运能力需求 表3.4

项　目	货运周转量(十亿吨公里)			相较于2010年需要的额外能力(%)	
	2010	2030	2050	2030	2050
欧洲	4318	8345	13123	11	23
北美	2763	5097	9320	6	15
亚洲	8956	26202	58092	35	67
大洋洲	118	226	441	1	3
南美	619	1044	1913	3	9
非洲	630	2024	7853	12	46

来源:ITF(2016b),能力增长:应对未来贸易增长的交通基础设施需求,http://dx.doi.org/10.1787/5jlwvz8jlpzp-en。

表3.5总结了港口、消费地和生产地的运输能力短缺问题,更明显地展现了各地区的运输能力的需求。到2050年,为了维持2010年的运输水平,亚洲和非洲在港口、生产地和城市的基础设施几乎需要增加至三倍。全球的总体运输能力增加需求并不是很高,但是需求集中在某些货运增长快速的地域上。

生产/消费中心和港口50公里范围内陆地面货运能力需求 表3.5

项　目	货运周转量(十亿吨公里)			相较于2010年需要的额外能力(%)	
	2010	2030	2050	2030	2050
欧洲	1458	2616	4009	23	44
北美	472	867	1630	10	22
亚洲	1761	4858	10769	68	186
大洋洲	32	64	113	2	12
南美	166	276	500	15	41
非洲	112	326	1104	40	165

来源:ITF(2016b),能力增长:应对未来贸易增长的交通基础设施需求,http://dx.doi.org/10.1787/5jlwvz8jlpzp-en。

虽然内陆连接的压力是挑战,但也可能是机会。与受限于国际协议和国际政策的海运相比,国际贸易及其运输供应链的国境内运输部分是可以由国家政策左右的,国家政策可以在环境和经济可持续发展方面产生重大影响。

除了上一小节所述的技术和运营改善措施外,研究表明港口—内陆运输网络的战略性重组可能对内陆运输效率产生重大影响。大多数国际货物运输涉及物流枢纽(如码头或分销中心)的多式联运转运和仓储活动。优化配送中心的位置设置及其与港口和消费地的连接可以减少内陆货运总吨公里。

根据Halim等人(2016)的研究,在欧洲使用更集中的配送中心可以使得总物流成本大幅度下降(至少12%),而平均服务水平略有下降(8%)。总物流成本的降低也意味着总吨公里的减少。重新配置港口—内陆运输网络的效率增益取决于网络规模及其覆盖面。对比在国家层面进行重新配置,在具有较大市场份额的主要运输公司之间设置更集中的配送中心将会带来更高的效率增益。然而,管理多个内陆运输通道的国家政府也可以通过在国家层面建立集中的共享式的配送中心来实现运输网络的重组。

进一步推动重新配置的后果就是物联网的产生(见文本框3.2)。物联网要求区域内的地区或国家的达成标准化协议的承诺。目前,建立共享和开放的配送中心的鼓励措施太少而障碍太多,因此(至少在中期来看)，建立广泛的物联网似乎无法实现。但从长远来看，制定货物转运的全球标准化议定书具有很大的减少车辆公里数的潜力。

文本框 3.2　物联网

近期研究提出了解决物流可持续发展问题的新思路和新方法——物联网(Montreuil,2011)。物联网是一个开放的物流系统，该系统建立在能使货物在通用网络中运输的交易协议的基础上，正如信息在因特网中传递的方式一样。物联网的基础是标准化，包括包裹规格的标准和信息标准，在这种标准基础上任何发件人或收件人寄送的货物能够通过不同的运输方式自由运输。当需要网络连通时，货物所包含的信息可以提供运输方向。最后，这种运输方式能取得显著的高效率。

开放和共享分配网络能明显降低总物流成本和货运活动产生的 CO_2 排放量。Hakimi 等人(2012)的研究中给出了在国家级采取此类方式能够取得的成效。这些研究表明，物联网能成功减少货运周转量，在更大范围内的应用将获得非常有潜力的收益。

在港口—内陆联系更为紧密的背景下，物联网将成为一个开放、连通和共享的港口—内陆交通网络，这一网络能极大地提升内陆运输的效率和可持续性。在实践中，物联网的开放交通网络能通过分配中心的共享与集中来实现，进而为更大范围内(如大陆或区域范围)不同的货运供应商服务。

3.6　不确定性下的决策

各观察推测，趋势正在继续转移，这将导致贸易量少于上述预测。他们的论据是基于消费、生产和能源方面发生根本性变化的前提。例如，消费的一个要素现在变得虚拟、无形和共享。通过 3D 打印等创新技术和更循环经济的趋势，生产的份额变得更加地域化。能源生产也变得更加局部化，侧重于可再生能源；许多国家都采用了零碳未来的愿景，需要更加严格的政策来减少对于化石燃料的依赖。所有这些发展可能会改变全球贸易量和组成，但是目前没有一个模型能够完全解释这些问题。

3.6.1　消费模式

消费行为正在以多种方式发生变化，表现为更多的本地消费、更多的虚拟消费和更多的共享消费。本地消费的一个例子是食品业。本地食品市场在美国及其他地区越发受到欢迎，导致当地食品消费的增加。例如，三分之二的法国人口比五年前消费更多的当地食品。随着电子书籍、在线音乐和报纸等各种电子产品的发展，消费行为有虚拟化倾向，这些电子商品在一定程度上取代了实物:2015 年电子书产生了与传统书籍持平的销售收入。最后值得一提的是，相当大的一部分消费是关于共享服务，如汽车共享。到 2020 年，欧洲的汽车共享用户数量预计将达到 1500 万。这些新趋势对贸易商品的需求都有影响。

在这里给出的例子中，食品、印刷品、汽车和受影响的其他一些消费品的贸易和运输的需求将减少。如果这些趋势持续并加剧，可能会对货物运输产生重大影响。还有一个推动这种趋势的动力是，许多上述趋势(如共享经济)主要是城市现象。根据联合国人居署调查，到 2050 年，世界上城市居住人口的比例预计将上升到 70%。

3.6.2　生产模式

充分的证据表明，生产和制造也将变得越来越本地化。如前所述，全球价值链模式似乎已经达到局限(OECD,2016)。这也是企业所预期的:54% 的美国企业正在考虑在 2020 前重新调整其生产外包活动。通过3D打印技术可以使生产更接近主要消费中心,从而进一步促进这种生产外包重组。根据普华永道的一项研究(2015年),37%的海运集装箱运输可能会受3D打印的威胁。如果更为循环的经济模式开始盛行,当地生产所需的大量商品可以在当地采购。在这样一个循环经济的情况下,2050年主要物质消费的需求可能是目前水平的一半(McKinsey,2016)。

3.6.3 能源生产

现在绝大部分全球交易来自煤矿和石油的交易。越来越多的国家支持无碳能源政策并且大力发展可再生能源。例如,英国和法国的煤矿消耗和20世纪70年代相比已经减少了七成。根据IEA的信息,到2050年可再生能源可以供应50%的全球能源消耗。大部分的可再生能源可以在本地通过风力或太阳能产生,因此,全球无碳化的情景可能导致海运交通显著减少。

3.6.4 可替代运输路线

上述的预测是基于目前海运路线将继续使用的假设。规划中的多个项目可能会改变这些固有的海运路线。克拉运河可以为目前经过马六甲海峡的货运提供替代路径;尼加拉瓜运河可以为经过巴拿马运河的货运提供替代路径,并能通过最大规模的集装箱船。拉丁美洲规划的大陆桥项目也可为连接大西洋和太平洋提供新的替代路径。

即使定期班轮服务的前景看似有限,但北海航线预期可以解决比目前更多的海运需求量。远距离铁路运输通道某程度上也可能成为某些海运航线的替代运输路径。因为远洋运输便宜得多,并且大部分海运货物没有很高的时间要求,所以目前铁路运输还是没有办法取代海运。目前,远距离铁路货运更多是与航空货运竞争市场,考虑到海运成本的上涨,例如低硫限制带来的影响,各种运输方式的份额也会发生变化。

简而言之,对能力约束的任何研究都不能忽视对潜在的不确定性的分析,其中一些已经在以上章节讨论过了。对于运输部门的所有主要参与者,特别是负责私人和公共部门长期运输规划的人员,理解和掌握上述发展趋势的能力是至关重要的。这将需要更多的灵活性,特别是在基础设施规划和交付方面。港口和内陆基础设施需要以与实际货物流量更紧密相关的方式进行设计,并在不久的将来可以合理预期,同时如果有新的发展需要,还应有足够的适应空间。

因此,对于上述预测结果的使用应谨慎。因为消费和生产格局、能源生产和海运路线有很大的不确定性,这使决策变得困难重重。

参考文献

ATAG (2016), Aviation benefits beyond borders, Air Transport Action Group.

Cambridge Systematics (1998), Transmode Consultants, National Cooperative Highway Research Program, American Association of State Highway and Transportation Officials, Multimodal corridor andcapacity analysis manual (No. 399), Transportation Research Board, Washington, DC, USA.

Constantinescu, C., A. Mattoo and M. Ruta, (2015), "The Global Trade Slowdown: Cyclical orStructural?" IMF Working Paper, International Monetary Fund, January 2015.

Drewry Shipping Consultants (2014), Annual Review of Global Container Terminal Operators 2013, London.

ECB (2014), "Understanding global trade elasticties: What has changed?", ECB Monthly Bulletin, European Central Bank, July 2014.

FHWA (2009), Estimation of 2007 VIUS Variable, Office of Freight Management and Operations, 15 October 2009.

Fontagné, L. and J. Fouré (2013), "Opening a Pandora's Box: Modelling World Trade Patterns at the 2035 Horizon", CEPII Working Papers, No. 22. CEPII Research Center, Paris.

Hakimi, D. et al. (2012), "Simulating a physical internet enabled mobility web: the case of mass distribution in France (p. 10 p.)", the 9th International Conference on Modeling, Optimization & SIMulation - MOSIM'12, Retrieved from https://hal. archives-ouvertes. fr/hal-00728584/document.

Halim, R. A. et al. (2016), "A Strategic Model of Port-Hinterland Freight Distribution Networks", Transportation Research Part E: Logistics and Transportation Review.

Halim, R. A. (2016), Strategic Modeling of global container transport networks, PhD thesis, Delft University of Technology, the Netherlands.

HCM (2010), Highway Capacity Manual 2010, Transportation Research Board, National Research Council, Washinton, DC, USA.

ICAO (2013), "Consolidated statement of continuing ICAO policies and practices related to environmental protection-Climate change", ICAO resolution No. A37-19.

IEA (2014), The IEA Mobility Model, IEA, Paris, www. iea. org/media/transport/IEA_MoMo_Presentation. pdf.

International Maritime Organisation (IMO) (2009), Second IMO GHG Study 2009, International Maritime Organization, London, UK.

International Maritime Organisation (IMO) (2014), Third IMO GHG Study 2014, International Maritime Organization, London, UK.

ITF (forthcoming), Maritime supply chain governance in the mega-ship era (working title).

ITF (2016a), The Carbon Footprint of Global Trade, Tackling Emissions from International Freight Transport, www. itf – oecd. org/sites/default/files/docs/cop-pdf-06. pdf.

ITF (2016b), "Capacity to Grow: Transport Infrastructure Needs for Future Trade Growth", International Transport Forum Policy Papers, No. 19, OECD Publishing, Paris, http://dx. doi. org/10. 1787/5jlwvz8jlpzp-en.

ITF (2015a), ITF Transport Outlook 2015, OECD Publishing, Paris, http://dx. doi. org/10. 1787/9789282107782-en.

ITF (2015b), "The Impact of Mega-Ships", International Transport Forum Policy Papers, No. 10, OECD Publishing, Paris, http://dx. doi. org/10. 1787/5jlwvzcm3j9v-en.

Johansson, Å and E. Olaberria (2014), "Long-term patterns of trade and specialisation", OECD Economics Department Working Papers, No. 1136, OECD Publishing, Paris, http://dx. doi. org/10. 1787/5jz158tbddbr-en .

LR (2016), Low carbon pathways 2050, Lloyd's Register, www. lr. org/lcp2050.

Martinez, L. M. , J. Kauppila and M. Castaing (2015), "International Freight and Related Carbon Dioxide Emissions by 2050: New Modeling Tool", Transportation Research Record: Journal of the Transportation Research Board, No. 2477, pp. 58-67.

McKinsey (2016), The circular economy: Moving from theory to practice, McKinsey & Company, USA.

Montreuil, B. (2011), "Toward a Physical Internet: meeting the global logistics sustainability grand challenge", Logistics Research, 3(2-3), 71-87, https://doi. org/10. 1007/s12159-011-0045-x.

Muncrief, R. (2014), Truck efficiency standards and the potential for Latin America, Overview of the Global Green Freight Action Plan, presented at the CCAP MAIN – Latin American Regional Dialogue Mitigation Action Implementation Network, Washington, DC, October 28, 2014.

Ocean Shipping Consultants (2012a), North European Containerport Markets to 2025.

Ocean Shipping Consultants (2012b), East Asian Containerport Markets to 2025.

Ocean Shipping Consultants (2012c), Middle East Containerport Markets to 2025.

OECD (2016), "Cardiac Arrest of Dizzy Spell: Why is World Trade so Weak and What Can Policy Do About It?", OECD Economic Policy Paper, September 2016, No. 18, http://dx. doi. org/10. 1787/5jlr2h45q532-en.

PwC (2015), 2015 Commercial Transportation Trends, Industry perspectives, www. strategyand. pwc. com/perspectives/2015-commercial-transportation-trends.

Rodrigue, J. -P. and T. Notteboom (2012), "Dry ports in European and North American intermodal rail systems: Two of a kind?", Res. Transp. Bus. Manage., Vol. 5, pp. 4-15.

Route Monkey (2016), Demonstrating the GHG reduction potential of asset sharing, asset optimization and other measures, Report of the Road Freight Lab, prepared on behalf of WBCSD members in the Low Carbon Technology Partnership initiative.

Smith, T. W. P. et al. (2015), The Existing Shipping Fleet's CO_2 Efficiency, International Maritime Organisation, London, UK, March, 2015.

Smith et al. (2014), Low Carbon Shipping-A Systems Approach, Final Report, University College London.

附录3. A:ITF国际货运模型

国际交通论坛(ITF)国际货运模型根据全球贸易预测以估计至2050年的国际货物运输量及其 CO_2 排放量。该模型包括六个重要组成部分,为货运模型的提供输入数据:

(1)国际贸易的一般均衡模型,涵盖26个世界地区,25种商品,其中19件需要货运服务。

(2)基于2010年的全球货运网络模型。

(3)全球贸易生产和消费中心。

(4)使用欧盟统计局和ECLAC数据校正的国际货运方式选择模型。

(5)各种商品对应各种运输方式的重量对价值转化模型。

(6) CO_2 浓度和技术途径。

模型的最终输出是各货运通道对应各运输方式的吨公里数和相关的 CO_2 排放。接下来会对货运模型的各子模块进行详细介绍。

3. A. 1 货运网络模型

该模型整合了所有运输方式的货运地理信息数据。在模型中,港口和机场都连接到道路和铁路网络,并设定了运输方式之间的转换时间。根据各地区关于各种运输方式的平均速度可以计算得出各种运输方式的运输时间,并估算出运输方式之间转换时间。模型计算出每个生产/消费中心对之间每种运输方式的最短路径(模型中的各路段都带有可用运输方式),然后生成两个主要输入数据:

(1)每个生产/消费中心对之间的平均运输时间和距离。对于有多个生产/消费中心的国家,将使用加权得出平均值。

(2)每个运输方式对应的生产/消费中心对之间的最短路径。

3. A. 2 生产/消费中心

贸易预测是基于对26个大区域的分别预测的集成。从运输的角度来看,这种高度聚合存在很大的不确定性,因为没有考虑到不同类型商品选择不同的运输路径的情况。所以我们将大区域的货运分流到大量细分的生产/消费中心,得到更详细的生产地—消费地之间货运分布情况。这些中心是对联合国2010年定义的全球所有城市(总共2539个)根据其城市人口使用adapted p－median方法得出的。这个方法的目标函数是基于GDP密度和地理距离的最小化。目标函数的一个约束条件是一个国家500公里以内只能存在一个中心。由此得出全球有294个生产/消费中心,中心在所有大陆的分布相对均衡。

3.A.3 运输方式选择模型

国际货运模型的运输方式选择子模型对生产地—消费地之间的贸易进行运输方式分配。货物分配到的运输方式只是代表了其运输过程中使用最多/运输距离最长的部分的运输方式。所有货运在原产地和目的地都需要多式联运。国际货运的国内运输部分是包含在模型中的,这意味着模拟运输过程中一般存在联运情况。模型的形式是标准多项式Logit模型,变量包括货物类型、运输时间和距离(从模型中的网络获取),另外还有关于地理、经济状况、生产地和消费低之间是否具有贸易协议、贸易伙伴之间否存在土地界限的0/1变量。

3.A.4 重量/价值模型

货物价值(美元)与重量(吨)之间的权重(转化率)是用泊松回归模型来估计的,校正数据用的是欧盟和拉丁美洲关于不同商品价值/重量比的统计数据。模型对贸易价值(以百万美元为单位)取自然对数作为偏移量。其他变量包括货物类型,运输时间和距离,关于地理和文化的0/1变量:生产地和消费低之间是否具有贸易协议、贸易伙伴之间否存在土地界限、生产/消费两国是否有共同官方语言。此外,关于经济概况的变量描述了国家之间的贸易关系包括贸易的复杂程度和强度。收集到的数据根据运输方式来划分,校正出来的模型可预测不同运输方式对应不同商品的货物价值(美元)与重量(吨)之间的比率。

3.A.5 模型的输出生成

模型的输出包括预测国际货运在2010—2050年每一年的各生产地/消费地之间的各种商品类型对应各种运输方式的商品价值、重量和运输距离(附有具体运输路径)。各运输方式的吨公里数(重量和运输距离的乘积)可以根据IEA的MoMo模型(IEA,2014)和国际海运组织(IMO,2009)的定义转化为CO_2浓度。道路和铁路运输的转化系数与地区性质有关,而海运和空运的CO_2转化系数是全球统一的。

有关模型的技术细节以及一些校正结果,请参见Martinez,Kauppila,Castaing(2014)。

ITF国际货运模型概述见图3.A1。

3.A.6 货运网络:详细说明

建模过程中纳入了基于GIS数据的详细全球货运网络,使得模型可以精确表示运输路线上的承载能力限制。尽管是模型是全球层面的,但其描述运输网络非常详细。模型在这部分最突出的工作是整合了所有不同的运输方式的路网成为一个单一的可路由的全球货运网络,并且网络的链路和节点都是附有承载能力的。

货运网络包括四个主要运输方式的路径和节点:道路网络(包含主干道和次干道)、铁路网络、航空网络(包括所有国际机场之间的商业航空飞行线路)、海运网络和全球可航行的内陆水道系统(图3.A2)。为了估计不同运输方式的运输时间,以及运输方式之间的换乘时间,我们根据各地区的可用信息总结出地区性的各运输方式的平均速度。

全球货运网络的GIS数据可在线获取:

(1)道路网信息主要取自两个数据来源:Global Roads Open Access Data Set(gROADS)(http://sedac.ciesin.columbia.edu/data/set/groads-global-roads-openaccess-v1)和OpenStreetMap(www.openstreetmap.org)。

(2)铁路网络信息取自 DigitalChartoftheWorld(DCW)(http://statisk. umb. no/ikf/gis/dcw/),并且利用 OpenStreetMap 的铁路网和铁路站点作为道路运输和铁路运输之间的联运点。

(3)海运航线取自 Global Shipping Lane Network data of Oak Ridge National Labs CTATransportation Network Group(www-cta. ornl. gov/transnet/Intermodal_Network. html),它生成具有不同海域的附有实际运输时间的可路由海运网络。这个网络连接到各个港口,港口数据取自 World Port Index Database of the National Geospatial-Intelligence Agency(http://msi. nga. mil/NGAPortal/MSI. portal)。

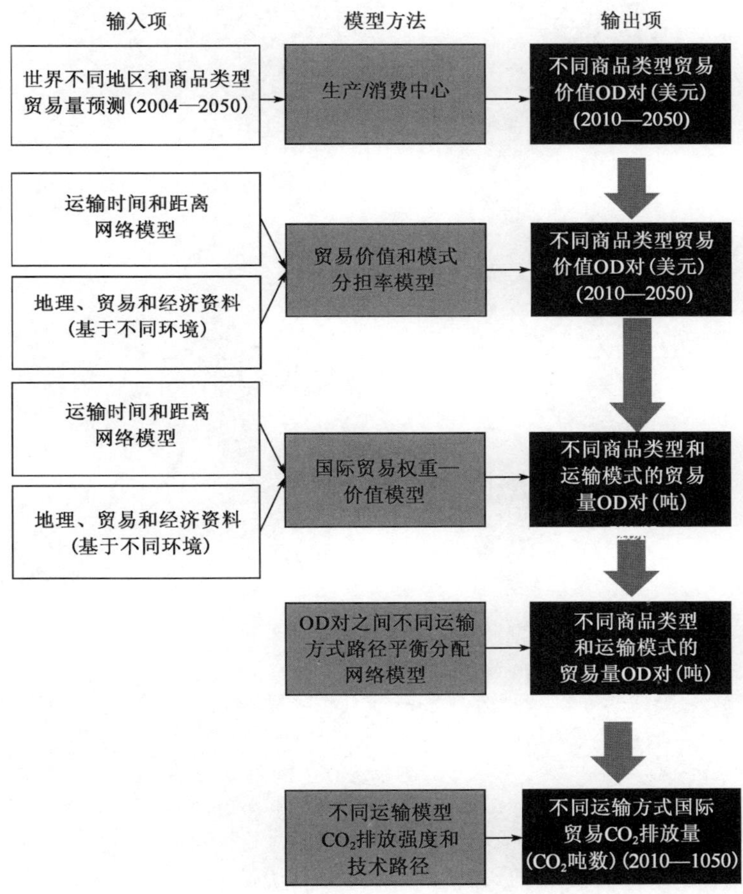

图 3. A1　ITF 国际货运模型概述

(4)国际机场之间的商业海运路线取自 OpenFlights. org 数据库,这里可以找到关于机场、商业海运吸纳路和航空公司的信息(www. OpenFlights. org)。

(5)内河海运网络取自 CIAWorldDataBankII(www. evl. uic. edu/pape/data/WDB/),附有每条河流的海运信息。

不同的运输网络被整合成一个单一可路由的网络,并通过路网链接到各个生产/消费中心。表 3. A1提供每个运输方式的链路数量和网络长度等相关数据。

3. A. 7　港口承载能力

为了预测未来的港口的基础设施需求,ITF 建立了关于当前港口承载能力的数据库,并评估了能力缺口。数据来源:德鲁里(2014)、OSC(2012a,2012b,2012c)、Clarkson 的港口数据库,美国、澳大利亚、新西兰和巴西国家港口部门的数据,以及欧洲统计局关于所有欧洲港口的数据。

对于每个港口,货物都被区分为五种类型:集装货物、液态散装、固态散装、散货和滚装。每种商品都对应于上述其中一种类型。模型中的集装货物的承载能力是以 TEU 为单位的,其他货物类型则以吨为单位。数据收集主要集中在可免费获得数据的大型港口(500MTEU 以上)。这些数据的全球覆盖率达到 75% 的标准箱,但是各个地区的覆盖率不一样,像北美和中国这些大部分国际货运都发生在大型港口的地区,数据覆盖率达到 100%,而斯堪的纳维亚,其中小型港口居多,数据覆盖率只有 55%。

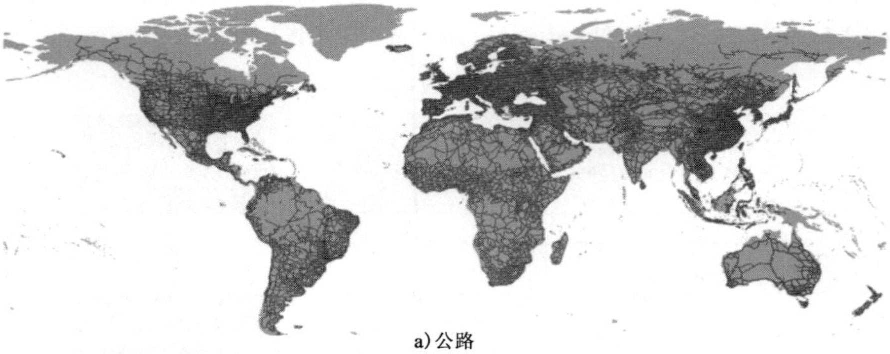

a)公路

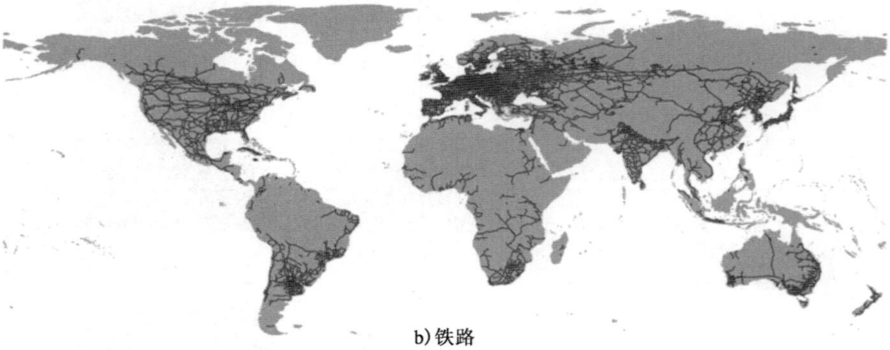

b)铁路

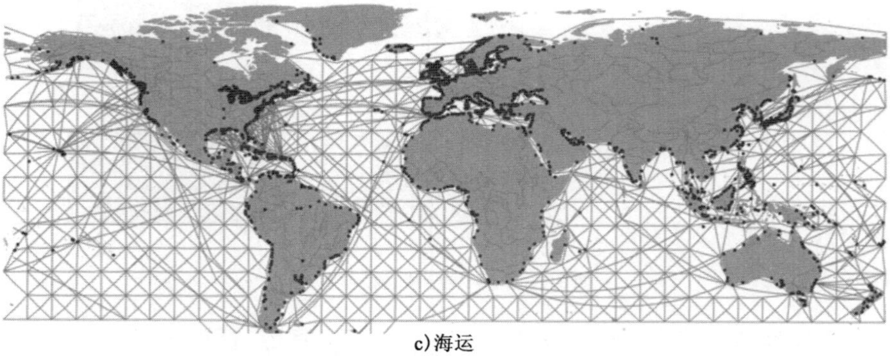

c)海运

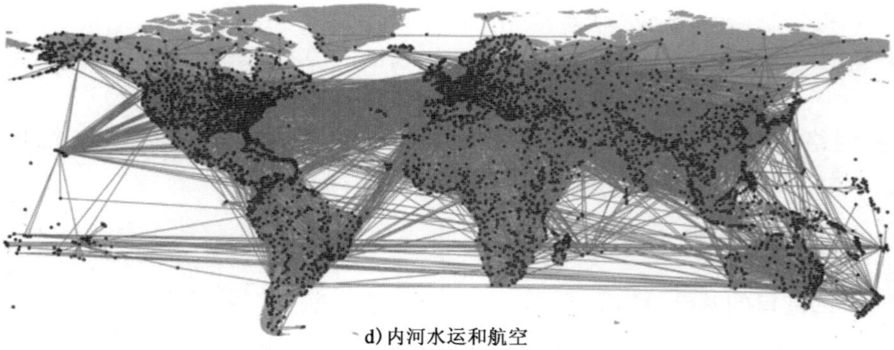

d)内河水运和航空

图 3. A2　货物运输网络

来源:ITF(2016b),能力增长:应对未来贸易增长的交通基础设施需求,http://dx. doi. org/10. 1787/5jlwvz8jlpzp-en。

3.A.8　道路与铁路的货运能力:增加限制

有关港口扩建计划的数据来自 Global Container Terminal Operators (Drewry,2014) 的运营商和Ocean Shipping Consultant 的报告(2012b,2012c),它们根据未来十年的扩张计划预测 2025—2030 年的港口承载能力。

未来的道路承载能力是比较明确的,特别是高速公路。Highway Capacity Manual(HCM,2010)给出了这方面参考信息,其根据道路的车道数量来确定道路的通行能力。其将道路分为七个类别,每个类别都有特定的车道数量和通行能力(表 3. A1)。

道路网络数据和能力特征　　表 3. A1

道路分类	车道数	路线数	网络里程(公里)	单位车道每小时通行能力(车/小时)	每小时重型车辆通过能力(车/小时)	每年重型车辆通过能力(车/小时)
绕城公路	2	1228	9553	1600	3520	1284800
支线公路	1	30	189	1400	1540	562100
主要干线	3	37570	689206	2000	6600	2409000
普通道路	1	27906	968172	1200	1320	481800
次要公路	2	34054	963477	2000	4400	1606000
小路	1	0	9396	800	880	321200
未知类型	1	56026	2222592	600	660	240900

来源:ITF(2016b),能力增长:应对未来贸易增长的交通基础设施需求,http://dx.doi.org/10.1787/5jlwvz8jlpzp-en。

为了将这些承载能力的限制应用于货运模型,这里有两个假设。第一,重型车辆(特指大型货车)在所有车流中的平均份额为 25%。第二,使用货车的平均负载,空车运输也计算在内。这些假设来自美国对混合车流的粗略评估(FHWA,2009),但这些参数在后面版本的模型中可以根据地区甚至是路段重新定义。

铁路的承载能力取决于铁路设施的几个属性,铁路用于客运和货运的份额,以及它们之间的优先权。而铁路货运承载能力的定义来自多式联运通道和能力分析手册(CambridgeSystematics,1998)。该定义是高度概括的,仅取决于几个因素,如轨道数量、自动信号系统的可用性或系统控制的集中化水平。

全球货运模型中的铁路网络信息不一定包含多式联运通道和能力分析手册应用公式中的所有属性。但是,路网信息包括一个有关基础设施质量的属性,用数字 4 ~ 10 表示。质量水平与自动阻塞信号系统的可用性和轨道数量有关。例如,至少双轨的高速铁路的质量水平为 4。表 3. A3 给出了铁路质量与集装箱吞吐量之间的关系。

铁路线工程能力　　表 3. A2

轨 道 类 型	自动闭塞信号系统		交通集中控制系统	
	日车流量*	年运输量**(百万吨)	日车流量*	年运输量**(百万吨)
单线	40	62	60	93
复线	120	186	160	250

注:* 双向总和;* * 每英里线路运输量。

来源:CambridgeSystematics(1998)。

来源:ITF(2016b),能力增长:应对未来贸易增长的交通基础设施需求,http://dx.doi.org/10.1787/5jlwvz8jlpzp-en。

铁路基础设施分类和集装箱运量估测　　表3. A3

等级编号	等级特征	复线	自动信号闭塞系统	交通集中控制系统	网络里程（公里）	年集装箱运输量（TEU/年）
4	高速铁路轨道	是	是	是	6200	16666667
5	高服务水平轨道（速度≥120km/h）	是	是	是	23000	16666667
6	高运载能力轨道	是	是	否	85000	12400000
7	配有交通集中控制系统的传统轨道	否	是	是	59447	6200000
8	没有交通集中控制系统的传统轨道	否	是	否	182842	4133333
9	没有自动安全系统的传统轨道（速度≥50km/h）	否	否	否	256618	1333333
10	没有自动安全系统的传统轨道（速度<50km/h）	否	否	否	391292	1333333

来源：ITF（2016b），能力增长：应对未来贸易增长的交通基础设施需求，http://dx. doi. org/10. 1787/5jlwvz8jlpzp-en。

第4章 国际航空旅客运输

国际航空业务的不断扩张为经济发展作出了很大的贡献,但与此同时也给环境保护带来了挑战。本章从描述未来全球客运需求建模过程开始,分别介绍了交通运输需求发展和相关二氧化碳排放的三种政策环境。这三种环境结合了网络地理扩张规则和对未来竞争水平的假设,形成了三种不同的航空网络演化趋势。本章对2030年前国际航空客运 CO_2 排放量进行预测并对长远前景概况进行延续探讨。最后一部分分析了当前航空运输水平,并对2030年全球航空可达性进行了前景展望。

受益于经济增长与全球航空运输网络的不断成熟,在过去20年里,国际航空客运量已增长逾一倍。同时,航空运输业得益于过去40年里发生的大规模自由化运动,在活跃经济的同时,也为用户创造了更低的出行成本,开发了更广泛的出行潜能。在没有任何重大网络限制比如暂停自由化航空服务协议的情况下,国际航空运输将在未来20年里保持类似的增长势头。

然而,国际航空运输高速发展的同时也带来了严重的气候问题。据统计,2015年全球 CO_2 排放总量约有2%来自于航空燃料燃烧。若不加以控制,国际能源署2℃情景(the IEA 2DS scenario)预测这一比例将在2050年增加将到22%(欧洲议会, 2015; 术语中有对2DS的详细解释)。对此,各国与行业之间签署了一份强有力的协议,即通过实行一系列措施来实现将全球碳排放量控制在2020年水平,这些措施涵盖了从新型飞机 CO_2 能效标准到2016年10月国际民用航空组织(ICAO)大会上通过的全球市场措施。

国际航运受益于决策者的大力支持。一方面,机场及其相关部门直接带动周边产出与就业,另一方面能间接吸引其他企业,为地方招商引资,故格外受到地方政策制定者青睐。航空业因其提供行业连接并创造比其他经济体更有效率的工作场所而备受重视,此外还大大提高了物流服务、商务出行、投资交流的活跃度。航空业展望分析(见本章最后一部分)表明,由于空运网络的发展,各地的航空可达性正在不断提高和改善,但发展水平依然很不平衡。

4.1 全球旅客运输需求模型

从全球发展角度来看,航空领域利益相关方,尤其是飞机制造商进行了一系列航空发展长远预测。其中最主要的两份报告——《波音当前市场展望》(波音,2016年)和《空中客车全球市场预测》(空中客车,2016年)都预见到,在未来几十年航空业的需求将有大幅增长,飞机需求也会有同步增长。国际民航组织(2016年)和国际航空运输协会也作出了相应的预测。所有上述预测都认为,未来20年里全球收入客公里(RPKs)的年均增长率将在5%左右,继续保持2010—2015年的趋势。尽管2015年增长率高达6.5%,但由于全球经济预测消极,相应的需求预测每年都有所下调。

目前所知的大多数全球预测都运用了时间序列法。本书中的模型采用了更为结构化的方法,通过比较世界不同地区在一年内的需求来推测不同社会经济或行业驱动因素的作用。它还通过应用不同网络演化情景,重点分析航空网络在产生需求中的作用。

在这个新的模型框架(方法参见附件4.A)中,旅客需求结果取自两个子模型的组合:用于起终点客运量预测的重力模型和用于将后者分配到航空运输网络上的路径选择模型。在模型应用中，全球被划分为333个地区，每个地区对应其经济活动的主要中心，且使得每个地区拥有的主要机场不超过一个。该模型基于将航空网络聚合到这些区域形成合成网络。引力模型将两个地区之间的旅客需求看作一个以诸如GDP、人口、贸易、文化关系（如语言共享、移民量等），以及地区间广义出行成本等社会经济变量来表示的函数。而广义出行成本是随最小出行时间、最低转运量和一些价格替代参数变化的函数。随后模型通过比较各地区服务质量来划分所有可能的行程需求，将其定义为出行时间、换乘次数、频率和价格的组合。

供应变量也需要输入需求预测模型中（最小行程时间、价格等）。因此，预测未来旅客需求水平需要详细了解航空网络的未来状态。然而，航空网络的变化很大程度上受到一些难以预测的现象的影响，例如未来自由化的程度及其对航权和定价的影响，或基于不同航空经济或新型飞机的新商业模式的出现。

本章基于对未来竞争水平和航空网络扩张的不同假设，根据三种网络演化情景来预测未来旅客需求。以下章节将介绍相关历史趋势，并为竞争和网络扩张制定建模规则，这样有助于定义三种网络演化情景假设。本节最后讨论准入限制及其对环境的影响。

4.1.1 竞争

价格降低自然导致旅客运输需求的上升，因为这样可以让航空运输更广泛地适用于购买力较低的人。出行需求对票价的敏感性是有据可查的（参见IATA，2008年）。北美和欧洲低成本航空的出现带来的客运量激增证实了这一点。然而，由于航空公司票价的高度波动性和商业敏感性，建立全面统一的票价系统是一项艰巨的任务。在线出行代理比较软件SkyScanner提供了2014年的价格数据库。虽然这些数据足以评估航空公司票价背后不同驱动因素所起的作用，但它尚未能形成一个全球统一的基础性票价预测模型。

相反，该模型包括航空价格的两个变量。第一个是竞争指标，即所谓的 h 指数（详见文本框4.1）；第二个是该航线上是否存在低成本航空公司。现有文献表明，这两个指标都会对价格产生负面影响（Fu等，2010）。在SkyScanner的票价数据中，这两个变量在解释票价方面都很重要。例如，对于直飞航班，当样本的平均每公里价格为0.15英镑时，取决于0和1之间 h 指数的值，各区域之间的平均每公里价格存在0.02英镑的差异。在同一飞行线路上，低成本航空公司的票价为该航线上平均票价的三分之一（Benezech等，2016）。

文本框4.1　航空市场的竞争量化

竞争能推动效率提升并有助于取消市场准入限制，在现有协议具有限制性的情况下，可以通过放宽航空运输协定或拥堵机场的扩容来实现。同时，航空业竞争存在多种形式，且市场在一定程度上是分段的。枢纽航空公司以网络化经济结果的形式出现，通过短途支线航班填补洲际航班，可允许利润更大的长途航班扩大范围，增大长途航线的服务频率。而其他航空公司更多的是遵循低成本商业模式，侧重于点对点服务，尽管在某些情况下会参与长途航线市场竞争，但更多时候致力于在短途航线的接驳服务中与其他竞争对手包括枢纽航空公司角逐。枢纽航空公司对价格和质量作出了回应，并保持了其大部分服务业务，不过一旦某个点遭遇利润下降则意味着他们必须放弃该条航线。由于网络中路线具有相互依赖性，因此这并非一个线性过程。当航空运输协定向更多入市航空公司开放时，也赋予了枢纽航空联盟的反垄断豁免权，同时影响着竞争的总体范围并使其复杂化。放松对拥堵机场的容量管制能够通过减少稀缺租金（通常累积到现有航空公司）和降低价格来实现竞争。

实际上，关于衡量航空市场竞争的最佳方式存在很多争论，其中涉及市场构成以及航空公司实际在各市场部分的竞争情况。

由于全球航空联盟的出现和代码共享的发展,使得实际竞争与潜在竞争问题浮出水面。可用数据是对这一点的分析的约束。Innovata 航班数据库提供了运营航空公司的相关信息,但并未提供有关代码共享的完整信息。我们通过赫芬达尔 – 赫希曼指数(HHI)或 h 指数来计算航空联盟之间或联盟外航空公司之间的竞争程度。其中,h 指数取值范围为 0 ~ 1,0 对应于原子状竞争,1 对应于垄断情况。

针对服务质量的加权 h 指数将非直飞航线纳入考虑之中。这个想法首先由 Veldhuis(Veldhuis, 1997)提出,并广泛应用于竞争评估(Lieshout and Matsumoto, 2012;Burghouwt 等, 2015)。在使用加权计算时,长途飞行或需要转机时间较长的航班在 h 指数的计算公式中被赋予较低权重。

另一个关键问题在于我们如何来定义市场。着眼于机场间或城市间往往忽视了平行路线之间的竞争,特别是当低成本运营商在次要机场提供服务的时候(De Wit 等, 2009)。因此,这里所谓的竞争是指将二级机场纳入考虑的区域级竞争。

即使 h 指数和低成本航空公司的渗透度参数没有捕捉到与竞争相关的所有影响,它们仍然解释了起始点间的里程价格差异,并且它们直接与旅客需求相关。这些相关系数在需求模型中的解释力度是十分重要的,并且过去十年里它们在需求激增的地区演变特别强烈。图 4.1 显示了一些地区或国家的总体竞争指标的演变过程。这个指标在亚洲,尤其是在需求飙升的印度增长显著,如今这些地区的竞争之激烈堪比欧洲。同样,对于低成本运营商的市场渗透度分析也可以观察到类似趋势(图 4.3)。

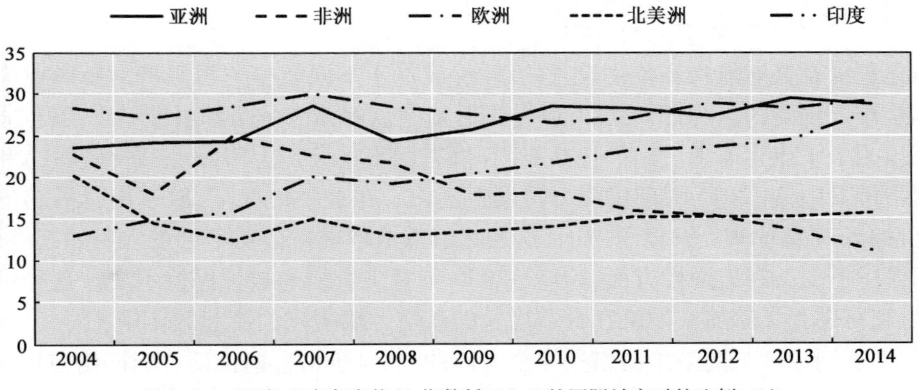

图 4.1 国际航空竞争态势(h 指数低于 0.5 的国际城市对的比例,%)

注:h 指数是竞争衡量指标,取值范围为 0 ~ 1。h 值越低表示竞争水平越高(参见文本框 4.1)。

4.1.2 网络扩张

网络演化情景的第二个杠杆是网络地理范围及其提供的连接性。航空公司运营新航线的能力将会成为航空运输需求增长的关键推动力。恰恰与铁路相反的是,空中网络的扩张并不总是需要对基础设施进行大量投资。

航空公司选择运营新航线与否取决于预期投入和回报的相关因素,以及整个网络中的路线整合和现有竞争水平相关的许多因素。双边或多边协定也可能限制航空公司的参与或限制其可提供的座位数量。网络演化情景并非旨在对这种复杂过程作出反馈,相反它以非常集中的角度看待全球航空网络的演变,认清其出现的几个关键趋势。

对全球空中网络直飞航线分布的分析表明,开通直飞航线与出发地和目的地的经济活动水平之间存在明确的关系。航线的经济值(出发地 GDP 与目的地 GDP 乘积)可以代表航线两端的出行潜力。然而,航线是否可行与航空公司是否可以开始运行航线的标准取决于许多其他因素,其中几个因素与运营成本有关。

更具竞争力的环境会导致更低的运营成本和更容易开通新航线。当对直飞航线存在概率与竞争的关系进行模拟时,就会出现上述趋势。图4.2显示了在不同竞争环境中存在概率为0.5的经济值对距离的函数。竞争对这个临界点的影响重大,总体上反映了竞争对于运营成本的总体影响。因此,航空公司能够在经济水平较低的地区之间经营。

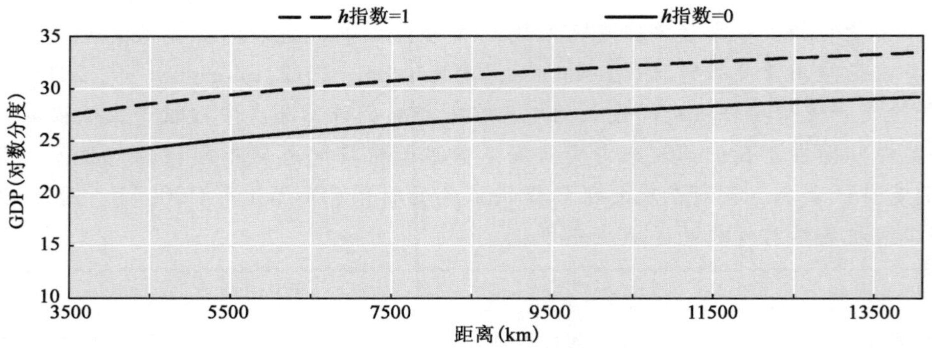

图4.2　距离、GDP与航空连接的关系

注:h指数是竞争衡量指标,取值范围为0~1。h值越低表示竞争水平较高(参见文本框4.1)。

技术进步也同样在加快网络扩张过程中担负重要责任。机型越新则其消耗的燃料越少,与同类飞机相比将具有更低的单位里程排放量和单位人公里排放量的双重节能减排效益,也使较低经济水平地区之间的航线运营成为可能。

4.1.3　网络演化的三种情景

未来自由化程度及其对航权和价格设置的影响,或基于不同航空公司经济的新商业模式以及新型飞机的出现都是难以预测的。为评估到2050年国际航空旅客需求的全部可能结果,我们将根据三个网络演化情景来预测未来旅客需求。它们包括下限(静态网络情景)、上限(动态网络情景)和基准环境。

在静态网络情景中,自2015年起供应方将发生变化。在这种情况下,航空出行需求的增长来自外部因素的变化,如人口或GDP。在竞争方面,这意味着低成本航空公司不会进入新的起终点对,且h指数在整个期间保持不变。在连通性方面,2015—2050年直飞航线的数量保持不变。这种情景的实现是不太可能的,但它有助于了解航空网络在日益增长的航空运输需求中所起的作用。

相比之下,动态网络情景的空中网络是完全灵活的,并且价格普遍偏低。当网络演化模型中路径存在概率高于0.5时,连通性将会增加,新路径将被创建。到2050年,低成本运营商已经渗透到所有短途航运市场(图4.3),总体竞争将会更加激烈。到2030年,所有起终点对的h指数将降低至2015年对于

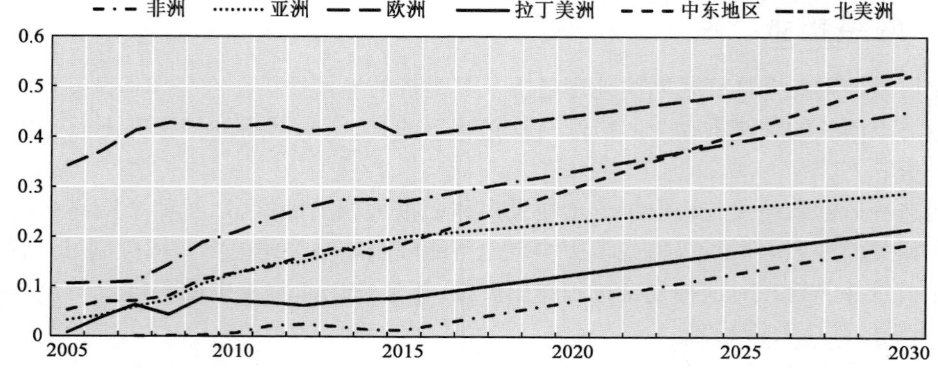

图4.3　低成本航空公司区域国际航班中的占比走势图(数据来源于2015年前的历史数据及动态情景中2015年后的预测数据)

来源:FlightGlobal, ITF projections。

注:北美地区不宜与其他地区进行比较,因为该地区只有两个国家(国内低价航班不包括在内)。

类似距离的各起终点对以及各洲的部分起终点对所观察到的最低水平。基于 SkyScanner 数据库的主要评估表明,这一结果相当于其余保持不变的情况下,2015—2050 年期间往来欧洲和北美航班价格平均将下降 30%。而其他市场,尤其是非洲市场,价格的下降将更加明显。

在基准情景中,网络演化模型的参数设置模拟 2010 年和 2015 年间空中网络演化。从 2015 年水平来看,价格没有普遍下降,竞争变化遵循 2010—2015 年趋势。网络扩展模型中的附加参数将网络增长限制为预测需求高于某个阈值时出现的直飞航线,其中该阈值取决于距离。低成本运营商的份额保持不变。

4.2 至 2050 年航空旅客运输需求

4.2.1 全球需求分析

在所有情景中,直到 2030 年前,航空客运量都将继续保持强势增长,但这种增长在各情景之间存在着显着差异:从静态情景的 2.3% 到动态情景的 5.7%(图 4.4)。同时,旅客飞行里程也拥有类似增速。在基准情景中,未来 15 年里客运周转量翻了一倍达到 9 万亿公里。到 2030 年,亚太地区占全球客流比例从 2015 年的 30% 上升到 40%,亚太地区旅客需求的大幅增长推动全球需求的增长。

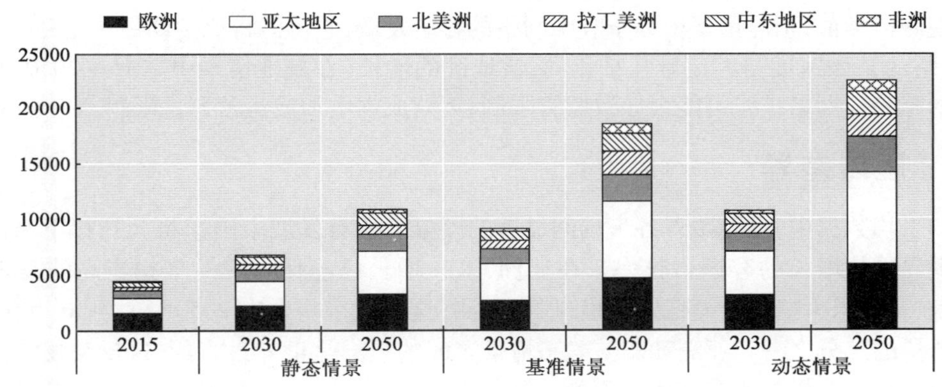

图 4.4 区域航空客运需求(三种情景,十亿人公里)

在 2015—2030 年间的全球旅客需求增幅较 2030 年之后更大。2030 年之后的增幅下降有两个主要原因。首先,2030 年后需求增长放缓主要由于两个推动因素,GDP 和人口的增长减速甚至不增反降(例如在 2030 年中国将达到人口峰值)。其次,在基准情景和动态情景中,空中网络逐渐达到饱和,潜在的新航线越来越少。尤其是对于长距离航线来说更是如此,这种状况下低成本航空商业模式将难以适应。而区域航空网络会有更大的增长空间。这一点在分析 2010—2015 年期间欧洲航空网络的演变时得到了证实。在这一低增长时期,区域内航班数量增速比 GDP 增速高 2.5 倍,而区域间航班数量增速比 GDP 增速高 1.5 倍。

各情景中增长率的显著差异表明,国际航空旅客需求的持续增长依赖于空中网络发展对客流量的开发和促进。对于发展中地区(特别是亚洲)来说情况尤其如此,因为空中网络并未成熟,各情景模拟值差异相对较大。总的来说,其他组织的预测接近于基准情景的预测,比如空客公司预计 2015—2030 年期间的航空旅客需求年增长率为 4.5%,此间第一个十年的预测值更高(2016 年,空中客车公司)。

4.2.2 需求的收入弹性

在基准情景中,航空客运的增长遥遥领先于 GDP 增速,始终保持着过去二十年的增长趋势。空运需求对 GDP 的弹性系数为 1.7,而实际上旅客需求的增长可以归结于两个因素:需求 GDP 弹性(当网络保持不变,弹性系数为 0.95 左右)以及网络的变化。其中,包括新直飞航线的增加,以及竞争增加和新航线上低成本航空公司的加入,此二者都与价格互为影响。如果假定价格变化是外因,那么空中网络的扩张主要归因于经济增长。当考虑到这一影响时,客运周转量的 GDP 弹性系数约为 1.3,这与大多数研究发现的值为 1 ~2 之间的弹性系数相一致,该阈值范围可以通过研究区域和市场划分的差异来解释(Gallet 和 Doucouliagos,2014)。

模型给出需求增长与 GDP 增长的比值为 1.4。这个比值似乎听起来偏高,但事实上它仍然远低于 2010—2015 年期间的历史观测值,而同时期国际客运周转量的增速比 GDP 快 2.5 倍。然而,它与前两个十年期间观测到的长期平均值是相符的(IATA,2008)。假设使用仅对过去五年进行校准简单的 GDP 弹性系数模型,那么到 2030 年客运周转量将达到 16 万亿人公里,几乎是基准情景结果的两倍。

很难预测现今的有利环境是否能在未来几十年继续保持。能对该趋势造成明显遏制的可能要数高油价的出现,它将直接影响机票价格并间接影响航运需求。但 2010 年前后的油价高峰期也证明了航空业具有较强抗冲击弹性能力。尽管航空运输突然加收燃油附加费,但这对全球旅客需求没有明显的影响。这可能得益于航空公司的一系列适应战略,例如提高燃油效率或暂停空中网络的发展(Hansman 等,2014)。此外,航空公司还切换至低盈利模式来渡过难关。在石油价格为历史最低的 2015 年,航空运量增长率为 6.1%,这也表明航空公司采取的应对行动出色地避免了 2010 年的高税费对航空出行削减的不利影响。

与历史观测值类似,预测增量依赖于空中网络的显著发展,它可能将比预期更快达到限度。在亚太地区,空中网络的扩张速度与客运量几乎相同,该地区的增长(在基准情景中 2015—2050 年为 350%)将遵循类似的趋势。网络扩张可能会导致监管限制、运营成本增加或运营容量限制。

4.2.3 区域差异

在全球的平均数据中,也隐藏着各市场间显著的差异。所有发展中国家将会在接下来的几十年里保持着高于世界平均增长的客运增长率。在亚洲,这一增长已经伴随着一个相当高的需求。在 2010 年,亚洲国际航班需求大概在 1 万亿人公里,根据预测,这一数字将会在 2050 年达到 6 万亿人公里,并超过了世界总量的三分之一。亚洲动态与静态情景之间的差异是世界最高的,这反映出该地区航空网络发展的潜力。这一分析与所有其他的预测一致。

在走廊层面上,差异更加显著(图 4.5)。在基准情景中,亚洲航线的旅客需求年均增长率为 8%,拉丁美洲和非洲一些地区的增长率接近 10%,但初始基数相对要低得多。然而基准数据显示发达经济体相关国家的需求增长率在 2015—2030 年期间为 3% ~4%,不仅如此,这些地区需求增长率在所有情景中均小于全球平均增长率。

一般来说,旅客需求增长最多的地区通常是经济增长强劲、网络有最大发展潜力的地区。这两个元素在发展经济体中体现得非常充分,但很多大型城市只提供了非常有限的国际服务(见可达性章节)。在发达经济体中,经济增长通常非常缓慢,但是发展的潜力依然存在,特别是在网络距离相对较短的欧洲,这解释了该地区基准情景中的旅客需求增长率为 3.2%,而静态环境中的旅客需求增长率为 1.8%。

因为新的直飞航班聚集在航空网络相对不太成熟的地方,旅客需求在不同区域内的预测也会不一致。对亚洲而言,这意味大型机场的客运量预计将以小于二级机场的增长速度。其中,很多这类机场的旅客需求增长从 2015 年来看还很大程度上依赖于国内航线,所以这类机场的旅客需求增长率目前也很大程度上受到国内低成本航空公司地区航线的影响。例如,重庆机场的国际航班数量从 2010—2015 年期间增长了 5 倍,旅客需求在未来的 20 年内也预计以 15% 的年增长率增长。而北京或者上海的增长率相比较而言却非常缓慢,在过去几年中国际旅客的年增长率低于 5%,并且这一数字也预计在未来保持。

低成本的区域型航线是二级机场的主要增长动力。如图4.3所示，在过去二十年中，所有低成本航空公司的国际航线在不同区域中的市场中份额以不同的速度在增长，尽管速度不同。虽然这类数据的份额目前在欧洲几乎停滞不前，但在亚洲、拉丁美洲和中东仍然迅速增长。如果它们的增长扩张不受立法的阻碍，这些地区的低成本航空公司在市场中的比例可能很快达到或超过欧洲的水平。

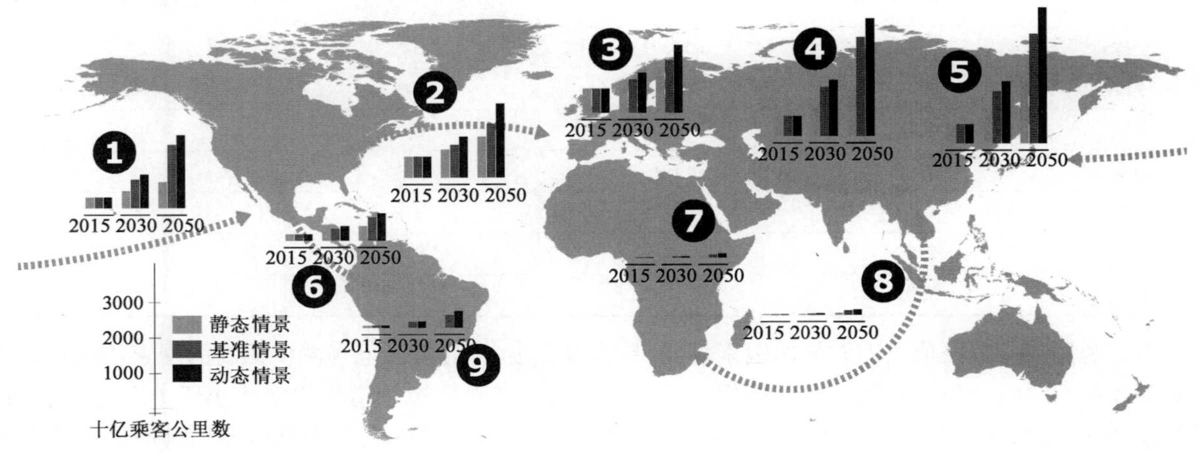

图4.5　区域旅客公里数

非洲的情况有所不同，因为许多国家的主要机场在2015年仍然没有与全球航空网络有良好的连接。因为缺乏动态的区域市场和组织完整的低成本航空公司，非洲二级机场的发展潜力受到了阻碍。在基准情景中，主要的大型机场继续吸引了大部分的需求，并集中了该区域大部分的航线网络开发，这一状况预测将至少持续到2030年。

4.3　准入限制的影响

尽管三种情景的网络变化规则各有不同，但它们都未考虑到开发新航线的潜在限制。当在两个国家之间实行限制性航空运输协定(ASAs)时，这些国家之间的航班或席位总数可能有限，并且可以在其具有经营权的机场对外来航空公司加以限制。限制性航空协定带来的另一个限制因素涉及竞争。在基准情景和动态情景中，竞争的增加不受限制。如果国家有航空公司指定规则，那么允许进入市场的航空公司数量是受限的，并且根据现行规则，一些根据模型得出的未来 h 指数是不太可能的。此外，一些协定还包括关于可接受价格和国家拒绝价格权利的规定。

英国—印度自由化协议签署前后的航空服务对比说明了上述情况。新协议于2004年生效，对两国间的航空服务水平和提供的直达航线数量有着重大影响(英国CAA,2006年)。在自由化之后不久，英国和印度之间的直达航班服务数量增加了两倍，从每周34班次增加到112班次。直达航线的数量从6个增加到10个，并提供了几个新的次级服务点。此外，在两国之间运营的运营商数量从3个增长到5个，国家级的 h 指数平均下降了25%。根据英国民航局，这种竞争增加导致闲时航班的旅客平均票价下降17%，商务旅客的平均票价下降8%。票价的降低和服务的增值使得两国间的航空客运量增加了108%。

国家之间的双边协定施加的限制难以模拟，因为这种协议存在量很大，而且协议确切内容有些并未公开。然而，通过观测空中网络的历史演变，并将其与理论预测演变和GDP增长进行比较，了解限制大小是有可能的。表4.1列出了2015年若干国家的航线观测数量，以及以2005年为基准年的同期航线数量估计。结果显示在85%的国家，这两个数字之间的差异不超过30%。然而，有些情况比较突出，例如实际航线数量远低于估计数量(如印度)或高于估计数量(如土耳其将伊斯坦布尔机场定位为中转枢纽)。

若干国家的国际航空连接度情况 表 4.1

(包含 2015 年航线数量观测值和估计值,以及 2005—2015 年的变化情况)

项　　目	2015 航线数量	2015 航线数量估计	2005—2015 年航线数量增长率(%)	2005—2015 年GDP 增长率(%)
全球	13218	14321	34	27
中国	1118	1245	203	140
印度	321	589	38	104
越南	129	101	187	88
日本	411	388	57	6
土耳其	879	748	148	49
埃塞俄比亚	129	126	103	147

引起观测值与预测值之间差异的因素各异,具体取决于各国国情,但预测值偏高的国家往往有更多的限制性航空协定。特别是当空中网络规模增长与国内生产总值规模增长率之比小于 1 时,情况尤其如此;65% 的国家该值都接近或高于 1。在某些情况下,当航线数量的实际观测值和预测值之间没有显著差异时,该比率也会低于 1,比如埃塞俄比亚。这通常适用于由于邻国的经济增速较低而难以建立大型区域航空网络的国家。相比之下,日本等国家受益于一个充满活力的区域环境,这就充分解释了虽然其国内经济增速很低,但其航空网络仍在扩张的原因。

在动态情景中,维持需求所需的服务已超越了目前的几项双边关系中的航空运输协定,特别是在亚洲。例如,2030 年动态网络情景中中国至印度市场的所需服务频率是 2005 年双边协议设定限制的十倍(中国和印度,2005 年)。该服务频率也是静态情景中的两倍,由于现有航线数量几乎没有增加,因此十分需要增加额外的班次以提高服务频率来容纳更多的旅客。

航空网络发展过去的观测与预测增长率的比较表明了哪些区域可以在其航空运输协定自由化方面收益最大。图 4.6 将 2005—2015 年的直达航线数量增长率与 2015—2030 年间对应的增长率预测值进行了比较。尽管只是简单假设每个地区都继续遵循过去十年的增长趋势,但有的地区结果差异仍然很大,因此在基准情景中旅客需求增长可能不会发生,这表明预测所需的航空网络增长不会发生。在例如印度和撒哈拉以南的非洲等地区,过去十年里观测到的增长率更接近静态情景而非基准情景。如果印度的经济规模和其航空网络增长率引人瞩目,那么限制性双边协议的影响就不仅限于这个国家了。由于对外国承运方的准入限制,其他较小的国家也可能发生增长率比基准情景更小的情况。

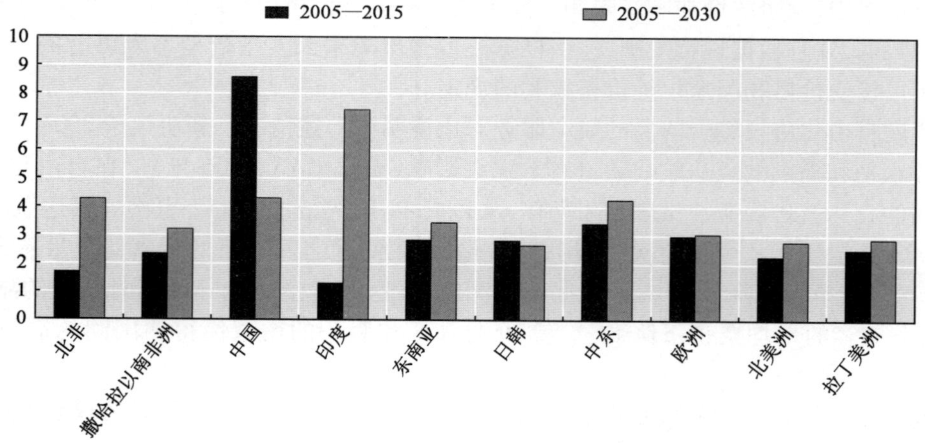

图 4.6　航空网络规模起点数年均增长率

(历史数据(2005—2015)及基准场景预测数据(2015—2030),%)

来源:FlightGlobal for 2000-2015, ITF projections。

4.4　国际航空运输 CO_2 排放

当前,国际航空客运占2015年人为活动产生的二氧化碳排放量的1.5%左右,约为4.5亿吨。相关资料预计到2030年航空公司旅客人数将翻一番,因此需要采取新措施来减少和抵消航空运输活动的二氧化碳排放,限制其对气候变化的影响。

由于航空的排放无法以国家边界来限制,很难将它们分配至各国,因而它不属于"巴黎协定"的一部分。然而,一直以来国际民用航空组织(ICAO)与其成员国共同制定了一系列措施来限制气候变化的负面影响。这些措施包括2016年10月国际民航组织第39届大会通过的运营效率改进措施,以及全球市场措施(MBM)的采用。这些措施旨在将全球航空排放限制在2020年的排放量水平(碳中和增长)。根据拟议的国际航空碳抵消和减排计划,各国可以从2021年开始自愿加入。但是,在2027年,除非是最不发达国家或内陆发展中国家,原则上全球所有国家都将强制实行MBM。在协议涵盖的航线里,若参与国的航空飞行器排放量高于2019年和2020年的平均排放量,将会被禁止飞行。上述航线包括以参与国为起终点的所有航线。在CORSIA协议基础上,即使燃料价格不上涨,即使燃油效率并不在航空公司的优先考虑事项之中,为了推动飞行器制造在低碳方面的改进,ICAO仍为新飞机制定了第一套二氧化碳效率标准。此外,ICAO还鼓励机场对其排放加以控制,并与航空公司合作将飞机飞行对其周围情景的影响限制到最小(见文本框4.2)。

文本框4.2　机场碳排放认证计划

机场碳排放认证(ACA,见www.airportco2.org)是依据国际跨行业标准,如温室气体核算体系(GHG Protocol),是专门为机场行业设计的碳排放管理计划。它根据四个递增的认证级别,确立了碳排放管理的技术指导和公众认可的机场业绩框架。自2009年由国际机场理事会(ACI)EUROPE启动以来,它已扩展到全球所有区域,目前已有170个机场参与了该项目。这些机场每年承运航空客运量占全球的三分之一。

机场碳排放认证由ACI EUROPE和其他ACI地区办事处共同管理,并由独立的咨询委员会监督,但行政管理由独立的WSP Parsons Brinckerhoff的环境专家承担。

在四个认证级别的监管下,机场必须履行越来越多的义务。前两个级别指的是在机场运营班子直接调控下的碳排放。除了这一要求,第三和第四级别还要求机场方面绘制除机场运行外的第三方的碳排放点位图,并引导和鼓励第三方的减排管理;其中主要涉及航空公司、地面服务商和零售商。如果机场抵消了源于机场运营直接控制下的二氧化碳排放,则可以实现最终认证级别——碳中和。该计划的一个主要特点是,机场必须尽可能减少自身排放,同时抵消不可避免的其他排放。截至2016年10月,全球有32个机场被认证为碳中和级别。

在计划进行的第七个年头(2015年5月—2016年5月),得到认证的156个机场比前三年的平均 CO_2 排放量减少了206090吨。最重要的是,自第二个项目年度以来,认证机场的数量有所增加,单位旅客的 CO_2 排放量降低了,这表明认证机场运行效率的提高。

ACA计划成员机场的 CO_2 排放量如图4.7所示。

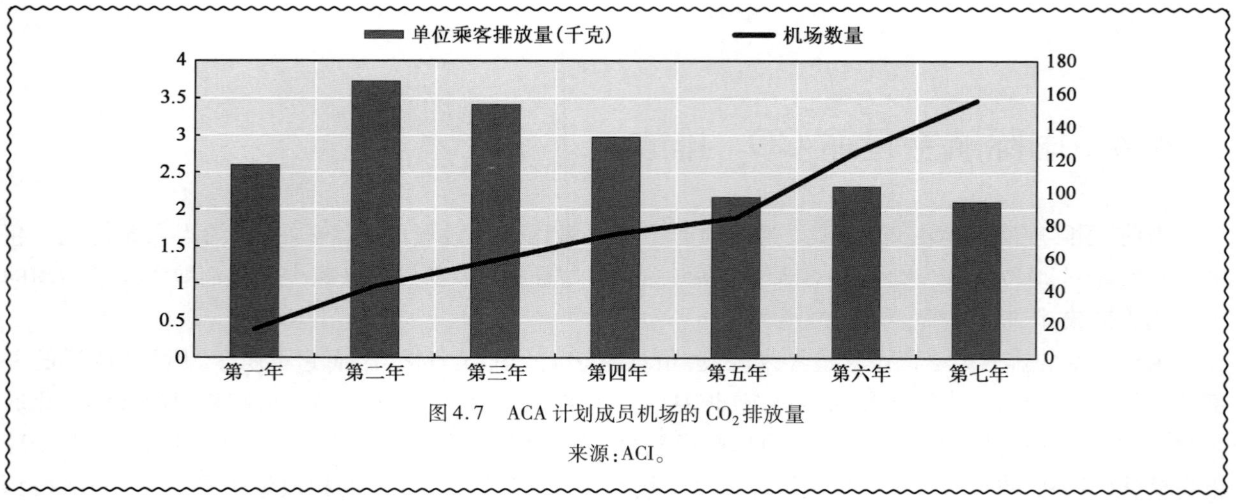

图4.7 ACA 计划成员机场的 CO_2 排放量

来源:ACI。

4.4.1 航空 CO_2 排放的量化

资料显示,2015 年全球航空(不包括军事航空)排放约 7.90 亿吨二氧化碳(ATAG,2016;国际能源署,2016 年),其中国内民用航空约占 40%。根据我们的理解,这个数字不包括通用航空。

本《展望》中定期航线的碳足迹是通过将全球飞行网络数据库中记录的典型飞机类型进行定位,并对这些类型飞机的碳排放效率进行计算获得的(EEA,2014 年)。客机机腹货运的相关排放被归到了航空客运里面,因为目前还没有专门的模型分析和预测该项排放。

对于特许航空公司采用 Southgate 估计进行估算(2012)。在没有关于全球特许航空市场发展的任何信息的情况下,我们估计特许运输及其排放量是不变的,例如欧洲(EEA,2016)。此外,我们还假设所有包机都是跨国的。专用货机的排放量为全球航运排放量与客运航空排放量之差,由此得到的结果4100 万吨与上文中的 Southgate 估计相近。

表 4.2 总结了本《展望》中关于航空部门排放分解的假设条件。

航空 CO_2 排放分析

表 4.2

类　　别	排放量(Mt)	占总排放量百分比(%)
国内航班	300	38
定期客运航空	293	37
货运航空	7	1
国际航班	490	62
定期客运航空	418	53
团体包机	38	5
货运航空	34	4

基准情景下未来几年的排放水平是以当前旅客排放率为基础,每旅客公里燃料效率每年提高1.5%而得出的。该增益率等同于行业目标 1.5%(ATAG,2016)。然而,它低于 2004—2013 年的全球平均年燃料效率提升水平,即每吨公里(客运和货运)为 2.5%,每旅客公里为 3.7%。由于过去十年里大部分效率增长情况是由 2010 年单年情况得出的,其他年份的效率增长率接近 1.5%,因此在基准情景中首选较低的 1.5%。此外,由于旅客需求相较于货运需求增长更快,航空货运占吨公里数的份额减少理论上降低了客运效率增益。

我们也计算了在年效率增益为 2% 的低碳情景下的排放量,这与国际民航组织成员国 ICAO 在 2013 年的决议相一致(国际民航组织,2013 年)。在此情况下,我们假设 2050 年生物燃料的利用率为 50%,这一百分比略高于欧盟运输白皮书(欧盟委员会,2011 年)所指出的 40% 的目标,表明了航空业使用可持续低碳燃料的坚定承诺。

在所有情景下,假定特许航空公司的排放量保持不变。专用货机的排放量增长根据第 3 章估计的需求量按每吨公里每年的效率提高 1.5% 或 2% 进行调整。

4.4.2　2030 年国际航空客运的 CO_2 排放量

在基准情景中,不包括专用货机,国际航空排放量到 2030 年将上升 56%,达到 7.1 亿吨(图 4.8)。排放增长主要集中在发展中国家,这反映出全球客运需求的演变。2030 年,亚太地区的国际定期航班 CO_2 排放量将占全球 CO_2 排放量约 35%,高于 2015 年的 27%。如低碳情景所示,更高燃料效率每年可以节省 5000 万吨碳排放。

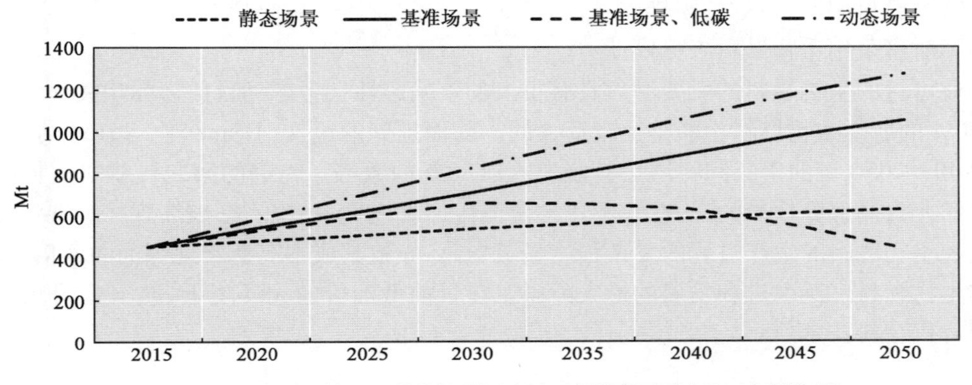

图 4.8　国际航空运输 CO_2 排放量(纵坐标表示抵消前百万吨 CO_2 年排放量)

虽然燃料效率增益接近需求增长率使得静态情景下的排放量几乎恒定,但与动态情景相比,额外的旅客公里数与基准情景相比增加了 1.1 亿吨的排放量。然而,如果动态情景实现,燃料效率增益可能会更高,因为这将会更快地引进新的机型。

在基准情景中,为实现 2020 年起的国际客运航空碳中和增长,将需要在 2020—2030 年的十年间累积 10 亿吨的碳抵消。仅在 2030 年,所需的抵消量就达到了 2 亿吨,如果将专用货机考虑在内,这一数字将达到 2.2 亿吨。该数字低于国际民航组织航空环境保护委员会在工作建议中提出的 2030 年所需的抵消数量,为 2.88 亿 ~3.76 亿吨(ICAO/CAEP,2016)。这里有两个根本原因:首先,ITF 的平均增长率(4.7%)低于改研究使用的增长率(约 5%)。在动态网络情景中,实现碳中和增长的 CO_2 总体抵消需求量将达到约 14 亿吨,其中仅 2030 年将达到 2.7 亿吨。第二个造成低抵消需求量的因素在于非线性的需求增长。在预测中,需求增长从 2015 年的 5.6% 逐渐下降至 2030 年的 4.3%。此外,抵消量在很大程度上取决于燃料效率的提高。如果在低碳情况下,燃料效率提高每年能达到 2%,那么整个十年间的抵消需求将下降至 8 亿吨,且到 2030 年仅有 1.1 亿吨。

目前,拥有最高认证水平的抵消计划是"联合国气候变化框架公约"(UNFCCC)清洁发展机制(CDM)的项目。2014 年在 CDM 中注册的项目只有 1 亿吨认证排放单位。然而,从计划的 CMD 项目中获得的信贷分析显示,在排放量增长的假设下,实现碳中和增长最多需要 8 年的抵消(Cames,2015)。此外,在 2012 年引入欧洲 CO_2 排放交易计划时出现的新抵消项目注册高峰表明抵消的供应对需求激增的强烈反应。为确保高质量抵消供应模式的实现,缓解气候变化的减排行动需要提前评估和公示。

ITF 预测假设需求不受 CO_2 减排成本的影响。目前,有研究也发现这种影响可能较小。的确,根据 IATA 的估计,2025 年的排放抵消成本的影响相较于油价上涨 10 美元的影响更低(IATA,2016 年)。而在我们的研究中要求的抵消量比前面提到的研究更小,因此成本会更低。然而,高价碳抵消可能会使情况发生改变，因为在竞争市场中，成本最终会转移给旅客。如果更多行业加入碳抵消计划，抑或是更多地区开始在其他行业实施排放交易计划，都有可能导致这种情况的出现。

4.4.3 前景展望

从长远来看，该行业旨在到2050年前将航空 CO_2 排放量降低到2005年水平的一半。相关资料预计，通过先进的生物燃料的使用将大大减少航空的 CO_2 排放量。生物燃料的使用将可能促进2030年后的大幅减排，但是生物燃料的价格需要更低廉，其生产需要更高效。

目前，分阶段引入数量充足的、适用性高的生物燃料的速度仍然存在着很大的不确定性。此外，可能还有来自于其他特别是货运部门的竞争。（另见第3章中关于排放的部分）

假设生物燃料与常规化石燃料具有相同的能量含量，到2050年，生物燃料将需要占到航空燃料的80%左右，这一比例只有在航空生物燃料的 CO_2 排放净值为零时才足够，否则生物燃料需要有更高燃料占比。Deane等（2015）发现，在欧洲若要达到同样的目标，所需的比例为77%，该数字很接近80%。如果与传统喷气燃料相比，节省的碳排放量仅为70%（现阶段航空生物燃料的经典数据），行业目标将要求所有国际航班采用生物燃料来提供动力。

关于商业可行的生物燃料的发展潜力具有很大的不确定性。考虑到目前边际相关性和政府机构的规划假设，80%的航空生物燃料份额是比较远大的。前面提到的论文（Deane等，2015）估计，生物燃料的生产在2040—2050年的十年间将增长三倍来达到80%的数额。先进的第二代航空生物燃料是由藻类或农作物的非食品部分生产的，因此它不用与食品生产发生竞争，也不必破坏森林等碳汇过程。但是这将使得这种生物燃料的生产过程的复杂程度显著提高，导致其成本高达常规煤油的两倍。目前看来，成本是航空生物燃料广泛引进和发展的最大障碍。在目前低油价的大环境下，航空公司几乎没有经济动力来投资替代燃料技术。

4.5 航空运输的可达性

航空运输，尤其是国际航线对于其服务的国家而言有着其他低污染交通方式不可取代的优势。对于一些跨国经营的企业，除航空以外往往难以找出其他更高效的交通运输方式了。可以说，航空公司、飞机制造商与机场产生了更多的经济活动。最近的一份报告显示，在2015年航空运输业提供了约1000万个岗位，贡献GDP达14250亿美元，约占世界总GDP的2%（ATAG，2016）。

航空运输也是贸易和许多其他行业的关键推动力。其中受航空运输影响最明显的要数旅游业，2015年一半以上的国际旅客都是通过飞机出行的（UNWTO，2015）。对于发展中国家而言，这点尤其重要，因为这些发展中国家与旅客来源国通常相距甚远。牛津经济预测研究指出，航空运输通过提供大型市场与企业之间的连接可以显著提升生产力（Oxford Economic Forecasting，2006）。同时航空连接性也可以影响到海外直投的选址，或者帮助吸引极具天赋的优秀人才（Oxford Economic Forecasting，2006）。

如果上述大部分研究与发达经济体有关，那么能得出的结论是所有国家的航空连接程度与生产力之间具有正相关关系（IATA，2007），并且低收入国家中这种关系甚至会更加明显。考虑到航空的经济重要性，业内也一直在努力定义一个可以完美反映航空运输对经济影响的指标。

4.5.1 全球航空可达性指标

航空连接性是普遍使用的术语之一，此外还有许多其他相关指标被定义来表现航空可达性。在连接性指标的一般类别中，中心性指标和可达性指标确实有着明显的区别（Burghouwt and Redondi，2013）。前者依靠拓扑指标描述了全球航空网络中的机场整合，有助于转机旅客的行为分析，具有一定的理论意义。然而,后者则可以衡量一个机场的吸引力和一个城市对附近城市的吸引力。可达性指标量化了从机场到世界任何地方的难易程度,例如对通过给定几小时内到达航班的数量与直飞航班的数量来进行分析,可以充分解释某个机场或国家与世界经济的连接模式。由于航空运输对经济的很大部分影响来源于它们对企业提供的连接服务,这使得企业能够接触到更大的市场,并将它们的业务也融合到航空运输当中。可达性指标在此基础上能更好地从内部洞察航空运输对经济的潜在作用。此外,对偏远地区或机场周边地区来说,航空运输更能影响城市中心区域的经济活动,所以本书提出了这种可量化的可达性指标,用来衡量城市而非机场与航空网络的连接方式。

这个可达性指标衡量了从某城市中心到一系列 Alpha 级城市的所需时间,这些 Alpha 级城市是当前全球的主要经济活动中心(GaWCR, 2014)。出行时间是从城市中心开始计算的,包括到达机场之前在地面路网移动消耗的时间以及在空中航行的时间,必要时候还将中途滞留时间计算在内(参见方法附录4. A)。

这个指标以小时为单位,在世界不同地区的城市之间进行比较。同时这个指标是针对30万人口以上的所有城市,这与第5章里城市交通这一章节中用到的城市样本范围是相同的。该量化方法非常灵活,它可以适应不同的区域背景,使分散在五大洲的61个 Alpha 级城市作为全球统一航班目的地,使得结果更加具有全球一致性。(见附图4. A2)

4.5.2 航空可达性现状

2015年,到达 Alpha 级城市的平均飞行时间为12 ~72小时,其中32个人口超过30万人的 Alpha 级城市平均不到一天即可到达。

按照预期的 Alpha 级城市地域分布,发达国家将大部分城市集中在全球主要经济中心的最佳通道(图4.9)。当然地理情况并不能解释一切背后的原因。位于发达国家的最具连通性的城市与位于非洲的连通性最差的城市之间的可达性差距大小可以通过三个因素进行综合解释。

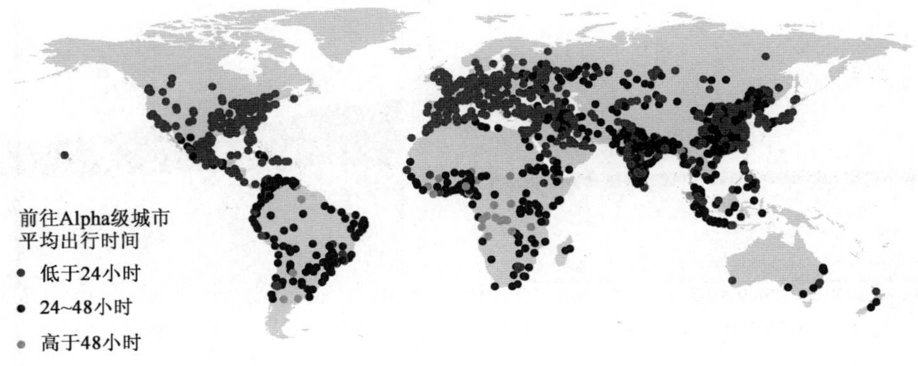

图4.9 前往 Alpha 级城市的平均出行时间

第一个因素是在通往机场的道路运输相关服务上的时间花费。由于机场,尤其是国际机场的稀缺以及路网基础设施相对落后,发展中国家所需的路上时间远远大于发达国家。2015年,机场可达性因素可以解释40% ~50%的发展中国家与欧洲之间的可达性差距。第二个因素是服务于发展中地区的低质量航空网络,对城市间航空可达性差距的影响大约能占到35%。由于这些地区的机场几乎没有直飞路线,旅客不可避免地要通过绕路方可抵达目的地。再加上航班班次较少,转机换乘过程会浪费较长的等待时间。此外一些地理位置的因素,或者说到达 Alpha 级城市所需的额外距离等情况解释了剩下的20% ~30%差距。

自2015年以来,所有地区的航空运输普及情况都有所改善(图4.10)。平均而言,2005—2015年的改善情况为平均节省2小时,其中50%的原因是由于通往机场路上的耗费时间减少。

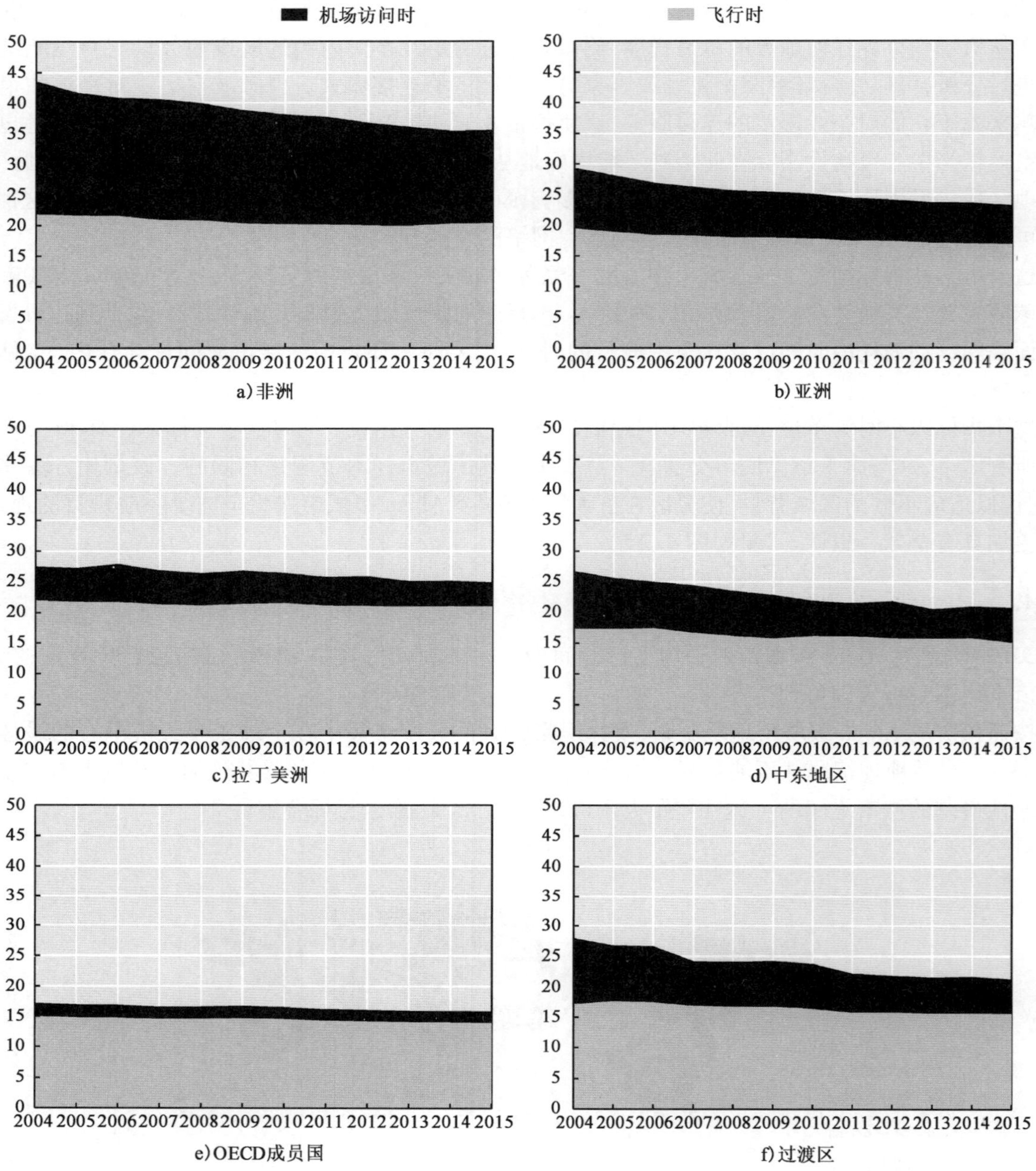

■ 机场访问时　　■ 飞行时

a)非洲　　b)亚洲

c)拉丁美洲　　d)中东地区

e)OECD成员国　　f)过渡区

图 4.10　各地区抵达 Alpha 级城市的平均出行时间(机场到达时间和飞行时间,以小时为单位)

在所有发展中地区,连接区域机场和国际枢纽的航班数量的大幅增加对航空运输的普及发展起到了很大的推动作用。全球航空公司或航空联盟网络的扩张极大地促进了航空运输在世界各地的普及。举个例子,如果我们考虑世界范围内跟至少一个全球排名前 100(排名按航班座位数量计)的国际机场有直飞的机场数目,这个数字从 2005 年的 1795 个机场到 2015 年的 2085 个,几乎增长了近 20%。这种变化通过两个方面来影响航空运输可达性。首先,它缩短了机场到达时间,因为它改善了机场的地理覆盖,提供了与航空网络的良好连接。其次,它通过增加直达减少多程航路的换乘需要,大大缩减了从这些机场出发的航程飞行时间。

其他区域性的影响:

(1)在欧洲,低成本运营商的发展大大减少了该地区对主要集中在 Alpha 级城市间的连接航班的需求。

(2)中东地区是唯一一个飞行时间和机场到达时间缩短幅度相近的区域。这一趋势归因于海湾航空公司的大规模空中网络的发展。

(3)在中国,许多机场逐渐开通直飞其他亚洲大型航空枢纽的航线并进行高频次运营,而过去这些机场仅仅局限于与中国国内航空枢纽的对接。

4.5.3　航空可达性展望

随着航空运输可达性在过去十年间的大幅度提升,在空中网络不断扩大的情况下,预计今后该趋势还将继续。图4.11显示了三个网络演化情景下的可达性预测结果。虽然在静态情景中可达性水平是不变的,但在其他两种情景下,2030年可达性水平有类似的提高。在动态情景中,在2020年之前航空可达性将会有更快的提高,但在该时段之后的可达性改善水平将会降低。在基准情景中,航空可达性改善情况更为线性化,与历史趋势是相符的。

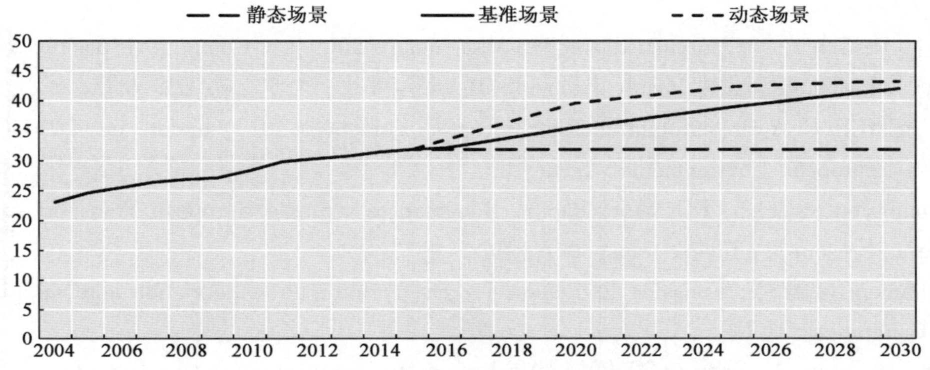

图4.11　24小时内可达的Alpha级城市平均数量(三种网络演化情景)

动态情景下的平稳状态部分源于对可达性指标的定义。因为该指标是到达一系列数量有限的城市的平均时间,它容许了受飞机技术限制的指标下限。尽管到2030年的时候并非所有城市都能与每个Alpha级城市开通直飞航线,但通过两三个大型航空枢纽也可以快速抵达世界各地。基准情景预测到2030年至少与一个世界百强国际机场有直飞航线的机场数量将从2015年的2085个增至2 413个。

无论是从历史进程上看还是从未来发展上看,机场可达性的提升都源自于航空自由化的推进,再结合低成本运营商的出现以及由限制较少的航空运输协议提供的可能性,从而显著改善了区域连通性。后者使得大型国际枢纽能够得以发展,而这些枢纽已经或将对全球范围内的航空可达性起到非常重要的作用。

本《展望》中测算的航空可达性在航空网络发展达到最低门槛要求后并未有更多发展。航空网络发展的预期饱和度在航空可达性的平稳提升方面发挥了作用,但主要通过本书中定义的可达性指标来解释。的确,指标中所用的目的地数量较少且并不会随时间而演变。通过增加目的地城市,特别是具有全球化意义的亚洲城市,结果将会改变。此外,由于各城市间需要相互连接和交流,因此在区域航空可达性方面也会产生不一样的结果。

参考文献

Airbus (2016), Flying by Numbers, Global Market Forecast 2015-34.

ATAG (2016), Aviation benefits beyond borders, Air Transport Action Group.

Benezech, V., L. M. Martinez and J. Kauppila (2016), "Assessing the long-term impact of air liberalization on international passenger demand: A new model up to 2050", Presented at the 95th Annual meeting of the Transportation Research Board.

Boeing (2016), Current market Outlook 2016-35.

Burghouwt, G. and R. Redondi (2013), "Connectivity in air transport networks: an assessment of models and applications", Journal of Transport Economic and Policy, Vol. 47, pp. 35-53.

Burghouwt, G., P. Mendes De Leon and J. De Wit (2015), "EU Transport Liberalisation Process, Impacts and Future Considerations", International Transport Forum Discussion Papers, No. 2015/04, OECD Publishing, Paris, http://dx. doi. org/10. 1787/5jrw13t57flq-en.

China and India (2005), Memorandum of Understanding on Civil Aviation between India and China.

Cames, M. (2015), "Availability of offsets for a global market-based mechanism for international aviation", Oko – Institut briefing paper.

Deane, P., R. O Shea and B. O Gallachoir (2015), "Biofuels for aviation", Rapid Response Energy Brief, INSIGHT_E.

De Wit, J., J. Veldhuis, G. Burghouwt and H. Matsumoto (2009), "Competitive position of primary airports in the Asia-Pacific rim", Pacific Economic Review, Vol. 14/5, pp. 639-650.

EEA (2014), EMEP/EEA air pollutant emission inventory guidebook 2013, update July 2014-Civil and military aviation, European Environmental Agency.

European Commission (2011), EU White Paper, Roadmap to a Single European Transport Area-Towards a competitive and resource efficient transport system.

European Parliament (2015), Emission Reduction Targets for International Aviation and Shipping, Study for the ENVI Committee.

Fu, X., T. H. Oum and A. Zhang (2010), "Air Transport Liberalization and Its Impacts on Airline Competition and Air Passenger Traffic", Transportation Journal, Vol. 49/4, pp. 24-41.

Gallet, A. G. and H. Doucouliagos (2014), "The income elasticity of air travel: A meta – analysis", Annals of Tourism Research, Vol. 49, pp. 141-155.

GaWC (2014), The World According to GaWC 2012, list of cities accessible on the web at www. lboro. ac. uk/gawc/world2012t. html.

Hansman et al. (2014), The Impact of Oil Prices on the Air Transportation Industry, Report of the National Center of Excellence for Aviation Operations Research.

ICAO (2013), "Consolidated statement of continuing ICAO policies and practices related to environmental protection-Climate change", ICAO resolution No. A37-19.

ICAO/CAEP (2016), Results of Technical Analyses by CAEP, presented at the ICAO Environment Advisory Group Meeting (EAG/15), January 2016.

ICAO (2016), ICAO Long-Term Traffic Forecasts, Passenger and Cargo, ICAO, July 2016.

IATA (2007), "Aviation Economic Benefits", IATA Economics Briefing No. 8.

IATA (2008), "Air Travel Demand", IATA Economics Briefing No. 9.

IATA (2016), Comments on the cost-impact of the proposed global market-based measure (GMBM), submitted to the High-level meeting on a global market-based measure scheme, ICAO Working paper.

IEA (2016), IEA CO_2 Emissions from Fuel Combustion Statistics, Database, http://dx. doi. org/10. 1787/co2-data-en.

ITF (2014), "Air Service Agreement Liberalisation and Airline Alliances", International Transport Forum Policy Papers, No. 4, OECD Publishing, Paris, http://dx. doi. org/10. 1787/5jlwvzfl vg41-en.

Lieshout, R. and H. Matsumoto (2012), "New international services and the competitiveness of Tokyo International Airport", Journal of Transport Geography, Vol. 22, pp. 53-64.

Southgate, D. (2013), Aviation Carbon Footprint: Global Scheduled International Passenger Flights-2012, published by the author.

Oxford Economic Forecasting (2006), The Economic Contribution of the Aviation Industry to the UK.

Oxford Economics and York Aviation (2013), The Economic Value of International Connectivity, report prepared for Transport for London.

UK CAA (2006), UK-India Air Services: A Case Study in Liberalisation.

UNWTO (2015), Tourism highlights.

Veldhuis, J. (1997), "The competitive position of airline networks", Journal of Air Transport Management, Vol. 3/4, pp. 181-188.

附录 4. A:国际航空旅客运输模型

4. A. 1　客运需求预测:建模框架

根据不同的网络演化情景,国际航空客运模型预测了到 2050 年的国际客运量。该模型的结构组织围绕三个主要组成部分:用于估计起终点需求的重力模型、路线选择模型、网络演化模型。另外,还有一个模块可用于评估二氧化碳排放。图 4. A1 描述了模型的功能。

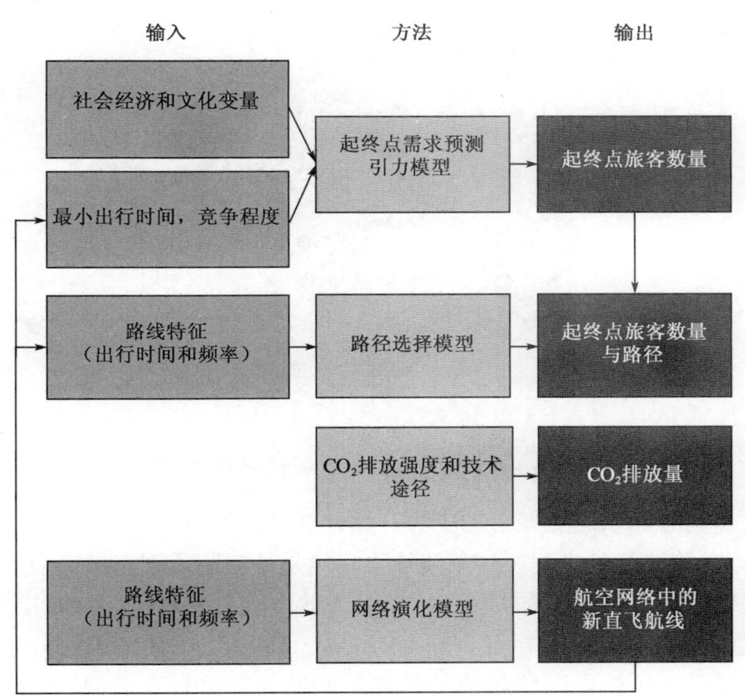

图 4. A1　ITF 国际航空模型示意图

重力模型通过不同航空运输驱动力来估计起终点的旅客需求。两个地区之间的旅客需求是随社会经济变量变化的函数,这些经济变量是指国内生产总值 GDP、人口或贸易、文化关系(如语言、移民量等)以及两地区之间的广义出行成本等。而广义出行成本是最小出行时间、最低转运量和以价格作为替代参数的竞争水平而变化的函数。

路径选择模型通过分析每个起点和目的地之间的各种可能航线将需求分配到网络上。它由两个步骤组成。首先,根据不同类型路线的服务质量,包括飞行时间、航班频率、竞争水平等数据,使用 Logit 模型将起终点旅客数量分为直达旅客和多程旅客。这样可以为每个起终点的旅客赋予可能的转机次数(0,1 或 2),然后基于飞行时间和航班频率,使用另一个 Logit 模型将各类旅客在所有可能路径间进行划分。

网络扩展模型将两个地区之间直飞航线存在的概率与该地区的经济实力和现有的竞争环境相关联。它属于二项式模型,以存在/不存在直飞航线为因变量,以 GDP、竞争水平和距离为自变量。网络扩展模型结合了与竞争以及低成本运营商的演化发展相关的若干假设。

4.A.2 CO_2 排放量

通过结合符合欧洲环境局数据库的典型飞机类别和 2015 年计划航班,采用自下而上的方式对定期航班的二氧化碳排放量进行计算。数据库包含的每种机型和在各飞机距离范围的平均燃料效率用于计算二氧化碳排放量。

接下来通过对一些航空公司自下而上的计算结果和各航空公司实际发布的二氧化碳预测进行对比,进而对这一系列计算质量进行检查核对,并对发现的差错进行小比例纠正调整。

4.A.3 航空运输的可达性

本书中的可达性指标包括到达 61 个 Alpha 级城市的平均时间。图 4.A2 显示了 Alpha 级城市的地理分布情况,以及我们在衡量可达性过程中作为起点的所有人口在 30 万以上城市的地理分布情况。

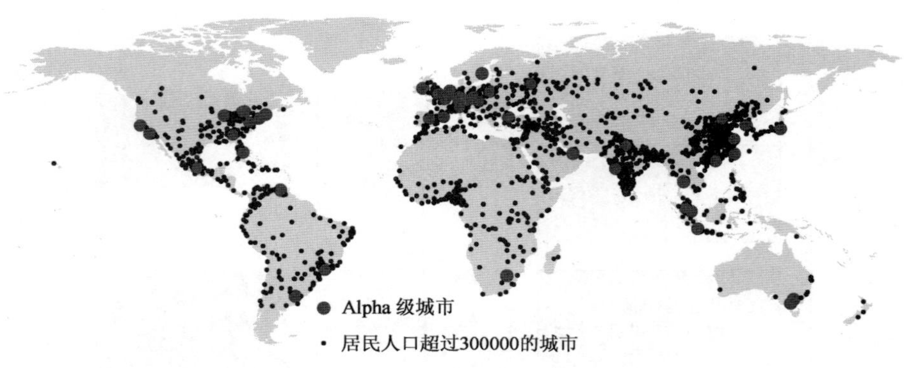

图 4.A2 相关城市和 Alpha 级城市的地理分布图

两个城市之间的出行时间从起点城市的中心开始计算。出行时间包含到达机场的地面路程花费时间,这一点影响着最短总体路径的规划。这条路线不一定是针对距离起点城市最近的机场,还有可能针对另一个距离较远但能提供更好服务的机场(比如服务效率更快更好)。在该出行时间的计算中只考虑年频次超过 300 次的路线。

出行时间仅给出了关于可达性问题的部分解释。两地间的出行互通便利程度还包括许多其他要素,例如航班的频次问题或票价问题等。区域因素、市场类别(商务出行或休闲度假)以及距离因素等,这些组成部分在每个人的出行决定中所起作用是各不相同的。标准建模方法将各影响因素统一考虑在广义出行费用中,旅客在出行中承担的所有费用都是对应旅客兴趣喜好的权重进行加权的总和。虽然这种方法从理论的角度来看相当合理,并且还能为衡量与可达性相关的消费者盈余提供信息,但它却增加了结果解释的难度。

数 据 来 源 表4. A1

名 称	描 述	来 源
航空网络	从直航列表中重建的最多含两个转机点的完整的定期航班网络； 数据还包括运营商以及全业务和低成本运营商的区分情况	Innovata SRS 飞行分析仪
需求	以城市对计的2010年上机旅客数量	ICAO 表 B 和 C 时间表数据(ICAO)
	2015年起终点对旅客数量	各种公开资料
	2014—2015年12个月大型城市对的航线选择。每个城市对在此期间记录所有使用航线的人数以及旅客人数	ICAO 提供的 OAG
航线票价	在2014—2015年12个月期间，在网上提出的请求数据集，包含网站用户提出的10000个起终点对样本的不同起飞和预订日期。请求主要针对客户的价格查询行为而不一定购票	Skyscanner 航班搜索引擎
社会经济变量	总人口、各国城市人口、人口在30万人以上的城市	UN Habitat, WUP2014
	国内生产总值 GDP、各国人均 GDP 预测	OECD 经济署
	语言文化差异	WTO 世界贸易组织
	2010年和2015年国际移民起终点对	联合国经济和社会事务部人口司:迁移数据集
排放量数据	不同机型和飞行距离的燃料燃烧情况	欧洲环境署
	以自下而上的方法校核结果获得的航线排放量	各航空公司网站和 CSR 任报告
路网	所有主干道	开放街道地图

第5章　城市交通

本章介绍了至2050年城市客运交通发展以及相关排放量情况的长期情景分析。其输出结果基于国际运输论坛(ITF)的新型城市交通模型,包括出行分担率、机动性水平,以及 CO_2 和空气污染物排放量。首先是模型框架的建立和分析不同交通方式、环境和技术替代措施对城市交通的影响。接下来通过一种新的方法计算了城市的可达性,并分析了针对可达性的三种政策情景的长期影响。本章以针对亚洲某些城市的案例分析为结尾,将同样的政策情景应用到中国、印度和东南亚的一些城市中。

到2050年,城市居民将在2015年约40亿人的基础上再增加24亿。快速的城市化进程将为城市交通创造大量的新需求,这使提供高效、可持续以及平等的交通运输服务更为困难。快速城市化、收入和私人汽车保有量的持续增长将导致污染排放、交通拥堵和公共健康问题的恶化。在没有实施额外政策的情况下照旧发展,CO_2 排放量在2015—2050年间预计将增长超过26%。这对实现节能减排的目标而言是一个压力,尤其是在发展中国家,该类国家中将增加94%的新城市居民。

同时,城市化速率的加快和城市规模的扩大说明城市交通系统没有足够的能力提供其应有的服务。城市面临着巨大的压力来维护和扩张交通系统,以确保市民能获得良好的服务,同时最小化其负外部性(如拥堵和污染)的影响。只要私人汽车和两轮机动车依然是大部分城市中最快捷的交通方式,政策制定者就依然面临在城市短期经济效率和长期宜居性之间的抉择。

本章提供了全球城市机动性、可达性和排放量的现状和未来展望。其中介绍了三种政策情景,描述了三种城市交通的发展途径:从私人汽车始终保持其在城市交通中优势地位的基准情景,到所有的政策(从交通规划至财政手段)都是实现低碳服务的替代方案。

5.1　城市客运需求模型

人口、城市化和经济发展是客运交通需求的主要驱动力,尤其是以长期总需求的角度来看。人口和城市化趋势表明额外的交通需求将主要集中在发展中经济体的城市群中。根据联合国的预测(联合国,2014),到2050年,世界人口将达到95.5亿人,其中66%(即63.4亿)的人口将居住在城市。城市将需要满足新增的24亿人口的需求,其中94%存在于发展中国家区域。

本《展望》中主要考虑了全球在2014年人口超过30万人的城市,其中联合国对每个城市的未来人口都做了预测(图5.1)。这些城市2015年的人口总量为22亿人,占世界总人口的31%,世界总城市人口的57%。到2050年,这一数值将达到36亿,占世界总人口的比例超过37%,而占世界总城市人口的比例将维持在约56%的稳定水平。本章分析的这些城市人口比例在各区域中也基本保持稳定。

尽管本报告中的这些城市人口占世界总人口的比例低于三分之一,但其国内生产总值(GDP)在2015年占世界GDP的比例超过50%(图5.2)。这一比例将在2030年和2050年分别增至54%和56%。城市区域中GDP的集中程度使城市人口能更快地达到更高的收入水平。举例说明,在中国,2015年北京的人均GDP是国家水平的三倍以上。在大部分发展中地区,由于城市收入水平的基准更高,其增长一般比农村区域增长更为缓慢。到2030年,中国的人均GDP将比2015年约高94%,但北京的增长率约为73%。

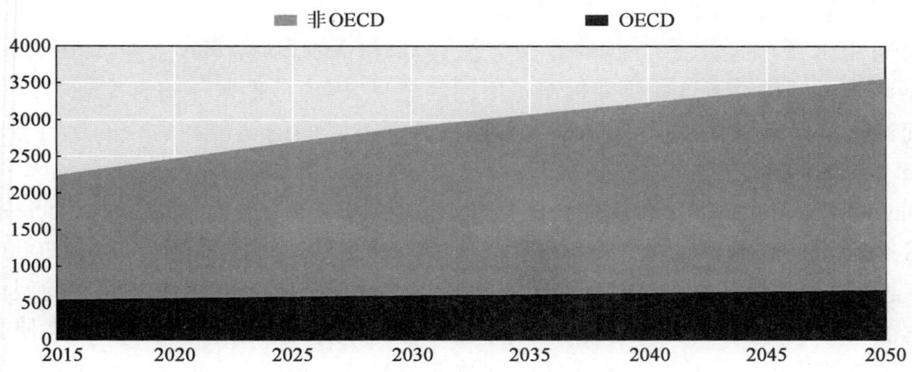

图5.1　超过30万居住人口的城市总人口(百万人)
来源:联合国(2014),世界城市化发展:2014修订版。
数据链接 http://dx.doi.org/10.1787/888933442738。

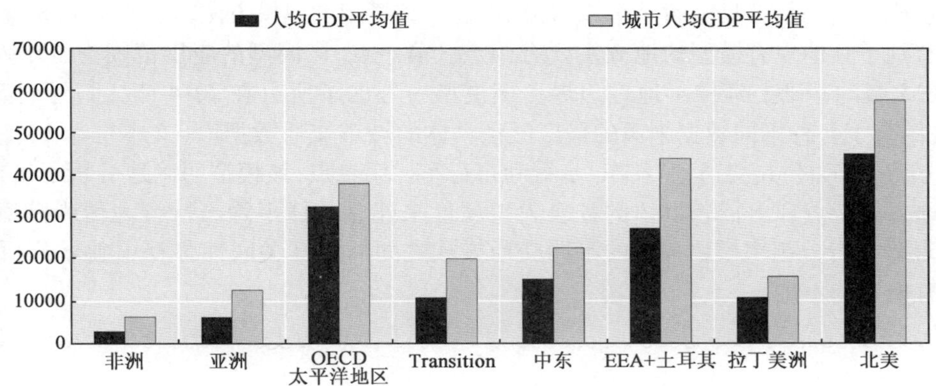

图5.2　不同区域国家的城市人均GDP(2005国际美元)
数据链接 http://dx.doi.org/10.1787/888933442743。

收入增长将会生成交通需求,尤其会对机动车保有量有正效应(见第2章机动车保有量预测)。收入水平在发展中国家增长最快,尤其是亚洲。在中国和印度城市中,人均GDP平均值在2015—2030年间将增长一倍,到2050年该值预计将达到2015年的三倍以上。这些地区的交通需求和机动性模式预计将发生很大的变化,本章结尾的一个章节描述这一问题。

建立全球城市客运交通需求模型

大部分城市客运交通模型仅适用于当地层面。为了描述某个具体区域或城市中人群的出行行为,这些模型(Kitamura等,2000;Mandel等,1997)主要依赖于非常分散的个人数据和方法,但这些数据在全球层面无法获取。城市旅客出行需求预测(如Bowman和Ben－Akiva,2001;Jovicic和Hansen,2003;Vovsha等,2002)目前依赖于详细的相互关联的模块,需要大规模的家庭出行调查和特别的用户偏好调查。这些详细的模型有助于更好地捕捉出行行为,但其结果都仅适用于特定情况,很难应用于其他区域。

该类方法不适用于全球层面的分析。一种常用的全球或国家层面的测算城市客运交通需求、能源消耗和排放量的方法是通过假设车辆平均单位出行距离和燃料经济水平,利用机动车保有量来测算总排放量。这一方法被广泛应用于各个不同交通方式的模型建立,尤其是私家车测算(Daly和Ó Gallachóir,2011;Meyer等,2012;Yan和Crookes,2010))。全球层面针对多式联运的全面分析很少。国际能源署(IEA)的机动性模型(MoMo)即是用于测算和预测至2050年世界各区域所有交通方式的出行指标、能源消耗、污染物排放量和 CO_2 排放量的模型之一(IEA,2015)。

该类模型并不复杂而且不依赖于大量的数据,但是这种交通需求长期预测的有效性有一些不足之处。这类预测完全基于机动车保有量,并没有明确地考虑出行行为。虽然一些学者也针对国家和全球地区层面的交通需求预测运用了类似的建模方法(Cai 和 Xie,2007;Meyer 等,2007;Yan 和 Crookes,2010),但是某些学者还是对于这些研究提出了不同的意见,因为他们基于每种交通方式的增长率独立地推断各种交通工具保有量,所以他们并没有考虑各交通方式间的竞争和潜在的出行方式转移(Schafer,2012;Schafer 和 Victor,1999)。

根据 Zahavi 和 Talvitie(1980)首次提出的概念,很多基于"出行时间预算"和"时间—经济预算"的全球规模研究也在进行。这些研究(Meyer 等,2012;Schafer,1998;Schafer 和 Victor,2000,1999;Singh,2006)主要围绕平均个人每日出行时间和个人交通支出占总消费支出的比例是固定的假设进行。由于旅客行驶里程随着收入增长而增长,出行者必须更换到更为灵活和快捷的交通方式来使其出行时间预算保持稳定。这能够模拟出定价政策和车辆管制政策的影响。但是,这并不适合探究非机动交通方式的使用情况,而且仅适用于非常宏观的层面。尽管在宏观层面上出行预算水平表现得较为稳定,但在不同时间和地点的情况下呈现了非常不同的结果(Mokhtarian 和 Chen,2004)。

ITF 模型是一项通过预测至2050 年出行需求、CO_2 排放量和城市可达性来评价交通、情景和技术替代性政策所造成影响的新工具。附录5. A2 详细描述了该模型的建模方法(见 Chen 和 Kauppila,2017)。

该模型有别于其他现有模型的地方主要有两点。第一点,该模型的应用范围为全球,在《ITF 交通运输展望》2015 版的基础上延伸了地理边界。该模型中考虑了所有在 2014 年人口超过 30 万人的城市,并建立在结合了各种不同数据来源的最广泛且具体的城市交通数据库(文本框 5. 1)。模型分析了 5 种交通方式:私家车、公共交通、摩托车、步行和自行车。第二点,该模型明确地分析了出行行为,其根据不同的交通方式特点和出行者群体的社会人口属性来建立整体平均出行行为预测模型(Koppelman 和 Bhat,2006)。出行分担率模块描述的不同交通方式之间的相互关联性弥补了独立分析各个交通方式发展的现有模型的不足。

文本框 5.1　城市交通数据库

模型中使用的数据库包含联合国(2014)报告《世界城市化发展:2014 修订版》中列出的 1692 个城市。在合并了属于同一城市群的城市后(如比勒陀利亚和约翰内斯堡),得出了 1557 个城市。每个城市的边界都来源于全球建成区参考图层(BUREF,2010;Pesaresi 和 Carneiro Freire Sergio,2014),并补充参考了 LANDSAT 2010 中基于空间的土地远程遥感数据。其他地理信息系统数据资源,如道路和公共交通供应数据,都来源于这份全球城市边界图层和开源的 Open Street Map 图层的交叉融合。

模型数据集包含每个城市的主要经济社会指标,如 GDP、人口和区域面积。城市层级的 GDP 是通过 LANDSAT 2010 中的 GDP 分布地图将国家 GDP 值重新分配至城市而得到的,地图中的 GDP 信息以单位平方公里的分辨率存储在每个单元格里。根据每个国家城市群表现出的人口集中度与 GDP 集中度之间的关系,未来城市 GDP 可以通过应用国家 GDP 增长率的 S 形曲线测算而得。当城市群较小时,GDP 和人口集中度之间的弹性系数较低,而随着人口增长弹性系数也会增长。最终,当城市群规模变得非常大时,人口集中度的边际效应开始降低。

为了分析交通需求,数据库中很大一组城市中都增加了需求相关的指标:运输费用、停车成本、平均车辆占有量、出行分担率、平均出行距离、出行率等。这些信息通过分析多重数据来源得到,包括可获取的城市居住人口调查(见附录5. A 中的表 5. A. 1. 1)。最终结果数据库是一个基于 2010 年包含 1557 个城市群的一个综合性横截面数据库。

5.2　交通政策情景

本《展望》评估了三种不同的未来城市客运交通情景下政策措施的影响：基准情景、强力管制情景（ROG），以及综合土地利用和交通规划情景（LUT）。本节中叙述的政策措施包括，土地利用规划、公共交通发展、经济手段和政府管制应用于所有相关城市区域。外在驱动因素如城市化、人口和收入增长在各政策情景下是相同的。

5.2.1　基准情景

在基准情景下，在2015—2050年间没有实施任何旨在影响出行需求和减少CO_2排放的措施。本情景构成了城市交通行业中关于出行需求和CO_2排放的对照情景，用于测算所施加的政策效率并比较不同的情景下的结果。本情景中假设机动车保有量、道路供给、公共交通供给、交通费用结构和城市区域增长都将维持原有的趋势发展。每一项发展趋势分别是从子模型校准所得。例如，公共交通供给量将继续以历史数据中观察到的与人口和人均GDP之间的关系增长。更多数据之间关系的细节描述可见附录5.A2。

在国际能源署（IEA）最新交通模型中的4℃情景（4DS）下，高级车辆技术和可替代能源以相对较低的速度在市场中渗透。4℃情景（4DS）考虑了各国最近在节能减排领域的承诺，将帮助各国将温度长期上升值限制在4℃以内。从很多角度来看，4DS的目标已经非常具有野心，需要各国在政策和技术上做出重大变革。例如，完成这一目标需要全球客车平均上路行驶能源效率在2050年达到百公里油耗6.4升，而2015年该百公里油耗值为10.3升。

5.2.2　ROG 情景

强力管制情景（ROG）假设地方政府将起到更积极的作用，政府将采取定价和监管政策来减少2020年后私家车的保有量和使用量。现有研究已经证明严格的定价战略十分有效。例如，Meyer（1999）研究了不同交通需求管理措施的效用，并且总结出哪些使得私家车使用成本增加的措施最为有效。Greening（2004）进行的一项跨国研究表明，油价和强有力的政府车辆管制政策和燃油税政策将极大地影响出行需求，从私家车辆转移至低碳出行方式。公共交通需求研究中发现改变公共交通费用、停车成本和机动车保有量是刺激公共交通用量的最有效的方法（Litman，2004；Paulley 等，2006）。

根据这些研究结果，我们假设在ROG情景下每个城市都实施了有关油价、燃油税、车购税、车辆费用、停车成本和公共交通票价的政策。每项政策措施的解释如下：

（1）公共交通价格子模型估算了单程公共交通票价与每个国家人均GDP之间的弹性系数。在此情景下，票价增长遵循区域弹性系数的最小值。

（2）2030年，我们假设每个国家的燃油价格为每桶120美元（实际美元值，2005）。该价格可能由高税收、高油价或两者结合导致。2030—2050年间油价增长率假设与基准情景下相同。

（3）停车成本比基准情景下高50%。

（4）政府从国家层面采取对车辆注册成本、购置成本、运营成本及其他成本的管制，用于降低车辆保有量，但不会采取与中国某些城市相同的车辆限制政策（见亚洲城市小节）。车辆保有量与人均GDP之间的弹性系数低于基准情景。

（5）城市面积和公共交通供给量（包括城市轨道交通）随基准情景下的人口和收入增长。

（6）道路供给量遵循基于需求的增长策略：为了服务新的城市区域，将会新建更多道路。但是，与基准情景不同的是，更高的GDP增长水平不会导致道路网络的扩张，从而导致更高车辆保有量。

(7)本情景下的车辆载荷系数、燃料效率标准、高级汽车和可替代能源的市场渗透程度反映了国际能源署(IEA)最新 MoMo 模型中的2℃情景(2DS)下的假设。2DS 指定了一条能源系统发展和排放量趋势变化的途径,并且符合控制平均全球温度增长至少有50%的几率在2℃以内的限制条件。全球客车平均上路行驶能源效率在2050年将达到4.4升,低于基准情景下的6.4升。

5.2.3 LUT 情景

在 ROG 情景的政策措施基础上,综合土地利用和交通规划(LUT)情景假设优先实施可持续城市交通发展和联合土地利用政策。由于土地利用和交通规划决策会相互影响,所以两者的协作和整合是可持续发展的先决条件已经成为共识(Geerlings 和 Stead,2003)。与 ROG 情景不同的是,LUT 情景中预计公共交通的供给量会更高,城市轨道交通将大规模建设,并且城市的无序扩张会被限制。

更好的公共交通选项与更为集约的城市发展相结合,将直接导致公共交通使用量的增加以及出行距离的降低。很多研究发现公共交通导向发展(TOD)的应用对城市可持续发展有正面影响。Cervero 和 Arrington(2008)在美国5个大都会区域中调研了 TOD 的案例,并发现这些区域中居民私家车出行的比例非常低。Wang 等(2016)确定人口集中将有助于提升公共交通的出行分担率,减少私家车的出行分担率,并降低平均出行距离。

TOD 政策往往应用与小区层面,所以很难从城市层级定义类似的政策。但是,有证据表明土地利用要素对出行行为有累积和协同的影响,如密度、混合土地利用、公共交通可达性或停车限制(Litman,2016;Litman 和 Burwell,2006)。尽管不同类型的密度指数结果有不同,但大部分证据表明密度与城市中的人均车辆出行呈负相关。Newman 和 Kenworthy(2011)的研究表明,在58个高收入城市中密度和车辆出行之间的关系非常密切,密度的缓慢增长就会导致车辆出行的大量下滑。邻近度将减少出行至目的地的距离,并且降低使用私家车的必要性(Banister,2008)。Chattopadhyay 和 Taylor(2012)发现美国城市住宅密度、人均就业机会和公共交通基础设施每增长10%,就会导致城市区域中平均每个家庭的车辆行驶里程降低20%。

密度增加还会使大规模公共交通系统更具有可行性,增加公共交通的出行分担率,鼓励非机动车出行(Holz - Rau 等,2014)。

LUT 情景下的额外政策反映出了这些研究结果,它们在模型中表现如下:

(1)在全世界的所有区域,公共交通供给量随人口的扩张率遵循在欧洲发现的规律,这一扩张率是所有区域中最高的。

(2)各区域建设城市轨道交通系统需要的人口密度与人均 GDP 临界点比基准情景低20%。

(3)城市区域面积在2020年后保持稳定。基准情景中城市密度保持稳定,而本情景中2015—2050年间城市密度增长率根据区域不同在20%~83%。最高的增长率出现在非洲,其人口增长率也最高。

三种不同城市客运交通政策情景说明见表5.1。

三种不同城市客运交通政策情景说明　　表5.1

控制变量	基准情景	强力管制情景	综合土地利用与城市规划情景
GDP	常规趋势	常规趋势	常规趋势
人口	常规趋势	常规趋势	常规趋势
城市化	常规趋势	常规趋势	常规趋势
机动车保有量	常规趋势	少量增长	少量增长
道路供给量	常规趋势	基于需求的扩张	基于需求的扩张
公共交通场站供给量	常规趋势	常规趋势	欧盟扩张模式
城市轨道交通	常规趋势	常规趋势	低人均 GDP 和人口临界值

续上表

控制变量	基准情景	强力管制情景	综合土地利用与城市规划情景
燃料价格	目前油价 + IEA-MoMo 模型-4DS	目前油价 + 高税率	目前油价 + 高税率
停车成本	常规趋势	所有国家提高 50%	所有国家提高 50%
公共交通票价	常规趋势	票价相对人均 GDP 弹性系数低	票价相对人均 GDP 弹性系数低
城市扩张程度	常规趋势	常规趋势	稳定城市区域
载荷系数	IEA-MoMo 模型-4DS	IEA-MoMo 模型-2DS	IEA-MoMo 模型-2DS
能源强度	IEA-MoMo 模型-4DS	IEA-MoMo 模型-2DS	IEA-MoMo 模型-2DS
碳排放强度	IEA-MoMo 模型-4DS	IEA-MoMo 模型-2DS	IEA-MoMo 模型-2DS
局域污染物标准	ICCT-基准	ICCT-基准	ICCT-基准

5.3 至 2050 年城市客运机动性

不同的政策情景表现了采取不同的方法满足由人口和收入增长带来的交通需求。总客运周转量在所有情景中的数量级相同，是反映城市人口交通需求的常用数据。但是，基准情景和 LUT 情景中的出行模式分担率有显著的差别，基准情景中的私人交通分担率（尤其是私家车）持续增长，而 LUT 情景中很多区域的公共交通成为最主要的交通方式。以下段落详细讨论了这些要素，而接下来的章节将评价不同情景中排放量的结果。

5.3.1 出行模式分担率

在基准情景中，私家车的分担率在所有发展中区域内都保持增长趋势，但在发达经济体中略有下降。

不同区域内城市车辆分担率见图 5.3。

亚洲和北美不同交通方式周转量见图 5.4。

不同区域私家车和公共交通分担率见表 5.2。

不同区域私家车和公共交通分担率（占所有出行的比例） 表 5.2

	私家车				公共交通			
	2015	2050			2015	2050		
区域		基准	ROG	LUT		基准	ROG	LUT
非洲	20.2	27.4	9.8	7.4	27.1	25.1	64.3	71.0
亚洲	28.3	40.3	19.2	16.2	23.8	20.6	56.3	61.7
EEA + 土耳其	56.4	44.4	19.7	18.4	19.4	24.9	49.9	52.7
拉丁美洲	40.5	42.4	24.6	21.7	22.1	21.3	47.4	52.0
中东	54.6	56.3	38.8	35.5	15.9	15.9	37.8	42.4
北美	81.2	76.1	61.1	60.5	7.0	9.5	20.9	21.6
OECD 太平洋地区	59.6	48.9	24.1	23.4	16.8	22.0	46.2	47.8
过渡区	54.4	57.9	26.3	22.9	23.5	21.7	57.5	62.5

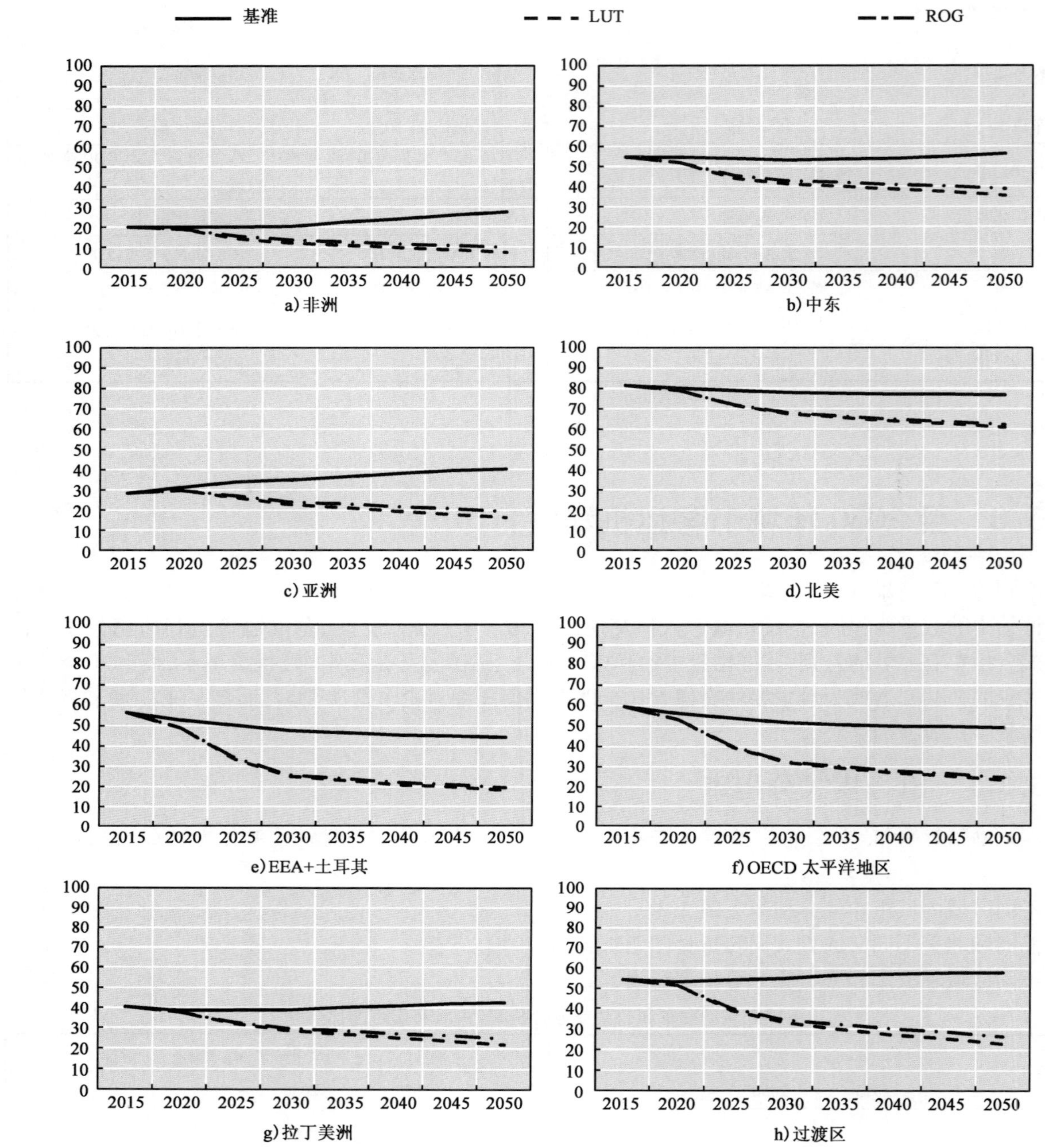

基准 LUT ROG

a）非洲

b）中东

c）亚洲

d）北美

e）EEA+土耳其

f）OECD 太平洋地区

g）拉丁美洲

h）过渡区

图 5.3 不同区域内城市车辆分担率

（占所有出行的比例，基准情景，强力管制（ROG）情景和综合土地利用与交通规划（LUT）情景）

数据链接：http://dx.doi.org/10.1787/888933442752。

发展中国家的公共交通、摩托车和非机动车出行方式分担率在2050年前预计将会降低，表明发展中区域的城市居民将有更多会选择私家车出行方式。在预测期末，私家车将成为世界所有区域中城市交通的主导方式。

私家车分担率增长最快的区域在亚洲，其平均分担率达到了40%，是2015年的1.5倍。中国和印度的分担率是亚洲国家中最高的。其他一些国家的分担率紧随其后，平均值从2015年的30%上升至2050年的41%。在发达区域，我们观察到私家车分担率出现了自然下降。

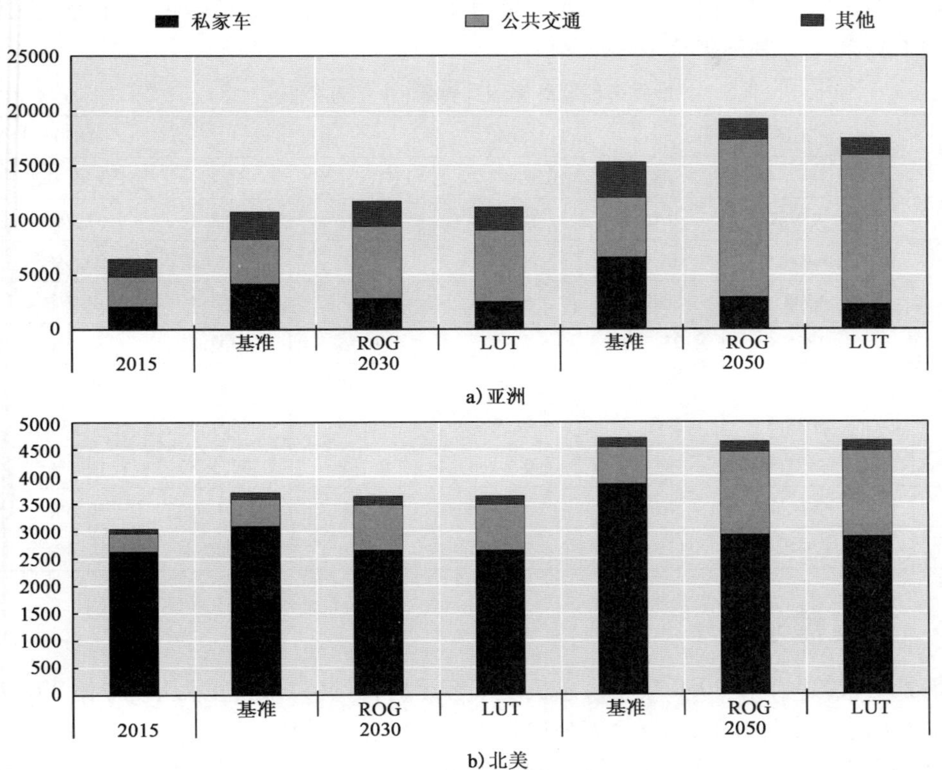

图 5.4　亚洲和北美不同交通方式周转量(十亿人公里)

数据链接 http://dx.doi.org/10.1787/888933442760。

在欧洲,私家车分担率在 2015—2050 年间将下降 12%。在北美,该下降比例为 5%。在发达区域,行为因素的影响超过了纯粹的外部增长因素,在交通需求增长率持续保持较低水平的同时,之前的私家车用户转向选择公共交通或非机动出行方式。这与最近在某些高收入国家(如英国)发现的人均每日出行需求与收入无关的现象相符合(Metz,2012,2010)。在很多拥有大型公共交通网络的欧洲大城市中,对私家车使用的施压导致私家车模式分担率下降(TfL,2010,OMNIL,2012)。

在 ROG 情景下,所有区域中私家车的使用量较低,因为该情景下道路网络的扩张率较低,而且其价格政策很严格,导致了机动车购买和使用的固定及可变成本增加。2030 年整体私家车出行分担率开始降低,除了中国和印度,由于收入的快速增长使得这两个国家的私家车出行分担率持续上升。到 2050 年,公共交通将成为各区域城市交通的主导方式,除了北美地区,该区域的私家车分担率依然维持在 61% 左右。

ROG 情景下所有发展中地区的摩托车分担率均处于下降趋势,出行者将转向选择公共交通方式。出现这种情况有两个原因。第一个原因是人均 GDP 增长,高收入的出行者倾向于选择更安全和便捷的交通方式(Wen 等,2012)。第二个原因是 ROG 情景下严苛的价格政策导致摩托车和小汽车的使用成本增加,而公共交通变得更便宜和有吸引力。

另一个能解释公共交通使用量增加的要素是非机动车用户转向使用公共交通,尤其在发展中地区,其主要原因有二。首先,由于收入的增长,交通需求向更快捷的方向发展。2015 年,OECD 国家中的平均出行距离是非 OECD 经济体中的三倍;2050 年该比例降为两倍。其次,城市扩张导致城市居民出行距离的提升,降低了步行和自行车出行的可行性,鼓励用户转向选择机动出行方式。步行和自行车出行将成为公共交通的有效补充模式,满足短途出行的要求。

在 LUT 情景下,由于土地扩张控制、人口密度增加、公共交通网络覆盖率增加,以及轨道交通建设扩张,这些额外的土地利用规划与 TOD 政策将巩固公共交通的地位,并且进一步降低私家车用量。发展中地区比发达地区更容易受到 LUT 政策的影响,因为发展中地区的城市没有发达地区成熟。至 2050

年，亚洲发展中国家的私家车分担率将比 ROG 情景下低 3 个百分点。该数值在北美地区仅为 1.2，在欧洲经济区（EEA）和土耳其地区为 1.3。

世界各地区总客运周转量（十亿人公里） 表 5.3

地　　区	2015	2030			2050		
		基准	ROGvs 基准	LUTvs 基准	基准	ROGvs 基准	LUTvs 基准
非洲	989.8	2016.5	12.1%	0.0%	3788.1	37.7%	6.5%
亚洲	6476.6	10785.2	8.9%	3.8%	15281.5	25.6%	13.9%
EEA + 土耳其	1699.5	2047.4	5.4%	3.7%	2484.1	13.2%	8.3%
拉丁美洲	1875.0	2513.8	4.3%	-0.1%	3397.8	17.5%	7.8%
中东	431.3	712.4	2.4%	-4.8%	1106.5	9.6%	-7.3%
北美	3039.3	3704.7	-1.9%	-1.8%	4701.9	-1.3%	-1.0%
OECD 太平洋地区	2975.1	3152.9	0.3%	0.7%	3375.8	10.5%	11.8%
过渡区	504.6	567.3	5.2%	4.8%	764.7	16.5%	7.4%
世界	17991.3	25500.1	5.5%	1.7%	34900.4	19.4%	9.1%

5.3.2 交通需求

在基准情景下，2030 年和 2050 年城市总机动车客运周转量（以人公里为单位）比 2015 年分别提高 42% 和 94%，其绝对值分别为 25.5 万亿人公里和 34.9 万亿人公里。

ROG 情景下的政策措施对总客运周转量的水平影响不大。在交通需求增长迅速的发展中国家，通过提高公共交通的数量和质量并降低其成本能够显著提升公共交通运量，从而极大地提升客运周转量水平。公共交通变得更为廉价，使得机动出行方式能服务于更多的人。因此，这些地区的客运周转量水平高于基准情景。基准情景下人们对私家车的依赖限制了机动化客运周转量的增长。与此相反，在高度机动化的发达地区，公共交通需要补偿私家车使用成本带来的影响（图 5.4）。如果实行了私家车限制政策而公共交通系统却没有明显的改善，整体客运周转量水平仍将降低。

在 LUT 情景下，机动性需求通过采取脱碳交通方式和减少出行距离来满足。LUT 情景下的总体旅客出行距离指标低于 ROG 情景，因为城市区域规模的控制使得城市扩张减缓，人口密度增加和更多的公共交通导向发展模式（TOD），从而有效地减少了出行距离。

5.4 至 2050 年城市交通排放

城市交通排放受到社会的广泛关注，因为局域空气污染物排放将对居民健康产生很大的影响。比起 CO_2 排放，室外空气质量对于城市居民而言是更为直接的关注点，而且成为很多讨论和政策的主题。政策范围涵盖了从直接或非直接的车辆使用限制到新车能效标准。但是，城市交通对气候变化的影响不容忽视。本研究中所有城市群的总 CO_2 排放量在基准年达到 1639 百万吨（Mt），占全球地面客运 CO_2 排放量的一半以上。

5.4.1 CO_2 排放量

在基准情景下，2050 年大城市的总 CO_2 排放量水平比 2015 年高 26%（419Mt）。CO_2 排放量在 2015—2030 年间没有变化，原因是在接下来的十年中燃料使用效率预计将显著提升，而且直至 2020 年经济增长水平预计不会太高（见第 1 章中有关短期宏观经济预测的详述）。

但是，基于 IEA MoMo 模型中 4DS 情景下的有关车辆技术与燃料效率的假设，排放量将在 2030 年之后重新开始增长。2015—2030 年间世界范围内上路行驶的轻型载客汽车的平均燃料效率将提升 29%，但该比例在 2030—2050 年间仅为 14%。该技术进步的速度不足以抵偿 2030—2050 年间交通需求的增长。

ROG 情景下采取的政策干预将极大地缓减城市客运交通领域的 CO_2 排放量，尤其是严苛的私家车价格政策、降低公共交通票价以及提高车辆技术水平。仅依靠 ROG 中的政策措施，2030 年和 2050 年比基准情景减少的 CO_2 排放量预计将分别达到 397 百万吨和 886 百万吨。LUT 情景下引入的额外政策将使 CO_2 排放量在 2030 年和 2050 年额外降低 48 百万吨和 104 百万吨。在最有效的政策情景 LUT 中，全球城市交通领域的 CO_2 排放量在 2030 年和 2050 年将分别比 2015 年的水平降低 26% 和 35%。

私家车是城市中 CO_2 排放量的最主要贡献者，占据 2015 年所有排放量的 82%，2030 年和 2050 年该比例约为 75%。在实施 ROG 和 LUT 情景下的政策措施后，私家车的贡献率在 2050 年降低至 40%。

在基准情景下，公交车和摩托车排放量在基准年占据城市交通总排放量的比例分别为 11% 和 7%，这一比例在 2030 年上升至 15% 和 10%，并且 2050 年前基本保持稳定。在 ROG 和 LUT 情景下，公交车对总排放量的贡献率有所提升，因为这两种情景下公共交通供应增加而私家车排放量有所降低。在 ROG 情景下，2050 年公交车与私家车排放量相同；在 LUT 情景下，2050 年公交车甚至成为 CO_2 排放量的最主要贡献者。在此模型中，城市轨道交通的 CO_2 排放量为零，因为仅考虑了汽油车的 CO_2 排放量，而城市轨道交通被认为是纯电动的。应用生命周期分析将提高城市轨道交通的 CO_2 排放量，尤其是在印度和非洲，IEA 预计在这两个地区的电力生产在 2050 年前都将产生大量的碳排放。

ROG 和 LUT 情景下的科技措施对于减缓 CO_2 排放量的影响至关重要。图 5.6 显示了 2030 年和 2050 年两种情景下不同类型的措施能够减少的 CO_2 排放量。仅靠科技措施在 2030 年和 2050 年相比于 2015 年能够减少全球城市 CO_2 排放量的比例分别为 15% 和 22%。

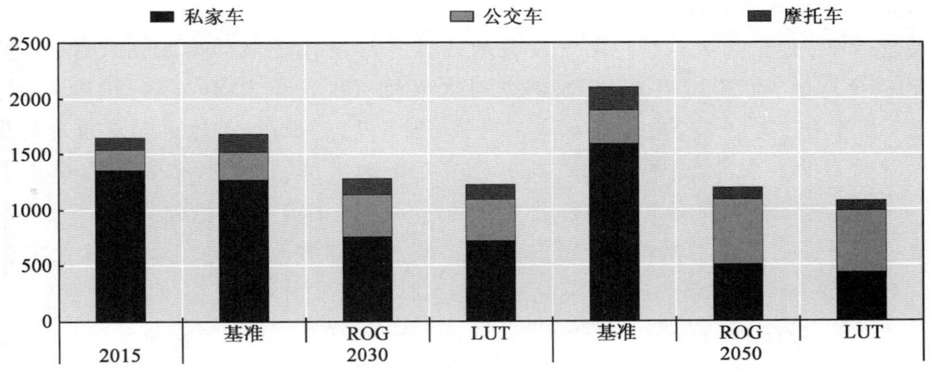

图 5.5　不同城市交通方式的 CO_2 排放量（百万吨）

数据链接 http://dx.doi.org/10.1787/888933442770。

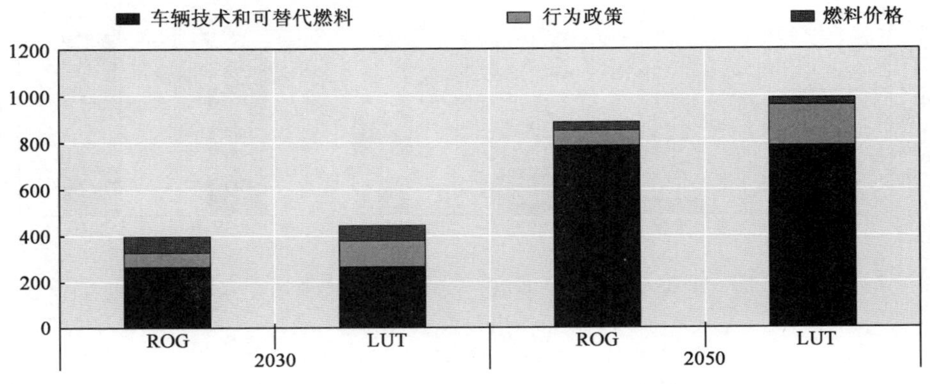

图 5.6　不同措施的减排潜力（城市 CO_2 减排量，百万吨）

数据链接 http://dx.doi.org/10.1787/888933442780。

本《展望》中讨论的出行行为变化也会对排放量造成影响(如:LUT 情景下 2050 年的 CO_2 排放量将比基准年降低 11%),而且它们是对抗拥堵与健康问题的关键。但是,重视出行行为变化在对抗气候变化中的作用往往忽视了来自于低收入国家的经济发展所带来的交通需求量激增。即使是在 LUT 情景下,尽管实行了严格的政策,私家车运量在所有发展中地区都在增长。城市交通领域的完全脱碳化需要在出行方式上进行巨大的变革,这一变革的程度要远高于世界范围内目前采取的变革程度。这些变革包括在城市中收取更高的私家车税费,或提高可替代燃料的市场渗透度。

在实施 ROG 情景下的所有政策的基础上,若提高电动汽车占城市总车辆的比例至 65%,则能使 2050 年的排放量降为 2015 年排放量水平的一半,这一减排目标仅在所有的政策都支持电动汽车的发展条件下才可能达成(见文本框 5.2)。

文本框 5.2　IEA 电动车辆展望

全球范围内各类型电动车辆的推广使用是满足可持续发展目标必要措施中的一部分,与之一并的措施还有以减少出行距离为目标的城市结构优化以及向公共交通的模式转换。电动车辆行动中的目标号召全球在 2020 年前全球电动车辆总数达到 2000 万辆。巴黎宣言中有关电动出行和气候变化以及相关行动纲领设立了一个在 2030 年达到 1 亿辆电动汽车和 4 亿辆电动两轮和三轮车的应用目标。

目前的电动车销售量还不是很高。2015 年,全球电动车存量达到 130 万辆,是 2014 年的存量近 2 倍(IEA,2016a)。尽管电动车数在全球总车辆数的占比仅为 0.1%,但从历史趋势来看这已经是很大的进步。电动车销售量的增长还伴随着电动车供应设备的增长。近期电动车的快速发展是持续技术进步和实施支持政策的结果。

在新政策情景下,更多电动车型和充电设施的选择将继续促进电动车应用发展:电动车存量将以每年 50% 的速度增长,至 2020 年和 2025 年分别达到约 900 万和 3000 万辆;2040 年前,全球电动车存量将超过 1.5 亿辆,其中三分之二是插电混合式(图 5.7)。但是,全球电动车市场的发展对于燃料消耗仅有少量的影响。实际上,尽管电池成本已有显著的下降,但电动车依然很难竞争赢传统车辆,因为其投资回报期较长。拥有更高年行驶里程的营运车辆的投资回报期更短,如出租车、公车或共享车辆。这些有更高行驶里程的车辆,它们的 CO_2 减排量非常重要,在各减排政策中需要得到优先考虑。

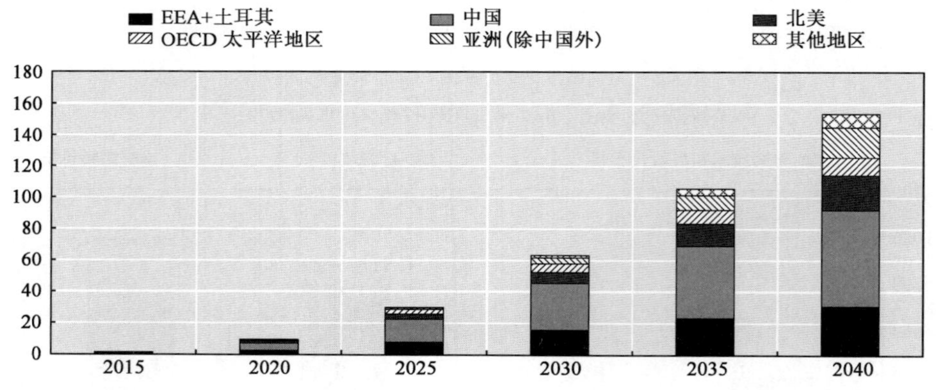

图 5.7　2015—2040 年各区域电动车存量(IEA 新政策情景,百万辆)

来源:IEA(2016),世界能源展望。

数据链接 http://dx.doi.org/10.1787/888933442790。

尽管发展中经济体的排放量增长率很高,但在2050年其人均CO_2排放量仍然仅为OECD国家的三分之一。在基准情景下,OECD国家的城市居民2050年交通出行平均将排放1.2吨CO_2,而非OECD国家的居民平均排放量仅为0.4吨。无论是2015年还是2050年,非OECD国家的平均CO_2排放强度(每公里排放量)也较低,因为这些地区的非机动出行方式更为普遍。

表5.4中显示了各不同地区的城市交通CO_2排放量。在基准情景下,CO_2排放量在非洲的增长率最高,其2050年的水平预计是2015年的3倍。但是,绝对值增长最多的地区是中国和印度。这两个国家排放量增加值为297百万吨。在ROG情景下,所有地区的CO_2排放量都有显著下降。CO_2减排潜力最大的地区是北美、中国和印度,因为北美私家车使用非常普遍,而中国和印度有很高的机动化发展潜力。

不同地区的城市CO_2排放量百万吨 表5.4

项　目	2015	2030				2050			
		基准	ROG	LUT	LUTvsROG	基准	ROG	LUT	LUTvsROG
非洲	41.9	75.3	60.3	52.8	-12.4%	155.7	76.5	59.9	-21.7%
亚洲	323.4	510.1	401.7	376.9	-6.2%	760.3	437.2	385.8	-11.8%
EEA+土耳其	163.8	134.5	109.3	107.0	-2.1%	132.8	96.1	90.9	-5.3%
拉丁美洲	133.5	161.3	133.7	126.9	-5.1%	216.4	141.5	126.6	-10.6%
中东	45.2	70.5	59.2	54.5	-7.9%	118.7	72.2	60.2	-16.7%
北美洲	592.6	469.8	344.1	343.5	-0.2%	457.1	238.1	237.7	-0.2%
OECD太平洋地区	303.8	202.2	129.2	128.9	-0.2%	168.2	88.5	88.2	-0.4%
过渡区	34.9	35.3	24.1	23.5	-2.7%	49.5	22.5	19.7	-12.2%
世界	1639.1	1659.0	1261.6	1214.0	-3.8%	2058.5	1172.5	1069.0	-8.8%

LUT情景下施加的城市政策会对发展中地区产生很深的影响(如:2050年将为非洲增加22%的减排量)。在发达经济体中,LUT情景下政策的影响可能微乎其微。在欧洲、日本和韩国,其原因是这些地区的公共交通基础设施已经处于(较)高的水平。在北美、澳大利亚和新西兰,CO_2减排潜力较低是因为价格政策或公共交通供应的变化对交通方式转换的影响较低。

5.4.2 局域空气污染物

除了对气候变化产生影响外,城市交通还会造成局域空气污染,尤其是NO_x、SO_4和颗粒物(PM)的排放,从而产生严重的健康问题,包括心血管和呼吸道疾病以及各种不同的癌症。这些问题的影响范围非常广泛,世界卫生组织估计世界有90%以上的人口生活在污染超过其健康生活标准的地区(WHO,2016)。

城市活动对CO_2和局域空气污染的影响并不一定相关。尽管CO_2排放量与燃料消耗呈固定比例相关,但每升燃料的排放气体中污染物的含量可能相差很大。历史上的管理规定主要都在于尾气排放限制,因为我们假设消费者压力会造成燃料使用效率的提升,并减少CO_2排放量。局域污染物排放在实验中和实际路况中存在不同(Franco等,2014)。2014年欧盟提高了客车的PM排放量标准,即PM排放量需要比1996年少一百倍。预计最新的排放控制措施将减少99%的发动机污染物排放(Chambliss等,2013)。

为了计算这三种情景下城市交通产生的污染物排放量,本《展望》使用了国际清洁交通委员会中Roadmap模型的排放量因子(ICCT,2014)。Roadmap模型中还包括2030年前车辆燃料效率标准的预期变化以及它们在所有车辆中的应用情况。

图5.8中展示了2015—2030年间不同地区污染物排放量的变化情况。在基准情景下，SO_4 和 NO_x 的排放量保持缓慢增长，而PM2.5的排放量却在降低。该情景下的私家车运量增长最多，但却变得更环保。在公共交通发展更快的情景下，所有污染物排放量都增长得更多，因为新建的公共交通出行方式替代了更多私家车的运力（图5.9）。柴油公交车是很多国家（尤其是发展中国家）中公交车的主要车型，其排放因子比小汽车要高很多所以并不环保。例如中国的柴油公交车2015年平均每公里的 NO_x 排放量为7.7克，2030年为5.7克，而汽油私家车的排放量在2015和2030年分别为每公里0.1克和0.03克。

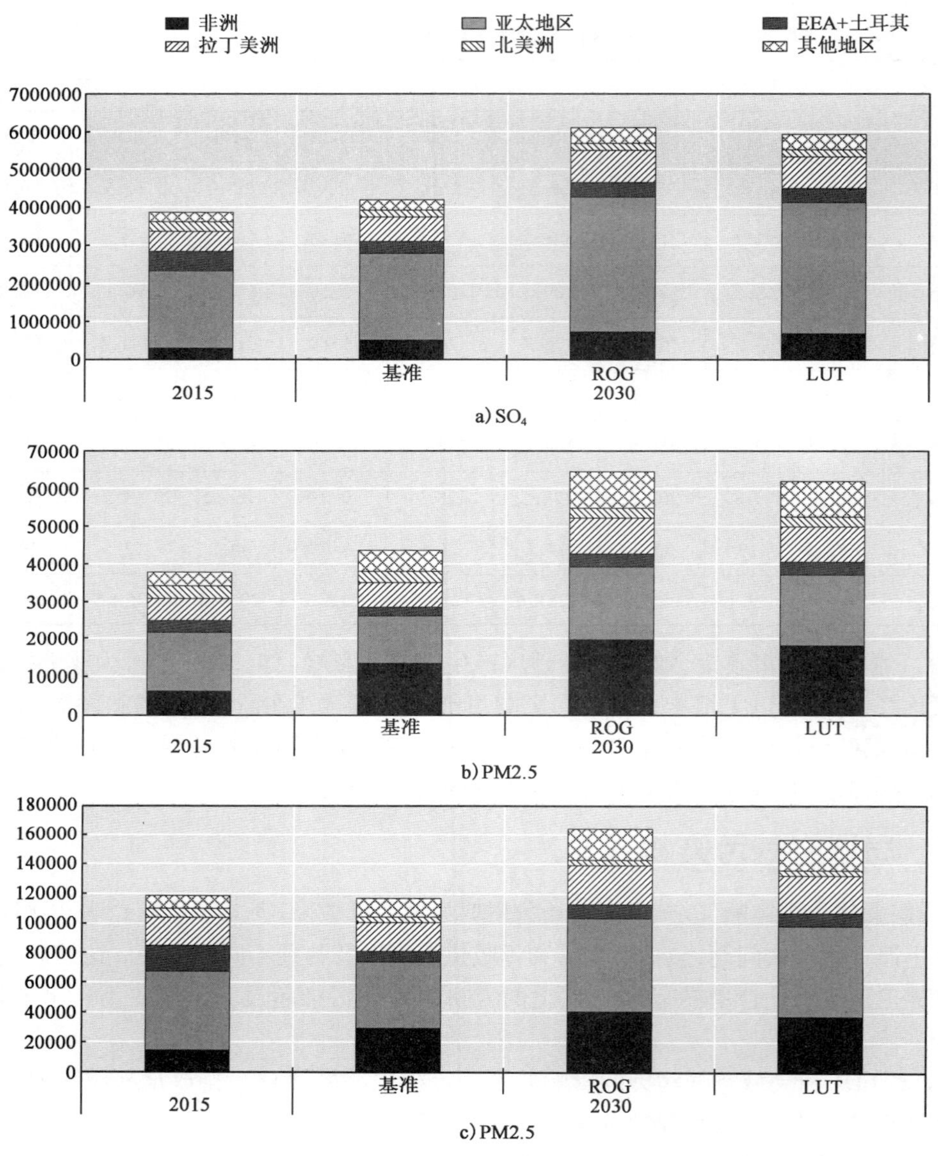

图5.8　不同地区 NO_x、SO_4 和PM2.5排放量（千吨）

数据链接 http://dx.doi.org/10.1787/888933442803。

由于交通只是局域空气污染物的贡献者之一，因此很难预测这些情景下的健康影响。其他几项因素，如城市地形和气候，以及工业发展情况都将对预测造成影响。在工业污染非常严重的地区，如煤炭工厂附近，交通分担率仅为三分之一（北京市情景保护局，2014）。但是，我们的预测显示大部分排放量增长都发生在发展中国家,很多城市已经被空气污染所包围。任何额外的排放量都可能造成严重的健康问题。为了建设清洁的公共交通系统,需要付出更多的努力,尤其是在无法建设轨道交通的中型城市,例如逐步引入新能源公交或制定连贯的规划政策。在 LUT 情景下,平均出行距离降低会导致污染物排放量的减少。

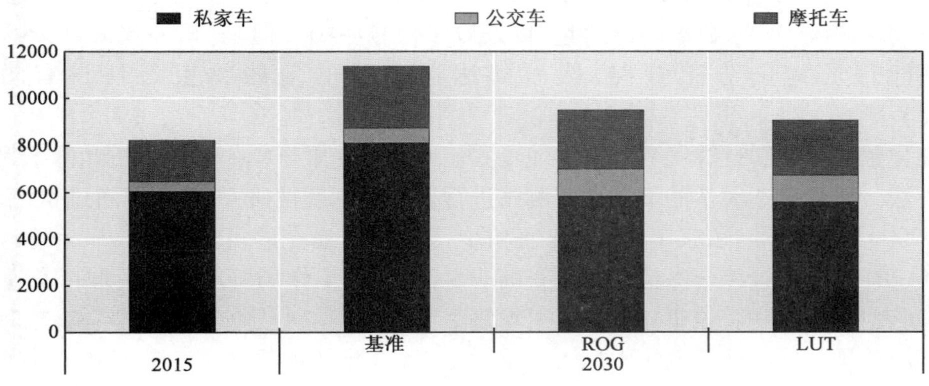

图 5.9 不同交通方式车辆使用情况(十亿车公里)

数据链接 http://dx.doi.org/10.1787/888933442815。

5.5 可达性

用于处理城市机动化交通增长的外部性的政策措施对改变可持续城市交通未来发展至关重要。本章之前提到的政策情景(ROT 和 LUT)不仅对城市交通模式产生影响。它们还影响城市中的居民、工作和其他城市功能的可达性。

但是,可达性只是从某种程度而言是机动性的一部分。传统的城市交通设计主要关注于节省出行时间和缓解拥堵。根据这一传统观念,交通规划的目标是在用户的有限时间和经济预算内最大化其出行距离。但是,越来越多的人以为表示这不是交通的真实目的,其目标应当是为就业、商品或服务机会提供可达性。在转变观念后,我们需要重新审视能够联结交通和土地利用政策与规划的治理和经济模型。

提高可达性,而不仅仅是机动性,对于可持续和包容性城市发展至关重要。在一项关于建成区环境对出行行为影响的整合研究中,Ewing 和 Cervero(2010)重点强调了可达性对有价值目的地的重要性。提升城市的可达性水平对于社会包容性发展很关键(Viegas 和 Martinez,2016)。

5.5.1 测算城市可达性

测算可达性的方法仍然被学界广泛地讨论(Bhat 等,2005;Wee,2004;Handy 和 Niemeier,1997;Murray 等,1998)。大部分研究都同意可达性是到达有价值地点(有服务、商品或机会的场所)的容易程度或潜在可能(Paez,2016;Hansen,1959;Owen 和 Levinson,2014)。但是,各项研究在选择决定可达性的重点因素上存在差异,如交通、土地利用因素、时间限制和个人特点(Geurs 和 Wee,2004)。同样也存在不同的测算方法,从相对简单的基于基础设施和邻近度的测算(如步行至交通站点的距离)至更复杂的考虑个人效用函数的方法(ibid)。基于位置的测算主要侧重于不同地点的机会可及性,其一方面考虑了理论合理性、数据和计算要求之间的良好平衡,另一方面还考虑了政策相关性(有关可达性测算更全面的讨论可见 Geurs 和 Wee,2004)。

当超越案例分析的范畴，上升至城市比较研究时，可达性测算的目标往往变得更简单，通常基于邻近度概念的计算。这很大程度上是由于有限的数据和计算能力导致的。在最近一项应用研究中，欧盟委员会计算了欧洲城市公共交通的可达性（Poelman 和 Dijkstra，2015）。研究计算了居住在公共交通设施步行范围内的人口比例，并评估了公交场站和站点服务频率的水平。这一测算方法能够用于比较公共交通网络覆盖的人口比例，并能通过频率计算比较服务质量，这种基于邻近度的计算方法的优势在于计算相对简单、数据要求适量，以及政策信号明确。但是，相关政策意义可能还是局限于实际有价值目的地的分布情况，然而到达这些目的地的约束条件没有被充分考虑（Peralta，2015）。

新的标准化数据资源和计算工具的提出使得我们能超越受限于单一案例分析和基于邻近度计算的可达性测算方法。明尼苏达大学的可达性观测站进行了一项创新性研究，估算了超过 40 个美国大都会区域中 1990、2000 和 2010 年私家车、公共交通和步行至工作地点的可达性（Owen 和 Levinson，2015；2014；Levinson，2013）。通过综合考虑人口调查的非总体数据、工作场所地点以及城市交通网络的详细信息、出行时间表和出行速度，该研究估算了平均每个城市居民在十分钟时间段至一小时时间段内所能到达的工作场所数量。这一计算方法中加入了重力元素，出行时间更短的工作比出行时间更长的工作获得更高的权重。

以类似的原理，世界银行计算了在拉丁美洲、非洲和亚洲一些城市中采取不同交通方式到达工作地点的平均可达性。该计算中得到了一小时的通勤时间范围内采取不同交通方式到工作地点的平均可达性。在具体案例具体分析的基础上，该方法利用了各地具体的详细数据，通过考虑出行和土地利用模式来评估不同的可达性环境，并比较不同交通方式和时间点的计算结果（Peralta 和 Mehndiratta，2015）。该方法的缺点在于其仍然需要在案例研究的基础上进行，而且依赖于可以获取的地方数据，尤其是工作地点，这些数据在更大的范围内难以收集。

5.5.2 本《展望》中的可达性指标

本《展望》中分析了城市道路和公共交通二者的可达性。我们遵循以下两个原则为两种模型定义了通用的指标：

（1）概念简单化。尽管目前的可达性研究正在向更为复杂的模型发展（Geurs 等，2012），但一个较为简单的方法能够克服需要大量数据和计算的困难。Contour-based 指标计算在既定时间范围内可以到达的机会总数，是一种最适应于将数据、理论和城市区域间比较三者做联合考量的方法。

（2）数据全球化。由于全球层面的测算结果旨在于比较世界不同城市，对各城市进行定位并设置基准，所以需要标准化各国间数据。因此，仅全球标准化数据能够用于该项测算（见附录 5. A1 有关数据来源）。

本《展望》中的可达性指标为 30 分钟内私家车或公共交通能覆盖的平均居民人数。城市人口的空间分布被用作出行机会的代表指标。尽管人口不能代表实际的机会数量，但有实验证据表明人口密度与出行机会相关，如工作和服务。例如，Kaufman 等（2016）表明城市中服务、办公地点和商业空间的分布与其人口高度相关。这类代表指标在全球研究案例中非常实用；但是针对具体城市的详细分析还是依赖于出行机会的实际地点分布。

此外，为了分析城市中不同公共交通方式的机动性，我们还考虑了公共交通覆盖率这个概念，即能够通过步行乘坐公共交通的人口比例，这反映了公共交通网络的潜在用户数量。这一算法与交通与发展政策研究所（ITDP，2016）设计的公共交通邻近人群（PnT）算法类似。

本报告中计算了本章前文所述的 1557 个城市群中 1390 个城市的私家车可达性，以及 1014 个城市的公共交通覆盖率。这两个指标是基于开放街道地图数据建立的。某些城市由于数据质量的问题被排除了（开放街道地图数据覆盖的城市见图 5. 10）。公共交通可达性是通过通用公共交通供应数据（GTFS）数据计算的，样本量为 23 个城市。GTFS 格式已逐渐被当作是全球公共交通调度的标准，但由于数据覆盖不全，仅有少量的城市样本能用于计算。

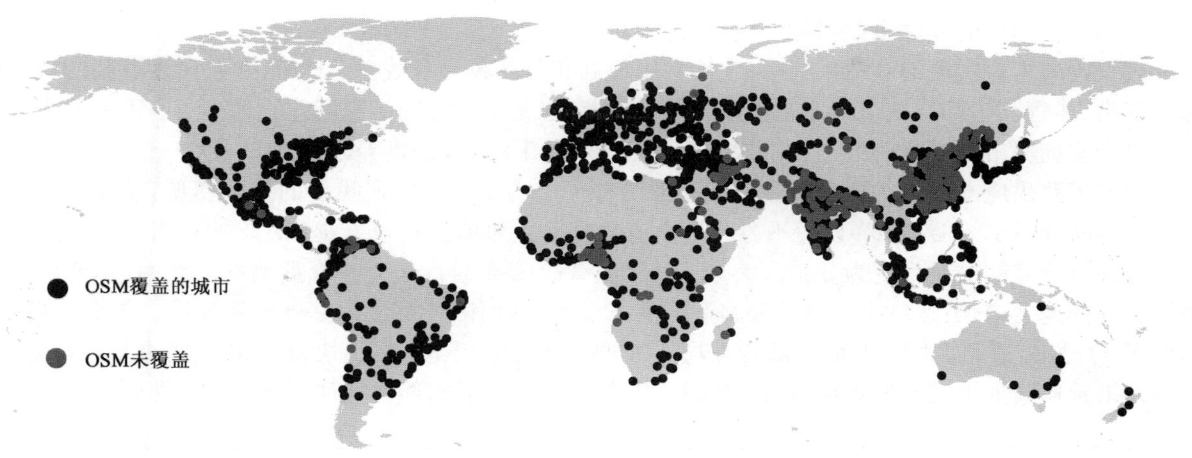

图5.10　开放街道地图(OSM)覆盖的城市

5.5.3　当今城市的可达性

1)道路可达性

在大型高密度城市中(如北京),平均每个居民在30分钟车程内能连通的居民人数为300万,即总人口的13%。在一个蔓延的城市中(如布宜诺斯艾利斯),该数值为80万,即总人口的5%。图5.11显示了世界不同区域的平均道路可达性。地理格局与密度分布之间的关系非常明确:在不考虑城市群规模的情况下,亚洲和中东城市的可达性水平最高。尽管其原因各有不同,但是北美城市和处于过渡经济体的城市中可达性水平较低。虽然北美城市是扩张型发展的,但它们为居民提供了一个高效流畅的城市道路网络。而尽管过渡经济体的城市密度与欧洲城市相当,但是它们缺少高通行能力的主干线,所以路网速度较低且拥堵率较高。

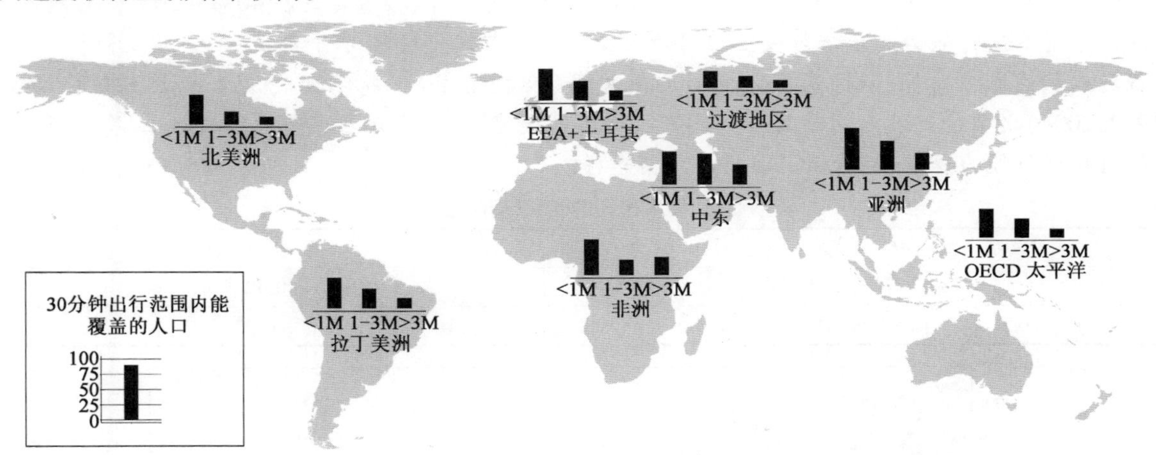

图5.11　不同区域和规模城市中的道路可达性

总体而言,道路可达性的不同可以从三个角度进行解释:人口密度、自由行驶速度和拥堵。人口密度影响了连通既定居民人数所需要行驶的距离。自由行驶(无拥堵)速度在各城市间有所不同,依赖于高等级公路基础设施的供应情况。拥堵水平在此定义为高峰时期的相对出行时间损失,这是可达性的最后一个决定因素。这三个因素能够解释各城市间75%的差异。人口密度每增长10%,道路可达性将增长7%,可达性相对于人口密度的弹性系数为0.7。

这三个因素为提高可达性的政策提供了分类,改善道路网络状况是提高自由行驶速度和减缓道路拥堵的措施。由于可达性受速度和拥堵的影响大于受密度的影响,所以这项措施一直处于优先地位。

可达性相对于速度的弹性系数实际上更高，为1.6。

有关提高人口密度的政策措施中，土地利用规划和分区较为有效。全球范围内，密度越高的城市可达性越高，尽管其中部分城市道路基础设施条件较差，但是城市之间的密度差距远高于速度的差距。北美城市和非洲城市密度比例根据城市规模不同在1∶4～1∶8，而速度差距仅为2∶1。

提升道路供应水平仅对自由行驶速度和拥堵有很小的影响。根据我们的拥堵模型（文本框5.3），每提高10%的干线公路密度（以每平方公里内道路公里数为单位），仅能提高1%的自由行驶速度。拥堵和道路供应之间的关系更为复杂。大量干线公路代表着高通行能力和低拥堵率。然而，车公里数也将以类似的速度增长：速度上升导致公路运输需求上升，继而需要更多的基础设施建设。数据分析（文本框5.5）显示，道路拥堵一开始会随着人均GDP的增长急速下降，但很快就在40%的水平保持稳定。这一结果延伸验证了已有的规律，在拥堵城市中，提供更高的通行能力往往不能解决拥堵问题。

文本框5.3　城市拥堵全球化模型

TomTom拥堵指标（TomTom，2016）估算了城市中早高峰内驾驶员的时间损失：拥堵指标为50%表示早高峰拥堵平均为驾驶员增加了50%的行驶时间。为了分析某些城市特征对拥堵水平的影响，我们建立了以下的模型：

$$拥堵率 = A \cdot \left(\frac{\text{VKM}}{干线里程 \cdot 通行能力}\right)^{\beta}$$

式中，VKM代表城市中车公里总数，干线里程代表高等级公路的里程数，通行能力代表平均单位通行能力（以VKM/时为单位）。VKM和干线里程的数值可通过城市客运模型得到。道路通行能力很难估算，因为其根据车道数、道路线型、交叉口设计、限速等因素各有不同。假设通行能力可以以下式计算：Capacity = B · 人均 GDP^{γ}。

测算结果可见表5.5。拥堵率一开始随GDP增长快速下降，接着稳定在40%～50%。该稳定趋势反映了道路通行能力和车辆行驶里程间的内在联系。在某一GDP水平之上，车公里数和干线公路里程数以相同速度增长，使得两者之间的比例关系（即拥堵率）保持不变。该结果还反映了Downs（1962，2004）之前的经典研究结果，即“高峰拥堵基本规律”。其表示在城市通勤公路上，即使投入了新的道路通行能力建设，拥堵情况还将与之前一样。

拥堵模型的测算结果　　表5.5

变　　量	弹性系数
log（VKM/干线里程）	0.12
log（人均GDP）	-0.22

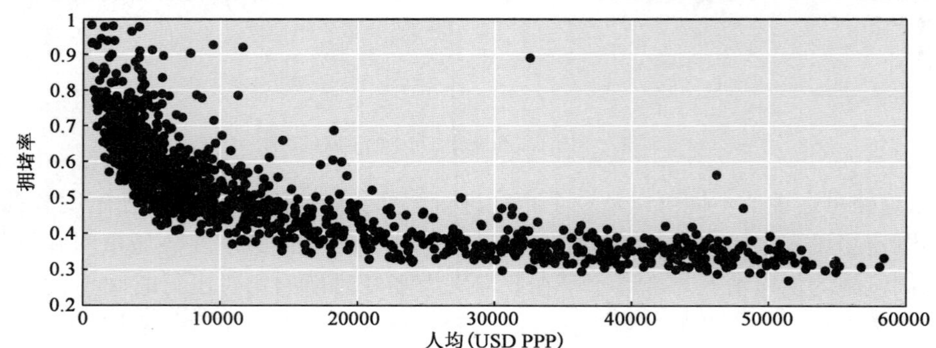

图5.12　以人均GDP为变量的城市拥堵率函数

数据链接 http://dx.doi.org/10.1787/888933442821。

2)公共交通覆盖率

在研究公共交通可达性指标之前,我们首先关注了公共交通的覆盖率。实际上,城市可达性依赖于公共交通站点步行范围内居住的居民数量。公共交通覆盖率,或称公共交通邻近人口(PnT),计算了城市中在公共交通站点步行范围内居住的居民数量。PnT 还可以考虑作为城市交通和土地利用综合性的指标(ITDP,2016)。

基于收集的公共交通站点数据,我们计算了 1014 个城市中的公共交通覆盖率。公交和轨道交通的站点邻近度是通过最大步行距离 1 公里计算的,大约相当于 12 ~ 15 分钟的步行距离。公共交通覆盖率是以城市中居住在至少一个公共交通站点步行范围内的人口比例计算的。图 5.13 中展示了一系列城市中的该项指标。

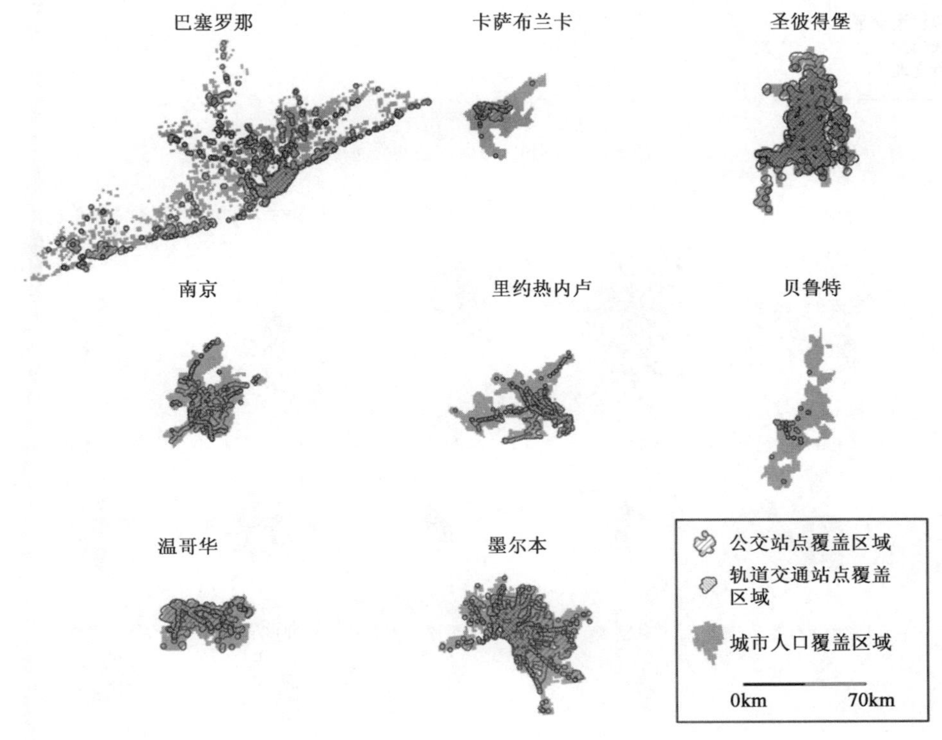

图 5.13　部分城市中的公共交通覆盖率

在覆盖率的计算中,其计算值可能比实际值要低,因为 OSM 数据不完全。但是,那些没有数据的城市中,公共交通供应水平是最低的,因此从另一个方向弥补了数据的偏差。

平均而言,样本城市中 53% 的人口都居住在公共交通站点附近,28% 的人口居住在轨道交通站点附近。欧洲和过渡经济体中的覆盖率最高,分别为 85% 和 80%,而且轨道交通覆盖率也较高,分别为 51% 和 47%(图 5.14)。OECD 太平洋地区、北美和亚洲的公共交通覆盖率较低,但轨道交通的覆盖率还算相对而言较高。世界其他地区的公共交通覆盖率更低,并且公共汽车远高于轨道交通覆盖率。

高公共交通覆盖率是良好可达性的先决条件。但是,公共交通覆盖率通常不能为政策制定提供足够的信息支持。即使居民住在公共交通站点附近,公共交通的服务质量依然会严重影响其运力发展模式。

此外,能够到达公共交通站点并不意味着能方便地前往目的地。下文具体描述了能解决部分问题的可达性指标。

3)23 个样本城市中的公共交通可达性

由于公共交通服务的数据有限,我们仅能计算有限城市的公共交通可达性指标。图 5.15 中显示了我们数据库中的 23 个城市的计算结果。

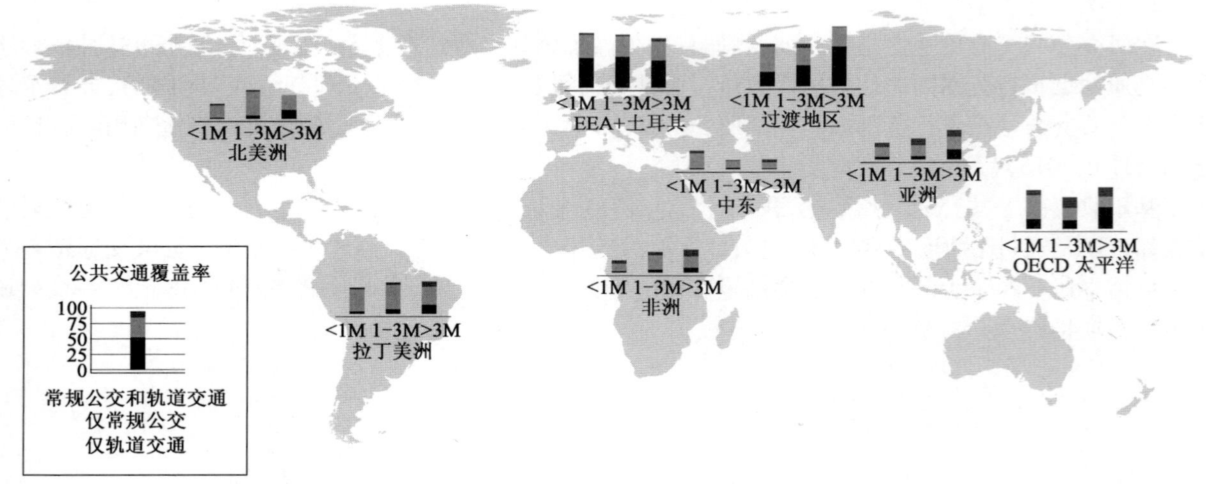

图 5.14　不同区域城市公共交通覆盖率

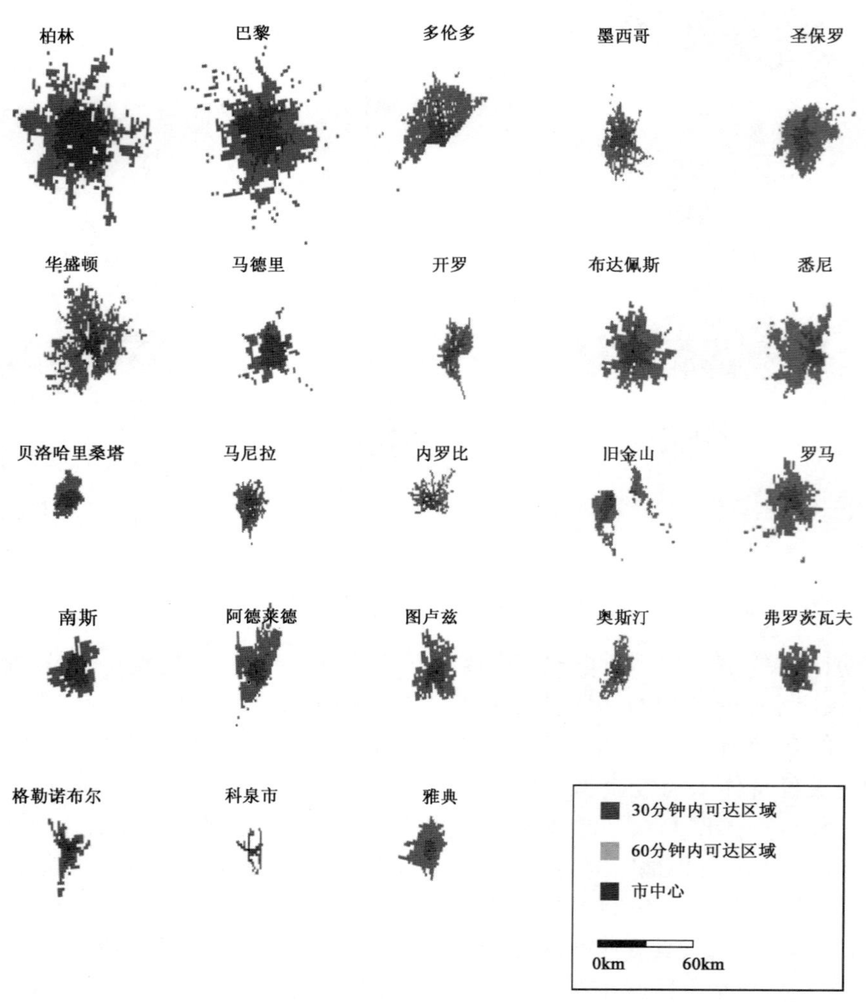

图 5.15　23 个城市中公共交通可达性(30 和 60 分钟等时线)

公共交通的可达性在不同城市中区别很大,欧洲城市一般比发展中城市的可达性更高。巴黎城市区域 1000 万居民中有 12% 处在公共交通 30 分钟的服务范围内,而开罗城区的 1700 百万居民中该比例还不到 4%。尽管开罗的密度几乎是巴黎的两倍,但其交通系统速度仅为巴黎的一半,由于公交覆盖率较低,也导致开罗的可达性较低。假设出行终点的地理分布与密度分布类似,此处的公共交通网络速度应理解为所有出行的平均速度,而不是网络中所有线路的平均运营速度。

比起公共交通覆盖率,可达性指标为公共交通效率提供了更有意义的解释。图5.16中说明了两个指标之间没有联系。在覆盖率较高的城市中,可达性却在百分之几至百分之三十之间。从另一角度来说,在可达性较低的城市中,覆盖率的值在30%～100%。即使在覆盖率很高的情况下,公共交通出车频次较低、车站密度较低,以及道路网络不完善,都会导致较低的平均速度。

与道路可达性一样,公共交通可达性也受到人口密度和速度的影响。这两个因素能够解释各城市间可达性80%的不同。可达性对速度的敏感性高于密度:其弹性系数分别为2.9和1。由于公共交通更倾向于服务高密度区域,速度的少量上升会对30分钟内能覆盖的人群造成很大的影响。这表明轨道交通将是提升可达性的重要手段,尤其是在需要与土地利用相协调时。

可达性的差距主要与公共交通速度分布不均有关。城市中的平均速度范围为5～15公里/时。大部分没有轨道交通或轨道交通很少的城市平均速度在5～8公里/时,唯一的例外是内罗比,其交通网络中虽然没有轨道交通,但是基于其大型和高效的非正式日常交通系统使平均速度达到了8.8公里/时。所谓的Mataus是在2000个站点的网络中运营的每小时高峰发车频率为30辆的微型巴士。在有大量轨道交通供应的城市中,平均速度可以达到15公里/时。

减少城市间的可达性差距需要大量基础设施投资和服务水平提升。平均速度的巨大差异与公共交通服务供应不均有关。但是,量化交通网络的质量是很难的。常用的指标(如站点密度或总公共交通线路里程)仅关注于网络的空间布局,其实与公共交通覆盖率更相关。这些指标未能明确城市中可达性和覆盖率的区别(图5.16)。

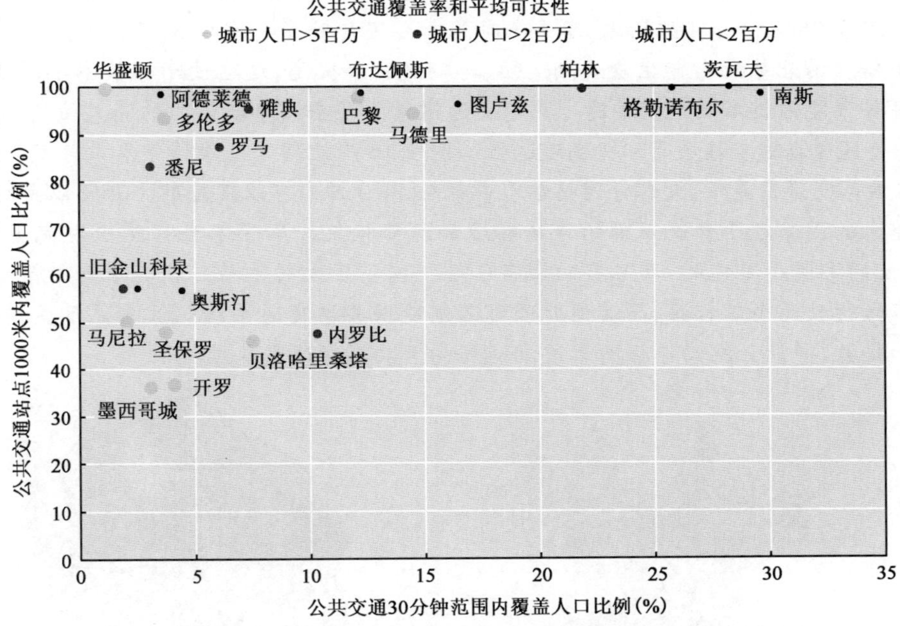

图5.16　城市公共交通可达性(公共交通覆盖率和平均可达性)

数据链接 http://dx.doi.org/10.1787/888933442836。

附录5.A3表5.A3.2中列出了两个能解决23个样本城市中存在问题的措施。即通过将常规公交和轨道交通站点数乘以高峰小时平均发车频率,可以得到每小时车站停靠的车辆总数。这两个指标能够解释55%的公共交通网络的速度差异,因此是代表网络质量的重要指标。特别要说明的是,每增加1%的轨道交通供应,平均速度回上升0.14%。

政策意义:

除了某些西方大都市,本《展望》中测算的各区域私家车可达性都高于公共交通可达性,因为私家

车更为灵活。公共交通不能覆盖城市中的所有人口，而私家车从理论上与此不同，可以在任意两点间活动。但是，提升私家车的可达性涉及很多问题，尤其是拥堵（见本《展望》后文）。用于满足私家车导向的可达性基础设施很难建设和维护，尤其是在高密度城市中。

而另一方面，公共交通能为更多人提供出行服务。投资公共交通基础设施需要与更多的政策措施相结合，包括出行需求管理、土地利用规划和推广慢行交通。创新的出行模式，如共享车辆或需求响应公交，都可以被推广成为向出行者的出行模式。实际上，ITF（2016）近期的一项研究表明这两种出行模式如果与足够的轨道交通相结合，可以在合理的成本条件下提供高水平的可达性，并且还有额外的益处，如减少公共停车空间和减少排放量（见文本框 5.4）。

文本框 5.4　ITF 共享交通模型

大规模的共享交通将改变城市出行模式并显著提高可达性水平。建立在葡萄牙里斯本基础上的 ITF 共享交通仿真模型（ITF，2016）显示，如果所有的出行都全面使用共享交通的模式，E常通勤需要的车辆总数将减至目前的 3%。

共享交通模型将现状作为基准情景进行模拟，并评估了不同情景下在维持同等运力水平基础上大规模利用共享车队提供需求响应型交通服务的可能。模型中的共享出行模式的设计极大地提高了目前驾驶员的接受度，并且还包括“共享出租车”的需求响应门到门服务，以及在某一站点预定的零换乘“出租—公交”服务。轨道和地铁服务在共享出行情景中仍将继续保持现状运营，其他的机动化出行模式，包括出租车和公交都被共享出行方式所替代。

除了车辆总数的大量减少，本研究的主要发现还包括拥堵缓解、排放量减少三分之一，以及公共停车空间需求减少 95%。与目前相比，高峰小时总车公里行驶量将减少 37%，而每辆车的行驶里程都为现状的十倍。由此导致车辆生命周期变短、车辆更新率提高，这也使车辆技术革新变得更快，加快高能效或可替代能源技术的市场渗透。共享交通情景下还会因车辆运力的高效使用而降低出行成本。其他的益处还包括减少换乘量和提高可达性。图 5.16 中比较了基准情景和共享交通情景下的工作可达性。在共享交通情景下，大部分网格单元中都在 30 分钟内可以覆盖市区 75% 以上的工作。

政策制定者的困难在于营造正确的市场环境和运营框架。尽管不会突然出现完全的共享交通系统，但阶段性的渗透是可能的，而且有的城市已经获取了巨大的收益。在其中一种情景下，私家车每周允许在市区行驶两个工作日，而其他时间都必须使用共享交通系统。结果显示该措施能够极大地减少拥堵和排放，并能让机动车保有者逐渐地转向至共享交通服务。

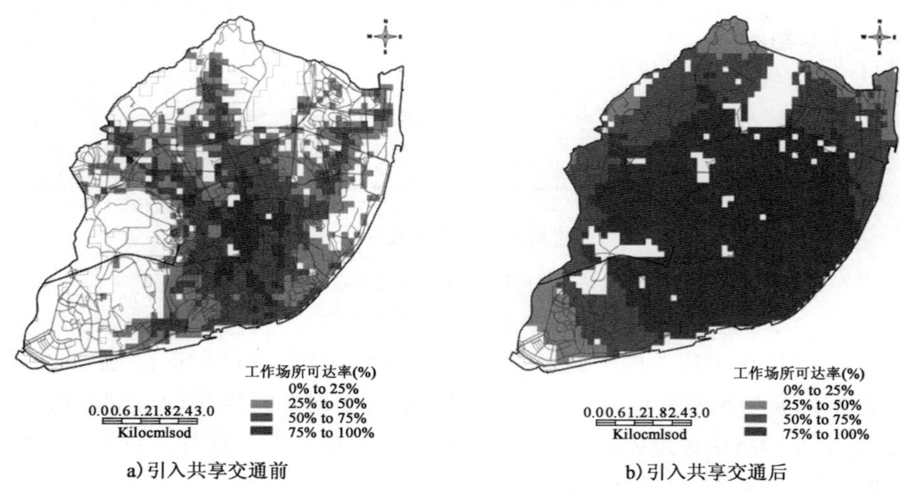

图 5.17　引入共享交通前后里斯本工作可达性

目前,公共交通可达性在发展中城市非常低,这些城市中的机动化率也是最低的。所以很多居民都不能很快地到达目的地。这导致严重的公平性问题,北美某些城市中也存在轻微的类似问题。投资公共交通基础设施的成本较高,由此带来了一个显著的政策挑战问题:如何在保证价格合理的情况下建设轨道交通网络。

实际上,在很多发展中城市里,低收入城市居民目前的经济收入尚无法承担公共交通的费用。例如圣保罗、墨西哥城和马尼拉,收入金字塔底部20%的人口无法负担公共交通费用(Carruther 等,2005)。投资一项包容却高效的交通系统需要创新机制,如收取公共交通服务区域的土地增值税,或通过收费公路和停车场收取私家车使用者的使用费。

4)可达性展望

本节分析了在针对未来交通需求和 CO_2 排放所采取的不同政策情景下的可达性的预期结果。

尽管发展中地区的交通网络运行速度很慢,但由于很高的人口密度所以这些地区的私家车与公共交通可达性还较为合理。如果这些城市遵循欧洲和北美的城市化发展道路,这一情况将发生改变。战后时期,发达国家中很大一部分的人口都开始向外搬迁,从市中心搬往郊区(如:Mills,1972)。这一趋势导致了城市的扩张,并降低了人口密度,而且还在继续。欧洲在1990和2000年间城市化区域扩张了18.4%,而人口密度降低了9%(Oueslati 等,2014)。

城市扩张的决定因素目前已知。单中心城市模型(Alonso,1964;Mills,1981)中明确了收入和通勤成本是扩张的关键驱动因素。当城市居民能使用廉价和方便的交通方式时,他们更倾向于搬迁至城市周边,以增加他们的住宅面积。单中心模型的案例经验在发达国家中被数次验证(Brueckner 和 Fansler,1983;McGrath,2005)。在发展中国家,Shanzi 等(2009)调查了决定中国城市空间规模的因素,并证明收入增长在中国的城市扩张中起关键作用。

基于 ITF 城市数据库的分析显示决定城市范围的两个主要因素是人口和人均 GDP。城市范围扩张比人口增长的速度慢,因此越大的城市其密度越高。但是,更富有的城市似乎扩张更快。因此,基准情景下城市平均密度下降。尽管世界各地区的降低幅度不同,降低趋势是一致的。亚洲的城市密度降低尤为显著,人均 GDP 是城市扩张的主要驱动力。

基准情景下基础设施的规模增长不足以维持其可达性水平。随着密度的降低,要保持可达性不变需要同时提高道路和公共交通网络的速度。尽管干线公路里程随人口和收入的增加而增加,很多城市还是需要更大的网络来服务郊区的居民。此外,在城市扩张、人口和收入增加的共同影响下,道路交通量将大量提升,需要提供更多的道路运力来减少拥堵。

亚洲城市的变化最为剧烈。城市密度急速降低,2010—2050年间下降了19%,而道路交通量上升了532%。尽管干线公路里程预计将增长137%,但这不足以缓解拥堵。保持道路可达性不变需要将目前的干线公路网扩大六倍,而这一增长从经济上和环境上考虑都不合理。类似的趋势以稍低的比例也在过渡经济体和拉丁美洲中出现。除非实行严格的政策措施,发达国家大部分城市在2010—2050年间道路可达性的水平预计将会下降。

道路可达性的损失能够通过公共交通系统投资来补偿。在基准情景下,发展中国家内建有轨道交通的城市数量将为原来的三倍以上。在有轨道交通的城市中,公共交通可达性不会在平均水平之下。但是,由于为低密度的郊区提供高效公共交通服务很难,所以还是有很多城市人口需要依赖私家车出行。

基准情景下2015—2050年间部分城市特征变化见表5.6。

基准情景下2015—2050年间部分城市特征变化　　表5.6

项　目	密度(%)	VKM(%)	干线公路供应(%)	干线公路需求(%)	建有轨道交通的城市数量(1)(%)	
非洲	-8	325	180	158	460	(5~28)
亚洲	-19	532	137	295	295	(37~146)

续上表

项　目	密度(%)	VKM(%)	干线公路供应(%)	干线公路需求(%)	建有轨道交通的城市数量(1)(%)	
EEA+土耳其	-7	40	46	39	6	(77~82)
拉丁美洲	-8	152	49	92	51	(37~56)
中东	-2	228	99	98	175	(4~11)
北美洲	-1	68	39	36	9	(35~38)
OECD太平洋地区	-8	12	11	24	16	(19~22)
过渡区	-15	147	57	120	347	(17~76)

在LUT情景下,城市范围假设是固定不变的,人口密度与人口增长速率相同。这预示着城市化快速发展的地区人口密度将有显著上升。

非洲城市人口密度将为原来的三倍,达到每平方公里24000居住人口。尽管这一数值很高,但依然是可能实现的:世界上人口密度最高的两个城市达卡(孟加拉国)和海德拉巴(巴基斯坦)人口密度达到每平方公里4万人。车辆行驶里程以相对较低的速度增长,建设轨道交通的城市数量增加,在缓解拥堵的同时也提升了公共交通覆盖率。

2010和2050年间LUT情景下部分城市特征变化见表5.7。

2010和2050年间LUT情景下部分城市特征变化　　表5.7

项　目	密度(%)	VKM(%)	建有轨道交通的城市数量(%)	
非洲	195	48	920	(5~51)
亚洲	140	181	627	(37~269)
EEA+土耳其	41	-30	12	(77~86)
拉丁美洲	72	27	81	(37~67)
中东	127	177	325	(4~17)
北美洲	54	68	11	(35~39)
OECD太平洋地区	24	-37	37	(19~26)
过渡区	61	-27	124	(17~38)

这一结果强化了土地利用政策在维持发展中国家机会可达性的重要性。如果没有严格的土地利用控制政策,城市扩张就会导致不合理的基础设施需求上升。另一方面,人口密度上升减少了私家车的需求,降低了出行距离,并使轨道交通系统建设更为可行。

5.6 亚洲城市客运

根据ITF城市交通模型的计算结果,到2050年世界上43%的交通需求(以人公里计算)都将来自于亚洲。该地区的人口、经济、城市化率和机动化水平都将面临迅速和大量的增长。尽管机动化水平上升对经济增长有积极的影响,但同时也将导致拥堵加剧、能源消耗、空气污染和CO_2排放。本节中重点讨论了中国、印度和东南亚城市交通的发展趋势和预测。

5.6.1 亚洲城市机动化发展趋势

2010年,中国超过美国成为世界最大的汽车市场(CAMM,2016)。2014年中国汽车销售量超过2000万辆,世界总销售量为9200万辆(CAAM,2010,2014)。尽管其机动车保有率较低,仅为每千人58

辆，相比之下美国每千人机动车保有量为 804 辆（Wang 等，2011），但中国已经是世界上最大的 CO_2 排放国，而且最近还成为了位于全球前列的原油进口国。中国交通运输行业的 CO_2 排放水平从 2000—2010 年增长了一倍以上（CAIT，2015），除非实行一系列全方位的政策措施来改变发展趋势，否则中国对石油的需求以及 CO_2 排放将随着交通运输行业的发展而继续增加。

印度汽车销售量、家庭收入、城市人口和城市化率的上升都将导致更高的交通运输需求。1951—2015 年，印度城市人口从 6000 万上升至 4 亿 1000 万（联合国，2014）。城市的数量和规模也在增长，而且都将引起出行需求和总出行距离的增长。机动车保有量从 1990 年的 1600 万上升至 2000 年的近 4000 万，到 2014 年为 1 亿 3100 万（IEA，2015）。其中大部分是摩托车，仅有 2100 万是汽车。与中国相比，印度的汽车市场要小得多，但交通运输行业仍然是印度城市 CO_2 排放量的主要来源，很大一部分原因就是摩托车数量庞大。印度的机动车市场由摩托车主宰，是印度增长最快的机动车类型，其年均增长率高于其他所有类型的机动车。因此，除了 CO_2 排放之外，局域空气污染也是印度城市中的重要问题。

交通活动产生的空气污染和交通拥堵也是东南亚国家面临的重大挑战。东南亚的交通需求在过去三十年间保持着稳定的增长，而且没有任何下降的迹象。IEA（2015）的近期数据显示越南的摩托车量在 2000 和 2013 年间增长了 177%。同一时期，马来西亚的机动车增长率为 148%，而菲律宾的增长率相对较低，仅为 44%。印度尼西亚的车辆增长率非常高，摩托车和汽车的增长率分别为 600% 和 280% 以上。大部分的机动车在大部分时间内的负载系数都是一个人，导致城市内车辆拥堵更为严重。由于廉价和实用，摩托车毫不意外地成为很多东南亚城市的首选。越南 95% 的车辆是摩托车。摩托车的增长反映出公共交通系统的不足。相比于公共交通，人们普遍偏好私人交通出行方式。东南亚国家中的小城市也同样面临着交通问题。由于经济效益较低，加上工作时间和燃料损失，柬埔寨每月的交通拥堵成本约为 6 百万美元（Sotheary 和 Kunthear，2015）。世界银行估计吉隆坡 2014 年的交通拥堵成本约为国家 GDP 的 1.1% ~1.2%（Sander 等，2015）。

尽管大部分亚洲城市中的首要交通问题是拥堵和空气污染，但同时它们的交通运输行业也逐渐成为 CO_2 排放的更主要来源。越南的高机动化率在 2000 和 2010 年间造成了交通运输行业的 CO_2 排放量上升了 190%，比中国（160%）和印度（100%）同时间的增长率都要高（CAIT，2015）。印度尼西亚、柬埔寨和马来西亚由交通运输产生的排放也有大量的增长。菲律宾是本书中唯一一个没有发现交通运输排放量增加的国家。随着碳排放成为各地区的迫切问题，亚洲城市也逐渐意识到需要采取更为可持续的交通运输发展政策和措施。

为了能有效地减少碳排放，首先需要找到既能有助于亚洲交通运输系统节能减排建设又能产生气候协同效益的措施。支持采用先进车辆技术和可替代能源的政策措施能够通过提升能源集约化利用而达到减少 CO_2 排放的目的。但是，由于亚洲机动车保有量的不断攀升，先进车辆技术和可替代能源等方面的科技进步不足以减少由机动车保有量上升带来的 CO_2 排放增量。需要考虑采取一系列政策和措施，包括土地利用规划、公共交通发展、经济手段和政府管制。

在人口密度和用户需求很高的城市区域内发展公共交通是一项能减缓拥堵降低排放的措施。在一般情况下，尤其是在发展中城市，使用公共交通服务的成本比私家车出行要低，但出行时间更长，可达性也会降低（见可达性小节）。增加公共交通效率和运力将为人口密集的城市提高经济回报率，从而带来经济效益（剑桥系统和高点研究公司，1996）。

5.6.2 样本城市

本章中的样本城市包括五个中国城市、五个印度城市和五个东南亚城市，这些城市能代表各类不同的人口规模、机动化率、交通政策和服务现状（表 5.8）。某些城市的公共交通服务比其他城市更多。例如，在本书的 15 个样本城市中，仅有 4 个城市中存在快速公交（BRT）系统、常规公交和轨道交通服务。很多东南亚城市中还提供了非正式公共交通方式，例如三轮车或小型巴士。这 15 个城市中展现了不同的摩托车和汽车的机动化率水平。另一方面，样本城市中都面临着高度的空气污染和拥堵问题。

2010 年亚洲样本城市中的交通特性 表 5.8

项　目	人口（百万）	汽车（百万）	两轮车（百万）	汽车保有率	两轮车保有率	车辆限制（年份）	公共交通服务
中国							
北京	15	4.81	0.35	321	23	有(2011)	公交,BRT,地铁
上海	19.55	1.46	1.29	75	66	有(1994)	公交,地铁
广州	10.49	1.36	0.54	130	51	有(2012)	公交,BRT,地铁
天津	8.54	1.38	0.15	161	18	有(2014)	公交,地铁
西安	4.85	0.74	0.26	153	53	N/A	公交,地铁
印度							
孟买	19.42	0.43	0.77	22	40	N/A	公交,地铁
德里	21.94	1.61	3.25	74	148	N/A	公交,地铁
班加罗尔	8.28	0.51	1.95	62	235	N/A	公交,地铁
艾哈迈达巴德	6.21	0.21	1.05	33	169	N/A	公交, BRT
斋蒲尔	3.02	0.19	0.92	62	304	N/A	公交,BRT,地铁
东南亚							
马尼拉	11.89	1.13	6.67	95	561	N/A	
吉隆坡	5.81	2.86	1.34	493	232	N/A	公交,BRT,地铁
雅加达	9.63	2.00	8.76	207	910	N/A	公交, BRT
金边	1.51	0.18	0.73	123	486	N/A	公交
河内	2.81	0.80	2.20	284	782	N/A	

注:保有率以每 1000 人为单位。

来源:中国城市年鉴中的城市人口、汽车和摩托车数据。TERI 数据中的印度城市人口、汽车和摩托车数据。东南亚城市数据来自于菲律宾交通部、马来西亚交通部、雅加达省 DKI 区域数据、JICA、越南交通部,以及 DKI 交通数据。

5.6.3 政策情景

本书的政策情景与本章之前提到的全球城市交通模型中使用的政策情景组合相同,每项措施或假设都应用于单个城市中(见附录 5.A4 中的表格)。尽管每个情景中都有不同的政策组合,但测算交通需求和 CO_2 排放的框架在所有情景中是类似的。政策情景分析所得到的结果不是预测结果,而是在每个政策方案给予的假设基础上未来可能的情况。

由于数据原因,中国和印度城市交通需求预测方法和东南亚城市不同,这是该区域中的一项广泛存在的困难(见文本框 5.5)。

文本框 5.5　亚太地区交通数据:挑战和机遇

"如果你无法对其进行衡量,你将无法对其进行改进。"这是开尔文的一句名言(William Thomson)。有关发展中国家的可持续交通研究中,尤其需要可靠、健全的数据。更好的数据将为知情决策提供方向:例如,城市空气、气候、交通数据库(www. citiesact. org)中有亚洲近 500 个城市的数据,97%的城市未能满足其治理空气污染的目标。鉴定哪些交通方式会产生空气污染将是开展治理行动的重点。

亚洲发展银行(ADB)与其合作伙伴正在从事一项区域项目,用于提高亚太地区交通数据的质量,并扩展数据的覆盖范围。该项目名为"改善交通数据为可持续交通政策和投资规划服务",其目的是针对 ADB 的 40 个发展中成员国(DMCs)的现有交通数据进行收集、校对和分析。数据将在公共平台进行共享,并作为交通模型的输入数据来评价不同的交通政策情景对于这些国家未来的潜在影响。

在亚洲国家进行数据对比的主要困难在于没有标准定义。最明显的例证就是道路车辆。每个国家都有其自己的车辆分类体系,大部分来源于车辆的具体使用情况,并没有根据国际认可的类别进行分类。可以采取一些简单的方法来进行协调统一,使用如“交通数据说明表”之类的标准出版物(ITF 等,2009),这些指南也能根据亚太地区用户的使用反馈来进一步丰富其内容。

某些关键交通数据的统计缺失是该地区的另一个问题所在。例如,发展中国家和中等收入国家一般不统计不同类别车辆的平均车辆行驶里程(车公里)。没有此类信息就无法计算其他一些交通领域的重要指标。此外,收集到现成的分类数据也很难。解决方案其实并不复杂:收集额外的指标数据,如车辆行驶里程(车公里)可以简单地通过车辆注册和更新程序来获取。

发展中国家和中等收入国家内的城市交通数据大部分来自于第三方发起的专门行动,并且仅限于几个主要的城市。同一个国家的不同政府机构有时在同一个参数的数据集上都存在不连续性。通过对交通数据收集的讨论和集体研究,以加强相关方的垂直整合管理,能够加快该区域高质量数据的生成。地方政府应当在交通数据收集中发挥更大的作用,并且努力建立一个综合的数据库。

中国和印度城市的出行需求预测是通过 ASIF(活动、结构、强度、燃料类型)方法(Schipper 等,2000)进行的,它们的机动化率是基于韩国和日本的历年汽车与摩托车机动化率模型计算的,而公交和轨道交通客运需求是根据人口密度预测的(ITF,2015)。在 5 个东南亚城市中,家庭出行调查数据是从日本国际合作组织(JICA)获取的,包括个人出行数据,如出行模式选择、出行距离、出行时间和社会经济变量。这些数据支撑了 5 种出行模式选择模型(多项 Logit 模型)的建立,并使用选择模型中得到的参数预测了 2050 年的出行需求和 CO_2 排放量。

5.6.4 基准情景

在基准情景下,除了之前介绍的政策措施之外,样本城市中将不会进行重大公共交通新建设、经济调整或政府管制。例如,中国城市中现行的车辆牌照控制政策将继续实行,但不会延伸至其他现在未进行管制的城市中。在没有采取车辆增长限制的城市中,机动车保有量将持续攀升。这些城市包括 5 个印度城市和 1 个中国城市,如西安。不在改善公共交通服务方面采取明显的措施,即不降低公交和轨道交通出行时间,而且在那些现在没有 BRT 的城市中不新建 BRT 系统。我们针对东南亚国家的城市中也进行了类似的假设。先进车辆技术和可替代车辆能源将继续在市场中渗透,但渗透率较低,尤其是在印度城市中。在燃料效率标准方面也没有显著的改良,这与 IEA 的 4DS 情景相一致(IEA,2015)。

5.6.5 ROG 情景

在 ROG 情景下,市政府在车辆使用量和保有量管制方面起了更大的作用。政府管制和标准指的是非市场手段的政策,如限制车辆保有量年增长和燃料经济标准。通过严格的车辆配额控制条例对车辆增长率进行限制将确保减缓拥堵、局域空气污染和全球碳排放。通过拍卖或摇号机制来分配有限的机动车牌照将伴随这类管制进行,正如新加坡、上海和北京正在实行的一样。在本情景下,车辆注册限制将在中国所有城市中实行,而车辆配额将在 2030 和 2050 年间逐渐下降。本情景下的燃料效率标准将遵循 IEA 2DS 情景中的假设条件(IEA,2015),这比基准情景下的条件更为严苛。这类标准一般在国家层面实施,作为地方政策的补充。

除了在 2050 年前采取车辆注册变更和燃料效率标准外,还将实施其他的经济手段。在本情景下,燃油税、过路费和停车费都将在所有中国、印度和东南亚城市中施行,导致 2030 和 2050 年驾驶成本分别提高 64% 和 99%。公交和轨道交通的补助资金也会增加,2030 年和 2050 年公共交通使用成本将分别降低 30% 和 50%。

5.6.6 LUT 情景

在 LUT 情景下,城市可持续交通发展的需求更为迫切。因此,所有 ROG 情景下的措施都将与合理的城市规划措施一起实行,这些措施将通过增加人口密度来达到减少出行距离和减缓城市扩张的目的。本情景下中国和印度城市人口密度在 2030 年和 2050 年将比基准和 ROG 情景下的人口密度分别高 15% 和 25%,东南亚城市的出行距离将不会超过 2010 年的水平。建设更复合的公共交通通道将有助于实现这一目标。在本情景下,公共交通将得到明显的改善,公交和轨道交通出行时间在 2030 年和 2050 年将分别降低 30% 和 50%。所有城市在本情景下都将建有 BRT 服务,这将进一步降低公共交通出行时间,并提升可达性。

5.6.7 政策情景结果

不同城市的排放量变化趋势不同(图 5.18)。由于中国的机动车保有量管制将越来越严格,加之 ROG 和 LUT 情景假设条件下导致机动车用量的减少,所以中国城市排放量出现了显著的降低。西安是本研究中涉及的中国城市中唯一一个没有限制机动车保有量的,所以在基准情景和 ROG 情景下,其排放量水平仍将继续上升。仅在 LUT 情景下实施有更广泛的政策措施时,西安的 CO_2 排放量才开始下降。

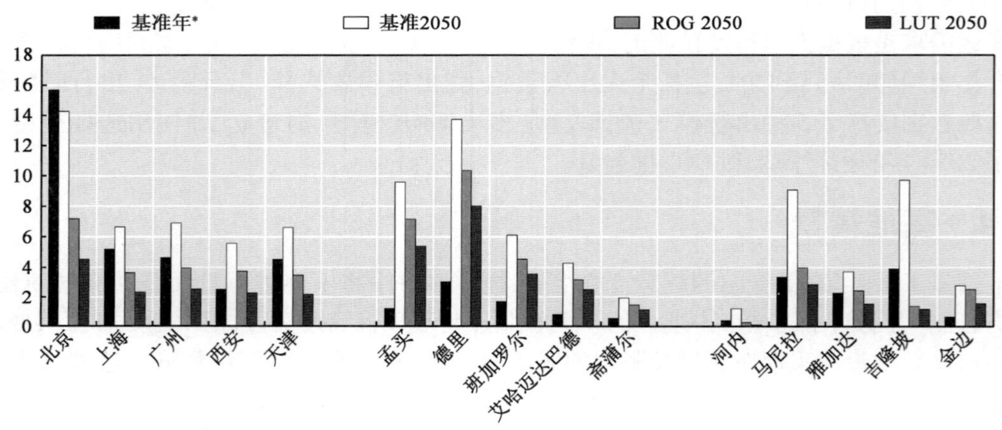

图 5.18 亚洲样本城市中的 CO_2 排放总量(百万吨)

注:中国和印度城市的基准年是 2010,东南亚城市的基准年是 2015。

数据链接 http://dx.doi.org/10.1787/888933442845。

印度城市的排放量预测与 5 个中国样本城市中不同,它们在未来的几十年间将保持一个更为线性的变化趋势。但是,如 ROG 和 LUT 情景下显示的那样,如果城市中实行了合理的交通政策来改变出行需求和行为,而且如果技术进步的速度快,其排放量的增长率将下降。

在东南亚城市中,基准情景和 LUT 情景间政策的不同引发了 CO_2 排放量的急剧下降,2050 年河内和吉隆坡的排放量差值最大,变化率分别为 90% 和 88%。这一结果大部分源于私家车向公共交通的方式转变。吉隆坡在 LUT 和 ROG 情景间 CO_2 排放量的差值最小,变化率为 18%;而河内的差值最大,变化率为 124%。这表明同样的政策措施组合会因为城市现有交通方式选择、偏好、可替代方案和政策的不同而产生不同的影响。

5.6.8 亚洲城市可持续交通政策方案

在亚洲城市中实现脱碳交通需要有目的性的政策,根据不同城市中的交通偏好、限制和需求而有所不同。相同的政策和措施组合可能会造成不同的结果。即使是在相同的国家或地区,各城市由于可选交通方式和现有交通服务的特点而存在差异，从而导致不同的政策影响。在评测一个城市的政策方案时需要尤为关注的是地方的政策环境。下文通过提出亚洲城市可持续交通的共同要素对此进行了总结。

在降低车辆使用量和 CO_2 排放量方面，政府管制是经济手段的辅助。西安是本书中唯一一个没有实行车辆注册限制的中国城市，其机动车保有量在 2010 年是最低的。但是，由于没有政府管制，2050 年其车辆总数增长了 82%（基准情景）。在本书中的 5 个印度城市中，在同一时间范围内孟买的车辆增长率将达到 86%。通过实行一系列政府管制和经济手段可以阻止这些结果的发生。这些经济手段将刺激驾驶量的下降，鼓励公共交通使用量的上升，其形式包括征收燃油税、过路费、停车费或增加公共交通补助。

为了充分发挥其效用，经济手段需要与综合土地利用和交通规划政策一道使用。土地利用和交通规划策略能改变城市人口密度和周边活动类型，从而减少平均出行距离、交通需求和 CO_2 排放量。基于高人口密度，中国和印度城市很适于建设高效的公共交通系统。LUT 情景下的政策对于减少 CO_2 排放量具有很大的影响。通过使用大运力的车辆来提升公共交通服务水平也将有助于节能减排。

由于两轮机动车在大部分亚洲发展中城市（尤其是东南亚）的比例都很高，还需要针对这一现象采取一些经济手段，包括针对两种类型车辆的交通需求管理措施，包括过路费和停车政策。此外，摩托车比例较高也暗示着公共交通供应中存在问题。摩托车管制必须与公共交通改善一道进行，否则该城市将面临可达性大幅度降低的风险。

非正式公共交通服务的存在也是东南亚某些城市中低公共交通模式分担率的一个原因。这些服务能提供更灵活的路线服务，而且一般比常规公共交通服务成本更低。由于中国、印度和东南亚城市的公共交通成本相对较低，进一步增加公共交通补助资金供应可能不是鼓励公共交通发展的有效措施。另一种提升公共交通吸引力的方法是提高其服务质量，例如通过降低出行时间。这表示需要发展更快的出行方式。通过使用专有线路或引入 BRT 系统能够进一步提高速度，并且能使旅客联运换乘更为便捷。

LUT 情景反映了 15 个城市中公交和轨道交通出行时间的改善以及 BRT 系统的建设情况。与基准情景相比，中国城市公交运量在 2030 年将增加 28% ~117%；印度城市将增加 36% ~138%。ROG 情景下的公交运量增加值要小得多，因为其仅实行了公共交通补助政策来增加运量。轨道交通运量也存在类似的变化趋势。提高公共交通网络的质量似乎比纯粹的经济手段更能有效地鼓励交通方式的转变。

最后，模型结果重点强调了政策实施时间的重要性。各城市现在就需要行动起来，以降低交通运输 CO_2 排放量。2010 年，北京是中国轻型载客汽车需求量最大的城市，因为它在 2011 年才开始管控私家车的增长量。而上海早在 25 年前的 1986 年就提出了机动车保有量政策，并于 1994 年开始实施。尽管上海的人口和 GDP 水平都更高，但它成功地将机动车保有量率控制在较低的水平。不仅仅因为它实行了车辆限制政策，还因为它在机动车保有量相对较低的时候就开始实施。

由于大部分快速发展的城市仍处在机动化增长的初期阶段，各城市需要即时采取行动，以避免更高水平的交通拥堵、局域空气污染和 CO_2 排放。某些城市已经证明了机动车保有量不需要随人口和 GDP 增长而增长，如上海、香港和新加坡。同时，出行需求增加（以人公里为单位）不一定导致排放量增加，因为在相同的出行距离内可以选择更为节能减排的交通方式。土地利用和交通规划政策的整合将继续将可达性维持在期望的水平，并且阻止明显的城市扩张，这些都将随时间的推移导致总出行距离的减少。伴随足够的基础设施投资、健全的价格政策、良好的交通服务，以及更高的新能源汽车市场渗透率，城市交通将实现可持续发展。

参考文献

Alonso, W. (1964), Location and Land Use. Towards a Theory of Land Rent, Harvard University Press, Cambridge (Massachusetts).

Banister, D. (2008), "The sustainable mobility paradigm", Transport Policy, New Developments in Urban Transportation Planning 15, 73 – 80, http://dx.doi.org/10.1016/j.tranpol.2007.10.005.

Beijing Environmental Protection Bureau (2014), The sources of local pollution in Beijing.

Bhat, C. R. et al. (2005), Measuring Access to Public Transportation Services: Review of Customer Oriented Transit Performance Measures and Methods of Transit Submarket Identification, Centre for Transportation Research University of Texas, www.utexas.edu/research/ctr/pdf_reports/0_5178_1.pdf.

BMCC and BTRC (2004), The Outline of Beijing Transport Development, Beijing Municipal Committee of Communication and Beijing Transport Research Center, Beijing.

Bowman, J. L., Ben-Akiva and M. E. (2001), Activity-based disaggregate travel demand model system with activity schedules. Transportation Research Part A: Policy and Practice 35, 1-28, http://dx.doi.org/10.1016/S0965-8564(99)00043-9.

Brueckner and Fansler (1983), "The economics of urban sprawl: Theory and evidence on the spatial sizes of cities", Review of Economics and Statistics, Vol. 65, No. 3, pp. 479-482.

CAAM (2010), "Automotives Statistics", 2010 China Vehicle Sales, China Association of Automobile Manufacturers, Beijing, www.caam.org.cn, assessed March 12, 2016.

CAAM (2014), "Automotives Statistics", 2014 China Vehicle Sales, China Association of Automobile Manufacturers, Beijing, www.caam.org.cn, assessed March 12, 2016.

Cai, H. and S. Xie (2007), "Estimation of vehicular emission inventories in China from 1980 to 2005", Atmospheric Environment, Vol. 41, pp. 8963-8979.

CAIT (2015), CAIT Climate Data Explorer, World Resources Institute, Washington, DC, www.cait.wri.org, assessed July 3, 2016.

Cambridge Systematics Inc. and Apogee Research (1996), "Measuring and Valuing Transit Benefits and Disbenefits: Summary," Transit Cooperative Research Program Report 20, Transport Research Board, National Academy Press.

Carruthers, R. et al. (2005), "Affordability of Public Transport in Developing Countries", Transport Papers, TP-3, January 2005, The World Bank Group, Washington, DC.

Cervero, R. and G. Arrington (2008), "Vehicle Trip Reduction Impacts of Transit-Oriented Housing", Journal of Public Transportation, Vol. 11.

Chambliss, S. et al. (2013), The Impact of Stringent Fuel and Vehicle Standards on Premature Mortality and Emissions, The International Council on Clean Transportation. www.theicct.org/global-health-roadmap.

Chattopadhyay, S. and E. Taylor (2012), "Do Smart Growth Strategies Have a Role in Curbing Vehicle Miles Traveled? A Further Assessment Using Household Level Survey Data", The B. E. Journal of Economic Analysis and Policy, Vol. 12.

Chen, G. and J. Kauppila (2017), "Global Urban Passenger Travel Demand and CO_2 Emissions to 2050: A New Model", presented at the 96th TRB Annual Meeting.

Daly, H. and B. P. ó Gallachóir (2011), "Modelling private car energy demand using a technological car stock model", Transportation Research Part D: Transport and Environment, Vol. 16, pp. 93-101.

Downs, A. (2004), Stuck in Traffic. Coping with Peak-Hour Traffic Congestion, Brookings Institution Press, Washington, DC.

Downs, A. (1962), "The Law of Peak – Hour Expressway Congestion", Traffic Quarterly, Vol. 16/3, pp. 393-409.

Ewing, R. and R. Cervero (2010), "Travel and the built environment: a meta – analysis", Journal of American Planning, Vol. 76/3, pp. 265-294.

Franco et al. (2014), "Real-world exhaust emissions from modern diesel cars, a meta-analysis of PEMs emissions data from EU (EURO 6) and US (TIER 2 BIN 5/ULEV II) diesel passenger cars", ICCT White Paper.

Geerlings, H. and D. Stead (2003), "The integration of land use planning, transport and environment in European policy and research", Transport Policy, Urban Transport Policy Instruments, Vol. 10, pp. 187-196.

Geurs, K. T. et al. (2012), Accessibility Analysis and Transport Planning. Challenges for Europe and North America, Edward Elgar, Cheltenham, www. elgaronline. com/view/9781781000106. xml.

Geurs, K. T and B. van Wee (2004), "Accessibility evaluation of land – use and transport strategies: Review and research directions", Journal of Transport Geography, Vol. 12, 2004, pp. 127-140.

Greening, L. A. (2004), "Effects of human behavior on aggregate carbon intensity of personal transportation: comparison of 10 OECD countries for the period 1970-1993", Energy Economics, Vol. 26, pp. 1-30.

Handy, S. L. and D. A. Niemeier (1997), "Measuring Accessibility: An Exploration into Issues and Alternatives Environment and Planning, Vol. 29/7, pp. 1175-1194.

Hansen, W. G. (1959), "How accessibility shapes land use", Journal of the American Institute of Planners, Vol. 25, pp. 73-76.

He, D., H. Liu, K. He, F. Meng, Y. Jiang, M. Wang, J. Zhou, P. Calthorpe, J. Guo, Z. Yao, and Q. Wang (2013), "Energy Use of, and CO_2 Emissions from China's Urban Passenger Transport Sector-Carbon Mitigation Scenarios Upon the Transport Mode Choices", Transport Research Part A, Vol. 53, pp. 53-67.

Holz-Rau, C., J. Scheiner and K. Sicks (2014), "Travel Distances in Daily Travel and Long-Distance Travel: What Role is Played by Urban Form?" Environment and Planning A, Vol. 46, pp. 488-507.

IEA (2015), Energy Technology Perspectives 2015. OECD Publishing, Paris, http://dx. doi. org/10. 1787/energy_tech-2015-en.

IEA (2016), World Energy Outlook 2016. IEA, Paris, http://dx. doi. org/10. 1787/weo-2016-en.

ICCT (2014), Global Transportation Roadmap Model, www. theicct. org/global-transportation-roadmap-model.

ITDP (2016), People Near Transit: Improving Accessibility and Rapid Transit Coverage in Large Cities, New York.

ITF (2016), "Shared Mobility: Innovation for Liveable Cities", International Transport Forum Policy Papers, No. 21, OECD Publishing, Paris, http://dx. doi. org/10. 1787/5jlwvz8bd4mx-en.

ITF (2015), Low-Carbon Mobility for Mega Cities: What Different Policies Mean for Urban Transport Emissions in China and India. OECD, International Transport Forum, www. itf – oecd. org/sites/default/files/docs/2016-01-19-report-china-bd. pdf.

ITF, Eurostat and UNECE (2009), Illustrated Glossary for Transport Statistics.

Jovicic, G. and C. O. Hansen (2003), "A passenger travel demand model for Copenhagen", Transportation Research Part A: Policy and Practice, Vol. 37, pp. 333-349.

Kaufmann, T. , L. Radaelli and E. Shmueli (2016), "Quantitative Land Use Planning: Deploying Data-Driven Methods in The Practice of City Planning", submitted for publication to the Proceedings of the National Academy of Sciences of the United States of America.

Kitamura, R. , C. Chen, R. M. Pendyala and R. Narayanan (2000), "Micro-simulation of daily activitytravel patterns for travel demand forecasting", Transportation, Vol. 27, pp. 25-51.

Koppelman, F. S. and C. Bhat (2006), A Self Instructing Course in Mode Choice Modeling: Multinomial and Nested Logit Models, US Department of Transportation, Federal Transit Administration 31.

Levinson, D. (2013), "Access Across America", Center for Transportation Studies, University of Minnesota, http://access. umn. edu/research/america/auto/2013/.

Litman, T. (2016), Land-Use Impacts on Transport How Land Use Factors Affect Travel Behavior, Victoria Transport Policy Institute, Canada.

Litman, T. (2004), "Transit price elasticities and cross-elasticities", Journal of Public Transportation, Vol. 7/3.

Litman, T. and D. Burwell (2006), "Issues in sustainable transportation", International Journal of Global Environmental Issues, Vol. 6, pp. 331-347.

Mandel, B. , M. Gaudry and W. Rothengatter (1997), "A disaggregate Box-Cox Logit mode choice model of intercity passenger travel in Germany and its implications for high – speed rail demand forecasts", Ann Reg Sci, Vol. 31, pp. 99-120.

McGrath, D. T. (2005), "More evidence on the spatial scale of cities", Journal of Urban Economics, Vol. 58/1, pp. 1-10.

Metz, D. (2012), "Demographic determinants of daily travel demand", Transport Policy, Vol. 21, pp. 20-25.

Metz, D. (2010), "Saturation of Demand for Daily Travel", Transport Reviews, Vol. 30, pp. 659-674.

Meyer, I. , S. Kaniovski and J. Scheffran (2012), "Scenarios for regional passenger car fleets and their CO_2 emissions", Energy Policy, Modeling Transport (Energy) Demand and Policies, Vol. 41, pp. 66-74.

Meyer, I. , M. Leimbach and C. C. Jaeger (2007), "International passenger transport and climate change: A sector analysis in car demand and associated emissions from 2000 to 2050", Energy Policy, Vol. 35, pp. 6332-6345.

Meyer, M. D. (1999), "Demand management as an element of transportation policy: using carrots and sticks to influence travel behavior", Transportation Research Part A: Policy and Practice, Vol. 33, pp. 575-599.

Mills, D. E. (1981), "Growth, speculation and sprawl in a monocentric city", Journal of Urban Economics, Vol. 10/2, pp. 201-226.

Mokhtarian, P. L. and C. Chen (2004), "TTB or not TTB, that is the question: a review and analysis of the empirical literature on travel time (and money) budgets", Transportation Research Part A: Policy and Practice, Vol. 38, pp. 643-675.

Murray, A. T. et al. (1998), "Public Transportation Access", Transport Research Part D: Transport and Environment, Vol. 3/5, pp. 319-328.

Newman, P. and J. Kenworthy (2011), "Peak Car Use: Understanding the Demise of Automobile Dependence", Journal of World Transport Policy and Practice, Vol. 127, pp. 31-42.

OMNIL (2012), Enquête Globale Transport, La mobilité en Ile-de-France, Cahier Numéro 1.

Oueslati, W. et al. (2014), "Determinants of urban sprawl in European cities", Urban Studies, Vol. 52/9, pp. 1594-1614.

Owen, A. and D. Levinson (2015), "Access Across America: Walking 2014", Center for Transportation Studies, University of Minnesota, http://access. umn. edu/research/america/walking/2014/documents/

CTS15-03. pdf.

Owen, A. and D. Levinson (2014), "Access Across America: Transit 2014", Center for Transportation Studies, University of Minnesota, http://access. umn. edu/research/america/transit/2014/.

Paez, A. (2016), "Access and social complexity: identifying and managing access requirements across social groups and across the world", in Sclar, C. et al., Improving urban access. New approaches to funding transport investment, Earthscan, London and New York, pp. 190-217.

Paulley, N., R. Balcombe, R. Mackett, H. Titheridge, J. Preston, M. Wardman, J. Shires and P. White (2006), "The demand for public transport: The effects of fares, quality of service, income and car ownership", Transport Policy, Innovation and Integration in Urban Transport Policy, Vol. 13, pp. 295-306.

Peralta, T. (2015), "Mobility for all: Getting the right urban indicator. Shifting from the proximity of transport to the accessibility of opportunities", Connections, Note 25, November 2015, The World Bank, www. worldbank. org/en/topic/transport/brief/connections-note-25.

Peralta, T. and S. R. Mehndiratta (2015), "Accessibility analysis of growth patterns in Buenos Aires. Density, employment and spatial form", Transportation Research Record: Journal of the Transportation Research Board, Vol. 2512.

Pesaresi, M. and M. Carneiro Freire Sergio (2014), Buref-producing a global reference layer of built-up by integrating population and remote sensing data.

Poelman, H. and L. Dijkstra (2015), "Measuring access to public transport in European cities", Regional Working Paper, 01/2015, European Commission, http://ec. europa. eu/regional_policy/sources/docgener/work/2015_01_publ_transp. pdf.

Sander, G. et al. (2015), Malaysia economic monitor: transforming urban transport, Washington, DC, World Bank Group.

Shanzi, K. et al. (2009), "Determinants of urban spatial scale: Chinese cities in transition", Urban Studies, Vol. 46/13, pp. 1-19.

Schafer, A. (2012), "Introducing behavioral change in transportation into energy/economy/environment models", Policy Research Working Paper Series, No. 6234, The World Bank.

Schafer, A. (1998) "The global demand for motorized mobility", Transportation Research Part A: Policy and Practice, Vol. 32, pp. 455-477.

Schafer, A. and D. G. Victor (2000), "The future mobility of the world population", Transportation Research Part A: Policy and Practice, Vol. 34, pp. 171-205.

Schafer, A. and D. G. Victor (1999), "Global passenger travel: implications for carbon dioxide emissions", Energy, Vol. 24, pp. 657-679.

Schipper, L, C. Marie – Lilliu and R. Gorham, (2000), Flexing the Link between Transport and Greenhouse Gas Emissions: A Path for the World Bank, Washington, DC, World Bank.

Singh, S. K. (2006), "Future mobility in India: Implications for energy demand and CO_2 emission", Transport Policy, Vol. 13, pp. 398-412.

Sotheary, P. and M. Kunthear (2015), "Congestion costing $6 million a month", The Phnom Penh Post, www. phnompenhpost. com/national/congestion-costing-6-million-month, accessed 19 October 2016.

TERI (2015), Unpublished Transport Data for Indian Cities, The Energy and Resources Institute, New Delhi.

TfL (2010), Travel in London Report 2, Transport for London.

TomTom (2016), TomTom Traffic Index. Measuring congestion worldwide, www. tomtom. com/fr_fr/trafficindex/.

United Nations (2014), "World urbanization prospects: The 2014 Revision", United Nations Publications, New York.

Viegas, J. and L. Martinez (2016), "Practical approaches to measuring access and social inclusion. Lessons from Lisbon", in Sclar, C. et al., Improving urban access. New approaches to funding transport investment, Earthscan, London and New York, pp. 170 – 189.

Vovsha, P., E. Petersen and R. Donnelly (2002), "Microsimulation in Travel Demand Modeling: Lessons Learned from the New York Best Practice Model", Transportation Research Record: Journal of the Transportation Research Board, Vol. 1805, pp. 68-77.

Wang, Y., T. F. Welch, B. Wu, X. Ye and F. W. Ducca (2016), "Impact of transit-oriented development policy scenarios on travel demand measures of mode share, trip distance and highway usage in Maryland", KSCE J Civ Eng, Vol. 20, pp. 1006-1016.

Wang, Y., J. Teter, and D. Sperling (2011), "China's Soaring Vehicle Population: Even Greater Than Forecasted?" Energy Policy, Vol. 39, No. 6, pp. 3296-3306.

Wen, C.-H., Y.-C. Chiou and W.-L. Huang (2012), "A dynamic analysis of motorcycle ownership and usage: A panel data modeling approach", Accident Analysis & Prevention, PTW + Cognitive impairment and Driving Safety, Vol. 49, pp. 193-202.

WHO (2016), Ambient air pollution: A global assessment of exposure and burden of disease, World Health Organisation, Geneva.

Yan, X. and R. J. Crookes (2010), "Energy demand and emissions from road transportation vehicles in China", Progress in Energy and Combustion Science, Vol. 36, pp. 651-676.

Zahavi, Y. and A. Talvitie (1980), "Regularities in Travel Time and Money Expenditures", Transportation Research Record: Journal of the Transportation Research Board, pp. 13-19.

附录5.A1:数据来源

数据来源 表5.A1.1

名称	描述	来源
城市名单		
方式分担率	2014年前人口超过30万的全部城市名单 不同交通方式出行比例(包括所有出行目的) 主要来源 其他来源	联合国人居署,WUP2014 各种来源 EPOMM方式分解工具 – www.epomm.eu/tems/result_cities.phtml? more = 1 全国家庭出行调查数据年鉴 地方交通机构报告 各研究机构和组织报告、国际公共交通联盟(UITP)、城市交通数据库
交通运输供给	全球道路网络 全球公共交通网络 城市交通数据库 世界地铁数据库 快速公交数据库 公共交通网络和时刻表 出行速度	开放街道地图,www.openstreetmap.org/ 开放街道地图,www.openstreetmap.org/ UITP http://mic-ro.con/metro/table html ITDP 基于通用公共交通供应说明(GTFS)的不同公共交通运营商和机构,www.transitwiki.org/TransitWiki/index.php? title = General_Transit_Feed_Specification TomTom交通指标,www.tomtom.com/en_gb/trafficindex/

续上表

名 称	描 述	来 源
城市建成区	BUREF-全球建成区参考图层(BUREF2010)是使用2010年全球公共空间数据建立的包含建成区分布和密度数据的空间栅格数据集 LANDSAT-世界上持续观测时间最长的的中分辨率土地空间遥感数据	欧洲委员会,联合研究中心,http://publications.jrc.ec.europa.eu/repository/handle/JRC90459 美国地质调查局(USGS)和NASA的一项联合工作,http://landsat.usgs.gov//about_project_descriptions.php
人口	总人口,不同国家内超过30万人口的城市人口 Worldpop非洲、亚洲、拉丁美洲和加勒比海人口光栅网格数据(空间分辨率约为1km;2010年). 澳大利亚国家人口光栅网格数据(空间分辨率约为1km;2011年)	联合国人居署,WUP2014 Worldpop,www.worldpop.org.uk/ 澳大利亚统计局,www.abs.gov.au/AUSSTATS/abs@.nsf/DetailsPage/1270.0.55.0072011?OpenDocument
	Geostat欧洲人口向量网格(空间分辨率约为1km;2011年) 新西兰国家人口向量网格(空间分辨率约为1km;2011年)	Eurostat和EFGS,http://ec.europa.eu/eurostat/web/gisco/geodata/reference-data/population-distribution-demography LINZ和新西兰统计局, https://koordinates.com/layer/8707-nz-1km-pop-grid/
	美国人口普查分组的社区人口调查(人口普查分组;2014年)	美国社区调查,www.census.gov/programs-surveys/acs/
	世界栅格化人口数据(GPW第四版)作为以下国家的数据来源(亚美尼亚、阿塞拜疆、巴林岛、加拿大、古巴、格鲁吉亚、伊朗、伊拉克、以色列、约旦、哈萨克斯坦、科威特、吉尔吉斯斯坦、黎巴嫩、阿曼、卡塔尔、摩尔多瓦、俄罗斯、沙特阿拉伯、塞尔维亚、巴勒斯坦、阿拉伯叙利亚共和国、塔吉克斯坦、土耳其、土库曼斯坦、乌克兰、阿联酋、乌兹别克斯坦、白俄罗斯、也门)	GPW第四版,SEDAC,http://sedac.ciesin.columbia.edu/data/set/gp w-v4-population-count
GDP		
	GDP,各国人均GDP预测	OECDECO部门
	2010年单元网格GDP	LANDSAT
车辆保有量		
	各国每千人小客车保有量	IRF世界道路数据50周年(数据2000—2011)
交通价格		
	各城市交通价格,如每升油价、月票价格、单程公交票价、出租车每小时价格等	NUMBEO,开放资源,www.numbeo.com/cost-of-living/prices_by_city.jsp

附录5.A2:全球城市客运模型

根据联合国的世界人口展望(2014版),本书的研究对象为人口在30万以上的城市群。完整的城市名单中共有1692个城市符合条件。总模型由6个子模型构成。交通系统由3个高度相互关联的子模型组成:出行需求、交通供给和车辆总数。子模型的机理在量化分析中起到最根本的作用。土地利用和交通系统相互作用,比如土地利用影响着交通方式选择和车辆保有量,并同时会被交通供给水平所影响。外部因素子模型包含的输入因素包括能够为交通系统提供额外驾驶人员的人口、经济发展和车辆技术水平。总车辆数子模型的结果将作为情景子模型的输入数据,用于计算 CO_2 排放量。子模型的结构如下:

(1)采取联合国人居署的方法来预测2030—2050年的城市人口。

(2)用于预测城市GDP增长率的S型曲线模型。国家城市人口集中比例和国家城市GDP集中比例之间的关系遵循S型曲线的变化规律。

(3)城市交通供给量的回归模型,包括道路供给量和公共交通供给量。

(4)用于测算每个城市的各出行方式分担率的离散选择模型。

(5)用于预测小客车保有量的S型曲线以及用于推断其他类型车辆的假设。

(6)不同交通方式的 CO_2 排放强度以及技术路径,用于将车辆活动量换算为 CO_2 排放量(IEA,交通模型)。

每个样本城市的城市边界都由全球建成区参考图层(BUREF2010)(Pesaresi 和 Carneiro Freire Sergio,2014)提供,并且以2010年LANDSAT的空间土地遥感数据作为补充。这一全球城市边界用于与其他基于GIS的交通数据图层相交叉,以为每个城市区域得到交通供给量指标,如每个城市边界内道路和公共交通的供给量。基准年的城市GDP数据是在LANDSAT 2010中的GDP分部地图的基础上,通过将OECD环境总署中的国家GDP值重新分配至各城市区域内。LANDSAT 2010中提供了为每个单元格(1平方公里分辨率)测算出GDP密度值的GDP光栅。

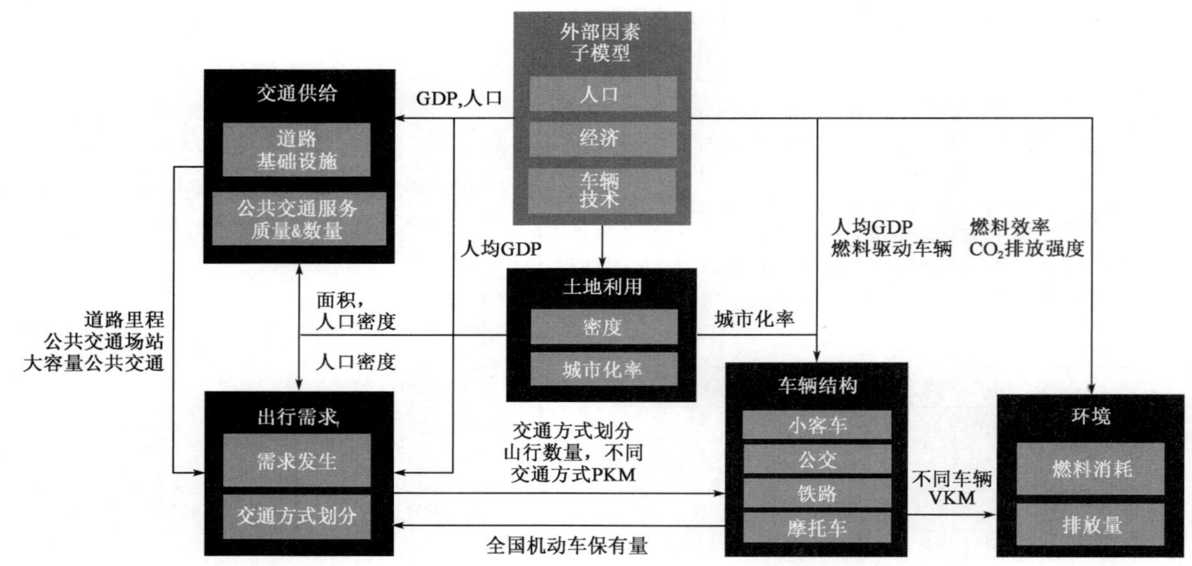

图5.A2.1 ITF全球城市交通模型建模框架

5.A2.1 交通供给

道路网络和公共交通网络数据的主要来源是开放街道地图(www.openstreetmap.org)。开放街道地图是一个开放的数据资源,是通过众包方式创建的合作项目,鼓励全世界范围内的志愿者收集地理数据并参与该数据资源的整合。由于众包方式的特点,各地区、国家和城市的数据质量存在差异,为了减少数据差异带来的风险,我们仅考虑了五级主要道路的数据,即高速公路、干线公路、一级公路、二级公路和三级公路。而且某些公共交通供给覆盖率较低的城市在回归分析中被排除在外。

公路网络总里程和公共交通场站(公交、地铁、有轨电车、BRT等)总量的计算公式如下,

$$rdLen_i = a_1 \times pop_i^{b_1} \times area_i^{b_2} \times gcap_i^{b_3}$$

$$ptStops_i = a_2 \times pop_i^{b_4} \times area_i^{b_5} \times gcap_i^{b_6}$$

式中：rdLen$_i$，ptStops$_i$，pop$_i$，area$_i$，gcap$_i$ 分别代表城市 i 的公路总里程、公共交通场站总量、城市人口，城市区域面积和人均 GDP；b 为每个变量的估计参数。

5. A2. 2 国家车辆保有量

历年车辆保有量(各国每千人小客车数)数据是从世界 169 个国家 2000—2011 年数据中收集而得的。小客车保有量模型的概念遵循 Dargay 等(Dargay 等，2007)的研究。我们建立了一个小客车保有量模型，根据每个国家可观测的城市化率清晰地模拟了车辆饱和度。小客车保有量与人均 GDP 之间的弹性系数为 S 型曲线关系，在收入处于较低水平时小客车保有量缓慢地增加，在收入逐渐步入中等水平后开始加速，在收入处于较高水平时小客车保有量开始趋于饱和。

$$\mathrm{carOwn}_i - \frac{b_{\mathrm{n}} + \exp(u \times \mathrm{uRate}_i)}{1 + \exp(-\mathrm{gr}_i \times (\mathrm{gcap}_i - \mathrm{m}_i))}$$

式中，i 代表国家；n 代表洲；j 代表收入群体；uRate 代表城市化率；gcap 代表人均 GDP；b_n 为表示饱和度水平的常数项；u 为城市化率系数；gr 为增长率；m 为曲线的中点。

车辆保有量先是作为城市化率和人均收入的因变量考虑的，之后被用为出行方式分担率模型中的自变量。

5. A2. 3 交通成本

城市燃料价格(每升油价)主要来源于一个开放资源数据库 Numbeo(www. numbeo. com/)，并以世界银行的国家数据(最广泛销售的汽油的零售价格)作为补充。我们假设没有燃料价格数据的城市中的燃料价格与其同一国家中最近的有燃料价格数据的城市相同。如果没有发现类似的城市，则燃料价格与世界银行的国家平均价格一致。各国家的燃料价格增长率是从 IEA 的 MoMo 模型中得到的，用于预测 2010—2050 年的燃料价格。

平均每次出行的公共交通票价也是从同一个数据资源中收集的。我们采用了一个回归模型来预测未来的公共交通票价。公式为：

$$\mathrm{ptFare}_i = \mathrm{c}_j \times \mathrm{gcap}_i^{b_7}$$

式中，c_j 为代表国家分组 j 的常数项；b_7 为人均 GDP 的测算系数。

停车价格是从 2011 年高力国际公司进行的一项停车费用调查中收集而得的(Moore，2011)。每日停车成本 parking$_i$ 是以车辆密度(每平方公里车辆数)carDens$_i$ 和公共交通场站密度(每平方公里公共交通场站数)ptDens$_i$ 为变量的函数。

$$\mathrm{parking}_i = d \times \mathrm{carDens}_i^{b_8} \times \mathrm{ptDens}_i^{b9}$$

5. A2. 4 交通方式选择

现有研究表明每个城市中的方式分担率是以城市建设状态为变量的函数，包括城市规模、地形、经济、土地利用、个人行为和公共政策(He 等，2013；Norley，2015)。其目的是回答相关城市发展政策对城市交通方式分担率的影响，包括经济社会发展、车辆保有量、城市结构、道路供给、公共交通供给和价格指标。将方式分担率作为城市发展政策的敏感性参数，这是出行需求模型中常用的基于个人或出行的行为 logit 模型的一种替代性方案。标准的多项式 logit 模型被用为模型的基础。

$$P_{ni} = \frac{e^{U_{ni}}}{\sum_j e^{U_{nj}}}$$

$$U_{C_i} = \mathrm{ASC}_C + b_{\mathrm{cown}} \times \mathrm{carO}wn_i + \beta_{\mathrm{fpx}} \times f\mathrm{Price}_i + \beta_{\mathrm{pk}} \times \mathrm{park}_i + \beta_{\mathrm{rds}} \times r\mathrm{Dens}_i$$

$$U_{PT_i} + \mathrm{ASC}_{\mathrm{PT}} + \beta_{\mathrm{ptds}} \times \mathrm{ptDens}_i + \beta_{\mathrm{mast}} \times \mathrm{mass}_i + \beta_{\mathrm{tpx}} \times \mathrm{ptFare}_i + \beta_{\mathrm{pds}_{\mathrm{PT}}} \times \mathrm{popDens}_i$$

$$U_{W_i} = \mathrm{ASC}_{\mathrm{W}} + \beta_{\mathrm{pds}_{\mathrm{W}}} \times \mathrm{popDens}_i + \beta_{\mathrm{gcap}_{\mathrm{W}}} \times \mathrm{gcap}_i$$

$$U_{B_i} = \text{ASC}_{\text{B}} + \beta_{\text{pds}_\text{B}} \times \text{popDens}_i + \beta_{\text{gcap}_\text{B}} \times \text{gcap}_i$$

$$U_{M_i} = \text{ASC}_{\text{M}} + \beta_{\text{pds}_\text{M}} \times \text{popDens}_i + \beta_{\text{gcap}_\text{M}} \times \text{gcap}_i$$

式中,ASC 是一项可替代方案的特定常数;b 为测算系数;fPrice 为燃料价格;pPark 为停车成本;ptFare 为公共交通票价(单程票);rDens 为道路密度;ptDens 为公共交通场站密度;mass 表示是否存在可用的轨道交通方式;gcap 为人均 GDP;C,PT,W,B,M 分别代表小客车、公共交通、步行、自行车和摩托车出行。

该数据中包含 247 个观察项,小客车、公共交通、步行、自行车和摩托车的平均加权方式分担率分别为 42%、30%、18%、6% 和 3%。模型的 $\rho^2 = 0.279$,表明其对于交通方式选择结果具有很强的说服力,而且所有的变量都有统计意义。

校正参数的取值是合理的,如偏好因子的取值与其他研究建议的取值一致,私家车的偏好程度高于公共交通,自行车的偏好程度最低。所有的系数都具有统计意义。校正因子的取值考虑了车辆保有量和道路密度对车辆使用具有积极影响。公共交通场站密度和轨道交通的运营会对公共交通使用产生积极影响。价格变量对相应的交通方式具有负面影响,如燃料价格、停车成本和公共交通票价。我们发现城市密度对公共交通运量和非机动方式出行有积极作用,其参数值在公共交通方式中最高,其次是步行和自行车。人均 GDP 作为收入水平的代表值,对于摩托车和非机动交通方式的出行具有负面影响。这一发现也与现存的研究相一致,收入增长导致更快捷的交通方式需求增长。

5.A2.5　出行率和距离

本书研究的平均出行率表示在考虑所有出行目的的基础上,每人平均每日的出行量。在出行发生分析中,其研究方法包括建立一个用于表示出行率和经济社会特征之间关系的模型。本书的研究中,我们使用了一个简单的回归分析来定义家庭出行调查中所观测到的平均出行率与人均 GDP 之间的关系。

平均出行距离的定义为无论何种出行目的下单次出行的距离。我们使用观测到的样本出行距离来建立私家车出行距离与城市区域规模的关系。我们还得到了不同交通方式间平均出行距离的差异,如公共交通的平均出行距离比小客车高 45%,自行车出行距离一般为小客车出行距离的 32%。基于所收集的数据,我们简单地得到了在研究时间范围内所有城市的平均出行距离。如果未来收集到更多更好的数据,出行率和出行距离的测算将会改良。计算方法将通过考虑能更好地解释不同交通出行方式出行距离的变量来进一步改善,如混合土地利用、人口密度和随时间变化的可能性。

5.A2.6　车辆技术和 CO_2 排放

交通活动将通过交通技术路径而换算为 CO_2 排放量。技术假设和排放量计算是从 IEA 的 MoMo 模型和能源技术展望中得到的。基准情景中使用的方案是世界能源展望中的 4℃ 方案(4DS),该情景中包括一系列国家实施的政策承诺和规划。在此情景下,燃料经济标准非常严格,而且车辆技术一直有阶段性的缓慢进步(IEA,2013 和 Dulac,2013)。所有车辆的出行燃料强度和燃料碳排放强度存在缓慢和持续的下降。这种下降一般在 OECD 区域更为显著。

附录 5.A3:交通速度和密度详细结果

以下两个表格中给出了用于检测车辆可达性(表 5.A3.1)和公共交通可达性(表 5.A3.2)的主要指标在各地区内的结果。

城市道路和密度

表5. A3.1

		密度（千人/平方公里）	自由行驶速度（公里/时）	拥堵速度（公里/时）	拥堵造成的速度损失(%)
城市人口>3 百万	过渡地区	5.8	21.3	14.1	51
	北美洲	1.8	29.3	21.3	37
	非洲①	14.7	17.9	10.8	67
	OECD 太平洋地区	1.8	33.6	24.3	38
	EEA+土耳其	3.4	26.7	19.1	40
	拉丁美洲	8.4	19.9	13.2	50
	亚洲	8.6	24.6	15.8	56
	中东地区	5.6	27.8	18.4	50
城市人口>1 百万	过渡地区	2.8	19.7	12.6	57
	北美洲	1.6	26.7	19.7	35
	非洲①	7.0	17.2	10.4	65
	OECD 太平洋地区	1.8	28.4	20.7	37
	EEA+土耳其	2.3	24.1	17.4	38
	拉丁美洲	8.5	19.5	12.8	52
	亚洲	7.5	21.2	13.3	60
	中东地区	6.3	24.8	16.3	52
更小的城市	过渡地区	2.4	18.6	11.3	64
	北美洲	1.6	24.7	18.4	34
	非洲①	5.6	17.6	11.0	60
	OECD 太平洋地区	1.4	25.8	19.1	35
	EEA+土耳其	2.1	22.5	16.1	39
	拉丁美洲	4.5	17.6	11.7	51
	亚洲	6.3	19.4	12.1	61
	中东地区	3.6	21.2	13.7	55

注①：非洲城市的密度计算中采用的方法不能确保完全准确，不能确保给出可用于比较的结果，其结果很可能估计过高。

城市公共交通速度和供给

表5. A3.2

城市区域	国　家	面积(平方公里)	密度（千人/平方公里）	速度（公里/时）	公交供给量（公交停站量/时）	轨道交通供给量（车辆停站量/时）
巴尔的摩和华盛顿特区	美国	3833	1.8	9.0	103868	3557
圣保罗	巴西	2488	7.9	9.2	759835	5467
马尼拉	菲律宾	1216	9.8	7.2	451095	810
墨西哥城	墨西哥	2219	9.1	10.6	49150	8934
开罗	埃及	1173	14.4	7.1	130171	3252
多伦多	加拿大	1827	3.4	10.4	165374	18196
ValedoAçoand BeloHorizonte	巴西	696	8.5	7.8	265348	408
马德里	西班牙	3242	1.8	11.3	321996	9021
巴黎	法国	3144	3.3	15.2	302693	184881
圣何塞和旧金山	美国	1924	2.6	7.9	28532	1279

续上表

城市区域	国　家	面积(平方公里)	密度(千人/平方公里)	速度(公里/时)	公交供给量(公交停站量/时)	轨道交通供给量(车辆停站量/时)
悉尼	澳大利亚	1639	2.7	9.6	171500	3558
罗马	意大利	2370	1.7	8.4	60454	5533
雅典	希腊	550	5.6	6.8	21499	2882
内罗比	肯尼亚	539	6.0	8.8	64496	0
柏林	德国	1336	2.6	16.4	210507	62169
科罗拉多泉	美国	402	1.4	5.7	360	0
阿德莱德	澳大利亚	792	1.5	8.1	50047	3211
奥斯汀	美国	702	2.0	7.8	11661	236
布达佩斯	匈牙利	1374	1.3	9.8	25310	12308
图卢兹	法国	596	1.5	8.0	16271	2003
格勒诺布尔	法国	322	1.5	7.6	4866	3039
南斯	法国	305	1.9	9.1	21550	5560
弗罗茨瓦夫	波兰	163	3.9	7.7	10875	3633

附录 5. A4:亚洲城市政策情景假设

以下三个表格中给出了 ITF 城市交通模型中使用的三种政策情景假设的差异。

中 国 城 市　　表 5. A4.1

政 策 情 景	基　准		健全管制(ROG)		综合土地利用和交通规划(LUT)	
	2030	2050	2030	2050	2030	2050
人口中密度	联合国世界人口展望	联合国世界人口展望	联合国世界人口展望	联合国世界人口展望	比联合国世界人口展望高 15%	比联合国世界人口展望高 25%
公共交通建设平均每次通勤出行时间(分)	53 ~ 58	53 ~ 58	53 ~ 58	53 ~ 58	37 ~ 41	21 ~ 23
是否建有 BRT	北京和广州	北京和广州	北京和广州	北京和广州	所有城市	所有城市
经济手段燃油税增长(%)	N/A	N/A	33(与韩国接近)	63(与日本接近)	33(与韩国接近)	63(与日本接近)
停车费用(美元/时)	0.78 ~ 2.35	0.78 ~ 2.35	1.40 ~ 4.23	2.03 ~ 6.11	1.40 ~ 4.23	2.03 ~ 6.1
过路费	0.78	0.78	1.17	1.56	1.17	1.56
公交补助资金增长(%)	N/A	N/A	30	50	30	50
轨道交通补助资金增长(%)	N/A	N/A	30	50	30	50
政府管制						
车辆注册限制						
北京	211200	151200	144270	48090	144270	48090

续上表

政策情景	基准		健全管制(ROG)		综合土地利用和交通规划(LUT)	
上海	100000	100000	146440	73220	146440	73220
广州	120000	120000	136482	68241	136482	68241
西安	N/A	N/A	100000	73904	100000	73904
天津	100000	90000	90000	68820	90000	68820
燃料经济标准所有城市	IEA4DS	IEA4DS	IEA2DS	IEA2DS	IEA2DS	IEA2DS

印度城市 表5.A4.2

	基准		健全管制(ROG)		综合土地利用和交通规划(LUT)	
	2030	2050	2030	2050	2030	2050
人口密度	联合国世界	联合国世界	联合国世界	联合国世界	比联合国世界	比联合国世界
公共交通建设平均每次通勤出行时间(分)	45～60	45～60	45～60	45～60	32～42	18～24
是否建有BRT	德里、艾哈迈达巴德、斋普尔和印多尔	德里、艾哈迈达巴德、斋普尔和印多尔	德里、艾哈迈达巴德、斋普、尔和印多尔	德里、艾哈迈达巴德、斋普尔和印多尔	所有城市	所有城市
经济手段燃油税增长(%)	N/A	N/A	63(与日本接近)	63(与日本接近)	63(与日本近)	63(与日本近)
停车费用(美元/时)	0.60～0.91	0.60～0.91	1.08～1.64	1.56～2.37	1.08～1.64	1.56～2.37
过路费	0.61	0.61	0.92	1.22	0.92	1.22
公交补助资金增长(%)	N/A	N/A	30	50	30	50
轨道交通补助资金增长(%)	N/A	N/A	30	50	30	50
资金增长(%)						
政府管制燃料经济标准所有城市	IEA4DS	IEA4DS	IEA2DS	IEA2DS	IEA2DS	IEA2DS
公共交通建设平均出行时间①降低(%)	N/A	N/A	N/A	N/A	30	60
经济手段燃油税增长(%)	N/A	N/A	33(与韩国接近)	63(与日本接近)	33(与韩国接近)	63(与日本接近)
停车费用(美元/时)	N/A	N/A	80	160	80	160
过路费	N/A	N/A	USD1.02	USD1.36	USD1.02	USD1.36
公交补助资金增长(%)	N/A	N/A	30	50	30	50
轨道交通补助资金增长(%)	N/A	N/A	30	50	30	50
政府管制燃油经济标准所有城市	IEA4DS	IEA4DS	IEA2DS	IEA	2DS	IEA2DS

注①:基于每个城市的家庭出行调查数据。在基准和ROG情景下,方式选择和排放模型中所有交通方式的出行时间是从家庭出行调查数据中得到的。在LUT情景下,公交和轨道交通的出行时间在2030和2050年分别将下降30%和60%。

附　　录

数据附表

铁路货运周转量(百万吨公里)

	2008	2009	2010	2011	2012	2013	2014	2015
阿尔巴尼亚	52	46	66	50	25	23	40	23
亚美尼亚	705e	718e	743e	816e	867e	851e	786	640
澳大利亚	218684	237163	258624	261420e	290570e	..	..	372580
奥地利	21915	17767	19833	20345	19499	19320	20494	20266
阿塞拜疆	10021	7592	8250	7845	8212	7958	..	..
白俄罗斯	48994	42274	46224	47384e	48475e	43143e	..	..
比利时	8469	5947	6264e	6698e	..	..	..	..
波黑	1242	992	877	1018	1150	1243	..	..
保加利亚	4693	3145	3064	3291	2908	3246	3439	3650
加拿大	236842	216287	240292	248468	256622	258617	277402	282780p
中国	2510628	2523917	2764413	2946579	2918709	2917390	2753020	..
克罗地亚	3312	2641	2618	2438	2332	2086	2119	2183
捷克共和国	15437	12791	13770	14316	14266	13965	14574	15261
丹麦	1863	1696	2240	2614	2278	2448	2453	..
爱沙尼亚	5943	5934	6638	6271	5129	4722	3256	..
芬兰	10777	8872	9750	9395	9275	9470	9596	8468
法国	40436	32129	29965	34202	32539	32010	32217	..
马其顿共和国[1]	743	497	525	479	423	421	411	278
格鲁吉亚	6515	5417	6228	6055	5976	5526	4988	4261
德国	115652	95834	107317	113317	110065	112613	112629	116632
希腊	786	537	601	352	283e	238e	343e	294
匈牙利	9874	7673	8809	9118	9230	9722	10158	10010
冰岛	x	x	x	x	x	x	x	x
印度	551448	600546	625723	667607	649645	665810	681698	685925
爱尔兰	103	79	92	105	91	99	100	96
意大利	21981	17791		18616	19787	20244	19037	20072	17984e
日本	22256	20562	20398	19998	20471	21071	21029	..
韩国	11566	9273	9452	9997	10271	10459	9564	..
拉脱维亚	19581	18725	17179	21410	21867	19532	19441	18906
列支敦士登	17	10	11	10	10	9	..	..
立陶宛	14748	11888	13431	15088	14172	13344	14307	14036
卢森堡	280	200	309	270	231	218	208	207
马耳他	x	x	x	x	x	x	x	x
墨西哥	74582	69185	78771	79729	79353	77717	..	..
摩尔多瓦共和国	2873	1058	959	1196	960	1227	1182	963
黑山共和国	184	101	151	136	73	105	94	..
荷兰	6984	5578	5925	6378	6142	6077	6170	6472
新西兰	4556	3962	3919	4178	4581	4547	4492	4450
挪威	3629	3506	3498	3574	3489	3383	3539	3498
波兰	52043	43554	48795	53746	48903	50881	50073	50603

续上表

	2008	2009	2010	2011	2012	2013	2014	2015
葡萄牙	2549	2174	2313	2322	2421	2290	2438	2661
罗马尼亚	15236	11088	12375	14719	13472	12941	12264	..
俄罗斯联邦	2116240	1865305	2011308	2127835	2222389	2196217	2300532	2305945
塞尔维亚共和国	4339	2967	3522	3611	2769	3022	2988	3248
斯洛伐克共和国	9299	6964	8105	7960	7591	8494	8829	8439
斯洛文尼亚	3520	2668	3421	3752	3470	3799	4110	4175
西班牙	10287	7391	7872	8018	7477	7394	7603	..
瑞典	22924	20389 ǀ	23464	22864	22043	20970	21296	20583
瑞士	12265	10565	11074	11526	11061	11812	12313	12431
土耳其	10739	10326	11462	11677	11670	11177	11992	10474
乌克兰	257007	196188	218091	243866	237722	224434e	..	..
英国	21077	19171	18576	20974	21467	22401	22143	19342
美国	2525364	2309811	2491450	2524667	2500300	2541355	2702743	..

..数据暂缺;ǀ系列数据中断;e 估计值;x 数据不适用;p 临时数据。

注:元数据详情可见:http://metalinks. oecd. org/transport/20161124/ba8d。

免责声明:http://oe. cd/disclaimer。

1. 马其顿共和国:前南斯拉夫马其顿共和国。

来源:ITF 交通运输数据。

公路货运周转量(百万吨公里)

	2008	2009	2010	2011	2012	2013	2014	2015
阿尔巴尼亚	4098e	4445e	4626e	3805e	3223e	3497e	..	..
亚美尼亚	1034e	182	236	287	401	484	544	479
澳大利亚	187585	179266	184330	188434	193035	199344	205735	212010
奥地利	18160	16276	16539	16997	16143	15524	16605	17161
阿塞拜疆	10317	11021	11728	12776	13744	14575	..	..
白俄罗斯	22767	..	..	..	..	..	..	..
比利时	38356	36174	35001	33107	32105	32795	31808	31729
波黑	1873	1711	..	1718	2310	2658	..	..
保加利亚	15321	17741	19454	21212	24387	27237	27922	32350
加拿大	129380	118903	135294	136393	143043	143921	166580	..
中国	3286819 ǀ	3718882	4338967	5137474	5953486	5573810	6101660	..
克罗地亚	11042	9429	8780	8927	8649	9133	9381	10439
捷克共和国	50877	44954	51833	54830	51228	54893	54092	58714
丹麦	10718	10002	10573	12025	12292	12222	12950	..
爱沙尼亚	7026	5249	5611	5913	5793	5987	6308	..
芬兰	31035	27657	30337	26917	25458	24429	23401	24485
法国	195515	166052	174409	177993	165808	165315	159530	..
马其顿共和国[1]	3978	4035	4235	8933 ǀ	8965	7466	10622	10192
格鲁吉亚	600	611	620	628	637	646	655	664
德国	341550	307575	313097	323848	307106	305781	310142	..

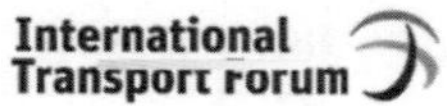

续上表

	2008	2009	2010	2011	2012	2013	2014	2015
希腊	16960e	16940e	20146e	20426	20416	19203p	19223	19763
匈牙利	35744	35373	33720	34529	33735	35817	37517	38352
冰岛	805e	813e	806e	777e	786e	808e	850e	911e
印度	920000	1015000	1128000	1212000	1266302e	1333163e	1409953e	1495678e
爱尔兰	17290	12068	10924	9941	9895	9138	9772	9844
意大利	165385	156341	162509	135148	118100	120161	110411	..
日本	346420	334667	246175丨	233956	209956	214092	210008	..
韩国	101437	99089	102808	104476	108365	118582	124650	..
拉脱维亚	12344	8115	10590	12131	12178	12816	13670	14690
列支敦士登	330	264	305	312	281	318	..	..
立陶宛	20419	17757	19398	21512	23449	26338	28067	26485
卢森堡	9566e	8400	8657	8837	6550	7214	7912	7095
马耳他	..	..	..	..	..	..	..	..
墨西哥	227290	211600	220285丨	226900	233464	235427	..	..
摩尔多瓦共和国	2966	2707	3057	3583	3922	5238	5152	5091
黑山共和国	137	179	167	102	76	67	122	..
荷兰	37092	36333	30114	30344	28718	31845	32033	32237
新西兰	20898	17613	20050	20534	20944	21286	23301	..
挪威	17763	16245	17334	17167	18087	19712	20297	..
波兰	174223	191484	214204	218888	233310	259708	262860丨	273107
葡萄牙	38950	35356	34640	37472	32274	39624	36336	34524
罗马尼亚	56377	34265	25883	26347	29662	34026	35135	..
俄罗斯联邦	216276	180136	199341	222823	248862	250054	246784	232549
塞尔维亚共和国	1112	1185	1689	1907	2474	2824	2959	2973
斯洛伐克共和国	29094	27484	27411	29045	29504	30005	31304	33525
斯洛文尼亚	2635	2276	2289	2176	1849	1889	2062	2069
西班牙	242978	211891	210064	206840	199205	192594	195763	209387
瑞典	37933	32118	32738	33417	37305丨	38629	38808	38102
瑞士	17130	16775	16906	17372	17109	17241	17541	..
土耳其	181935	176455	190365	203072	216123	224048	234492	244329
乌克兰	19800	33193	34391	38596	38951	..	..	..
英国	161600	140854	153829	155043丨	160423丨	148626丨	144935丨	160893
美国	4018805	3576215	3668077	3859535	..	..	..	..

..数据暂缺；丨系列数据中断；e 估计值；x 数据不适用；p 临时数据。

注：元数据详情可见：http://metalinks.oecd.org/transport/20161124/ba8d。

免责声明：http://oe.cd/disclaimer。

1. 马其顿共和国：前南斯拉夫马其顿共和国。

来源：ITF 交通运输数据。

内河水路货运周转量(百万吨公里)

	2008	2009	2010	2011	2012	2013	2014	2015
阿尔巴尼亚	x	x	x	x	x	x	x	x
亚美尼亚	x	x	x	x	x	x	x	x
澳大利亚	x	x	x	x	x	x	x	x
奥地利	2359	2003	2375	2123	2191	2353	2177	1806
阿塞拜疆	x	x	x	x	x	x	x	x
白俄罗斯	132	..	..	..	..	..	..	..
比利时	8746	7086	8210	9251e	10420	10365	10451	10426
波黑	x	x	x	x	x	x	x	x
保加利亚	1936	1794	1813	1422	1397	1196	971	1081
加拿大	22800	21059	23934	25000e	26300e	26600e	..	..
中国	1741170	1803267	2242853	2606884	2829548	3073028	3683960	..
克罗地亚	843 l	727	941	692	772	771	716	879
捷克共和国	863	641	679	695	669	693	656	585
丹麦	x	x	x	x	x	x	x	x
爱沙尼亚	..	..	..	..	..	..	..	..
芬兰	80	61	76	90	124	121	136	130
法国	7504	7423	8060	7864	7830	7912	7752	..
马其顿共和国[1]	x	x	x	x	x	x	x	x
格鲁吉亚	x	x	x	x	x	x	x	x
德国	64061	55497	62278	55027	58488	60070	59093	55315
希腊	x	x	x	x	x	x	x	x
匈牙利	2250	1831	2393	1840	1982	1924	1811	1824
冰岛	x	x	x	x	x	x	x	x
印度	2950	3710	4030	3800	3063	2418	2829	..
爱尔兰	x	x	x	x	x	x	x	x
意大利	64	76	135	144	81	89	64	..
日本	x	x	x	x	x	x	x	x
韩国	x	x	x	x	x	x	x	x
拉脱维亚	0	0	0	0	0	0	0	0
列支敦士登	x	x	x	x	x	x	x	x
立陶宛	13	4	4	4	2	1	1	1
卢森堡	366	279	359	305	290	315	285	235
马耳他	x	x	x	x	x	x	x	x
墨西哥	x	x	x	x	x	x	x	x
摩尔多瓦共和国	1	1	0	1	1	1	1	0
黑山共和国	x	x	x	x	x	x	x	x
荷兰	44446	35638	46592	47303	47520	48600	48535	49425
新西兰	x	x	x	x	x	x	x	x
挪威	x	x	x	x	x	x	x	x
波兰	1274	1020	1030	909	815	768	779	2187

续上表

	2008	2009	2010	2011	2012	2013	2014	2015
葡萄牙	..	..	..	..	..	..	..	..
罗马尼亚	8687	11765 |	14317	11409	12520	12242	11760	..
俄罗斯联邦	63705	52686	53955	59144	80762 |	80101	72317	63625
塞尔维亚共和国	1369	1114	875	963	605	701	759	859
斯洛伐克共和国	1101	899	1189	931	986	1006	905	741
斯洛文尼亚	x	x	x	x	x	x	x	x
西班牙	x	x	x	x	x	x	x	x
瑞典	x	x	x	x	x	x	x	x
瑞士	..	..	..	..	..	..	..	..
土耳其	x	x	x	x	x	x	x	x
乌克兰	4498	2745	3837	2218	1748	..	..	..
英国	160	133	125	143	157	211	169	..
美国	454376	406608	450529	464667	461927	438253	482977	..

..数据暂缺;| 系列数据中断;e 估计值;x 数据不适用。

注:元数据详情可见:http://metalinks.oecd.org/transport/20161124/ba8d。

免责声明:http://oe.cd/disclaimer。

1. 马其顿共和国:前南斯拉夫马其顿共和国。

来源:ITF 交通运输数据。

输油管道运输周转量(百万吨公里)

	2008	2009	2010	2011	2012	2013	2014	2015
阿尔巴尼亚	4	6	2	x	x	x	x	x
亚美尼亚	1958e	1688e	2103e	2470e	2876e	2750e	2837	2624
澳大利亚	x	x	x	x	x	x	x	x
奥地利	7521	7304	7000	7228	7146	8392	8259	8475
阿塞拜疆	62434	73195	72931	65850	63172	63734	..	..
白俄罗斯	x	x	x	x	x	x	x	x
比利时	1450e	1450	1450	1450	..	..	..	..
波黑	x	x	x	x	x	x	x	x
保加利亚	420	436	415	481	573	633	583	661
加拿大	124000	123200	124300	151200	165000	175400	192400	213600
中国	194403	202242	219719	288544	321100	349600	432800	..
克罗地亚	1677	1797	1703	1477	1216	1485	1447	1740
捷克共和国	2315	2156	2191	1954	1907	1933	2063	2023
丹麦	4209	3895	3547	3265	3078	2739	2409	..
爱沙尼亚	x	x	x	x	x	x	x	x
芬兰	x	x	x	x	x	x	x	x
法国	20918	19481	17607	17207	15151	11521	11115	..
马其顿共和国[1]	164	144	123	98	37	..	6 |	6
格鲁吉亚	..	..	..	..	..	..	..	..

续上表

	2008	2009	2010	2011	2012	2013	2014	2015
德国	15670	15950	16259	15623	16207	18180	17541	17714
希腊	x	x	x	x	x	x	x	x
匈牙利	5637	5262	5623	5581	5802	5694	5801	5305
冰岛	x	x	x	x	x	x	x	x
印度	107230	120360	123060	134800	141660	..	..	..
爱尔兰	x	x	x	x	x	x	x	x
意大利	11266	10497	10400	9954	10066	10024	9555	9667e
日本	x	x	x	x	x	x	x	x
韩国	x	x	x	x	x	x	x	x
拉脱维亚	2097	1573	2350	2439	2631	2279	2376	1965
列支敦士登	x	x	x	x	x	x	x	x
立陶宛	527	410	579	591	632	563	567	496
卢森堡	x	x	x	x	x	x	x	x
马耳他	x	x	x	x	x	x	x	x
墨西哥	..	..	..	..	..	..	..	..
摩尔多瓦共和国	x	x	x	x	x	x	x	x
黑山共和国	x	x	x	x	x	x	x	x
荷兰	5967	5622	5647	5502	5572	5405	5837	6044
新西兰	x	x	x	x	x	x	x	x
挪威	3827	3854	3440	3065	2721	2724	2845	..
波兰	21247	22908	24157	23461	22325	20112	20543	21843
葡萄牙	450	413	383	364	360	350	371	391
罗马尼亚	1720	1243	996	879	785	829	984	..
俄罗斯联邦	1112852	1122802	1122964	1120140	1187627	1223931	1220442	1268535
塞尔维亚共和国	462	402	381	311	295	381	355	923
斯洛伐克共和国	..	..	..	..	..	..	..	..
斯洛文尼亚	x	x	x	x	x	x	x	x
西班牙	9141	8232	8182	8601	8900	8691	8967	10115
瑞典	x	x	x	x	x	x	x	x
瑞士	248	233	218	203	183	228	234	113 I
土耳其	36402	45111	39636	44690	37362	26714	15331	52514
乌克兰	32120	28256	18688	14292	10607	..	..	..
英国	10180	10185	10309	10024	9914	..	..	..
美国	884305	829848	831308	881385	..	..	..	..

..数据暂缺；I系列数据中断；e 估计值；x 数据不适用。

注：元数据详情可见：http://metalinks.oecd.org/transport/20161124/ba8d。

免责声明：http://oe.cd/disclaimer。

1. 马其顿共和国：前南斯拉夫马其顿共和国。

来源：ITF 交通运输数据。

内陆货运总周转量(百万吨公里)

	2008	2009	2010	2011	2012	2013	2014	2015
阿尔巴尼亚	4154	4497	4694	3855	3248	3520	..	..
亚美尼亚	3697e	2588e	3082e	3573e	4144e	4085e	4167	3743
澳大利亚	391045	416429	442954	449854e	483605e	..	..	584590
奥地利	49955	43350	45747	46693	44979	45589	47535	47708
阿塞拜疆	82772	91808	92909	86471	85128	86267	..	..
白俄罗斯	71893	..	..	..	..	..	..	..
比利时	57021e	50657	50925e	50506e	..	..	..	..
波黑	3115	2703	..	2736	3460	3901	..	..
保加利亚	22370	23116	24746	26406	29265	32312	32915	37742
加拿大	513022	479449	523820	561061	590965	604538	..	..
中国	7733020 |	8248308	9565952	10979481	12022843	11913828	12971440	..
克罗地亚	16874 |	14594	14042	13534	12969	13475	13663	15241
捷克共和国	69492	60542	68473	71795	68070	71484	71385	76582
丹麦	16790	15593	16360	17904	17648	17409	17812	..
爱沙尼亚	12969	11183	12249	12184	10922	10709	9564	..
芬兰	41892	36590	40163	36402	34857	34020	33133	33083
法国	264373	225085	230041	237266	221328	216757	210613	..
马其顿共和国[1]	4885	4676	4883	9510 |	9425	7887	11039	10476
格鲁吉亚	..	..	..	..	..	..	..	..
德国	536933	474856	498951	507815	491866	496644	499405	..
希腊	17746e	17477e	20747e	20778e	20699e	19441p	19566e	20057
匈牙利	53505	50139	50545	51068	50749	53157	55287	55490
冰岛	805e	813e	806e	777e	786e	808e	850e	911e
印度	1581630	1739618	1881090	2018600	2056723	..	..	..
爱尔兰	17393	12147	11016	10046	9986	9237	9872	9940
意大利	198696	184705 |	191660	165033	148491	149311	140102	..
日本	368676	355229	266573 |	253954	230427	235163	231037	..
韩国	113003	108362	112260	114473	118636	129041	134214	..
拉脱维亚	34022	28413	30119	35980	36676	34627	35487	35561
列支敦士登	347	274	316	322	291	327	..	..
立陶宛	35707	30059	33412	37195	38255	40246	42942	41018
卢森堡	10212e	8879e	9325e	9412e	7071e	7747e	8405	7537
马耳他	..	..	..	..	..	..	..	..
墨西哥	301872	280785	299056 |	306629	312817	313144	..	..
摩尔多瓦共和国	5840	3766	4016	4780	4883	6466	6335	6054
黑山共和国	321	280	318	238	149	172	216	..
荷兰	94489	83171	88278	89527	87952	91927	92575	94178
新西兰	25454	21575	23969	24712	25525	25833	27793	..

续上表

	2008	2009	2010	2011	2012	2013	2014	2015
挪威	25219	23605	24272	23806	24297	25819	26681	..
波兰	248787	258966	288186	297004	305353	331469	334255 ǀ	347740
葡萄牙	41949	37943	37336	40158	35055	42264	39145	37576
罗马尼亚	82020	58361 ǀ	53571	53354	56439	60038	60143	..
俄罗斯联邦	3509073	3220929	3387568	3529942	3739640 ǀ	3750303	3840075	3870654
塞尔维亚共和国	7282	5668	6467	6792	6143	6928	7061	8003
斯洛伐克共和国	39494	35347	36705	37936	38081	39505	41038	42705
斯洛文尼亚	6155	4944	5710	5928	5319	5688	6172	6244
西班牙	262406	227514	226118	223459	215582	208679	212333	..
瑞典	60857	52507 ǀ	56202	56281	59348 ǀ	59599	60104	58685
瑞士	29643	27573	28198	29101	28353	29281	30088	..
土耳其	229076	231892	241463	259439	265155	261939	261815	307317
乌克兰	313425	260382	275007	298972	289028	..	..	..
英国	193017	170343	182839	186183e	191961	..	..	..
美国	7882850	7122482	7441364	7730254	..	..	..	..

..数据暂缺;ǀ系列数据中断;e 估计值;x 数据不适用;p 临时数据。

注:元数据详情可见:http://metalinks.oecd.org/transport/20161124/ba8d。

免责声明:http://oe.cd/disclaimer。

1.马其顿共和国:前南斯拉夫马其顿共和国。

来源:ITF 交通运输数据。

沿海货运周转量(国内运输)(百万吨公里)

	2008	2009	2010	2011	2012	2013	2014	2015
阿尔巴尼亚	..	..	..	..	..	..	..	..
亚美尼亚	x	x	x	x	x	x	x	x
澳大利亚	121916	109622	116208	113357	102577	104462	105404	..
奥地利	x	x	x	x	x	x	x	x
阿塞拜疆	6076	6173	4859	5186	5062	4632	..	..
白俄罗斯	x	x	x	x	x	x	x	x
比利时	..	..	..	..	..	..	..	..
波黑	..	..	..	..	..	..	..	..
保加利亚	..	..	..	..	..	..	..	..
加拿大	27852	26678	29547	31735	..	..	..	..
中国	3285100	3952400	4599900	4935500	5341200	4870500	..	..
克罗地亚	248	214	210	217	222	211	205	217
捷克共和国	x	x	x	x	x	x	x	x
丹麦	..	..	..	..	..	..	..	..
爱沙尼亚	..	..	..	..	..	..	..	..
芬兰	2937	2513	3621	3966	2840	1900	2010	2180
法国	..	..	..	..	..	..	..	..
马其顿共和国[1]	x	x	x	x	x	x	x	x
格鲁吉亚	..	..	..	..	..	..	..	..

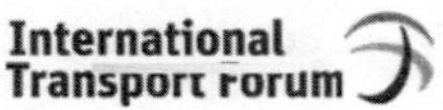

续上表

	2008	2009	2010	2011	2012	2013	2014	2015
德国	..	..	..	..	..	..	..	..
希腊	x	x	x	x	x	x	x	x
匈牙利	x	x	x	x	x	x	x	x
冰岛	48	57	47	43	12	32	13	..
印度	..	..	..	..	..	..	..	..
爱尔兰	..	..	..	..	..	..	..	..
意大利	47017e	49173e	53156e	53708e	50287e	49112e	52961e	54519e
日本	187859	167135	179898	174900	177791	184860	183120	180381
韩国	29590	25249	23281	27220	25804	30476	29848	..
拉脱维亚	..	..	..	..	..	..	..	..
列支敦士登	x	x	x	x	x	x	x	x
立陶宛	x	x	x	x	x	x	x	x
卢森堡	x	x	x	x	x	x	x	x
马耳他	..	..	..	..	..	..	..	..
墨西哥	..	..	..	..	..	..	..	..
摩尔多瓦共和国	x	x	x	x	x	x	x	x
黑山共和国	x	x	x	x	x	x	x	x
荷兰	..	..	..	..	..	..	..	..
新西兰	..	..	..	..	..	..	..	..
挪威	22860	22141	18703	19717	18432	20663	21058	..
波兰	..	..	..	..	..	..	..	..
葡萄牙	..	..	..	..	..	..	..	..
罗马尼亚	..	..	..	..	..	..	..	..
俄罗斯联邦	12450	12042	12640	13239	12138 ǀ	12133	13126	14956
塞尔维亚共和国	x	x	x	x	x	x	x	x
斯洛伐克共和国	x	x	x	x	x	x	x	x
斯洛文尼亚	x	x	x	x	x	x	x	x
西班牙	45396	40040	41666	42811	41761	40773	41848	44977p
瑞典	8255	6504	7851	7794 ǀ	6892	6764	6637	6923
瑞士	x	x	x	x	x	x	x	x
土耳其	11114	11397	12569	15961	17158	19725	18553	19189
乌克兰	..	..	..	2747	1702	..	..	..
英国	48400	47600	40800	41600	34000	28000	26000	..
美国	303495	286578	280822	263105	229349	239158	251801	..

..数据暂缺;ǀ系列数据中断;e 估计值;x 数据不适用;p 临时数据。

注:元数据详情可见:http://metalinks. oecd. org/transport/20161124/ba8d。

免责声明:http://oe. cd/disclaimer。

1. 马其顿共和国:前南斯拉夫马其顿共和国。

来源:ITF 交通运输数据。

铁路集装箱运量二十英尺国际标准换算箱(TEU)

	2008	2009	2010	2011	2012	2013	2014	2015
阿尔巴尼亚	..	..	..	..	..	..	..	..
亚美尼亚	..	..	..	..	..	..	15735	..
澳大利亚	..	..	..	..	..	..	..	..
奥地利	1358667	1104894	1310989	1356994	1278267	1148801	1169566	1156260
阿塞拜疆	13553	13851	13582	16797	19264	17396	..	..
白俄罗斯	..	..	..	..	..	..	..	..
比利时	864031	749417	..	..	..	..	..	..
波黑	..	..	..	..	..	..	..	..
保加利亚	102211	109818	57297	51387	53272	63725	35419	37807
加拿大	3205834	2952584	3235761	3315391	3559595	3686321	3897973	4071322
中国	..	..	..	..	..	..	..	..
克罗地亚	96577	64786	69583	44214	37744	41299	40792	34115
捷克共和国	997974	876747	1051439	1111464	1157228	1274125	1336973	1476907
丹麦	210925	161827	197945	198763	157306	166870	137144	..
爱沙尼亚	21190	17355	22484	34967	48863	62014	72019	..
芬兰	133644	89318	70204	60174	43105	42211	41137	33434
法国	..	..	..	..	..	..	..	..
马其顿共和国[1]	..	..	..	..	..	..	..	..
格鲁吉亚	40117	30727	45923	43856	55798	48083	49339	44022
德国	6023299	5078291	5614553	5921037	6228484	6456060	6272430	5979000
希腊	88473	56550	51009	65175	..	..	..	..
匈牙利	447944	452273	568685	520752	386746	519480	448166	651093
冰岛	x	x	x	x	x	x	x	x
印度	2308000	2421000	2562000	2604000	2586000	2869000	3111000	2920000
爱尔兰	4896	4340	13472	14280	13776	14784	15330	14910
意大利	1291673	864525	649259	563196	752433	767503	789217	710969
日本	..	..	..	..	..	..	..	..
韩国	..	..	..	..	..	..	..	..
拉脱维亚	52759	71142	98223	101099	111117	97710	97028	69813
列支敦士登	x	x	x	x	x	x	x	x
立陶宛	101711	70247	78188	102297	104171	103952	90745	69964
卢森堡	26967	33892	..	..	..	..	..	..
马耳他	x	x	x	x	x	x	x	x
墨西哥	..	..	..	..	..	..	..	..
摩尔多瓦共和国	3525	1922	1914	1774	1463	2015	1883	365
黑山共和国	..	..	..	..	..	..	..	..
荷兰	1077777	1026295	921108	939808	1539810	1300000	1406000	1441000
新西兰	..	..	..	..	..	..	..	..
挪威	552003	519954	493386	412043	386620	332653	324653	475909
波兰	706804	426619	569759	783338	1026181	1091888	1072627	1098698

续上表

	2008	2009	2010	2011	2012	2013	2014	2015
葡萄牙	82664	88032	171146	185456	191895	183583	262337	367905
罗马尼亚	230829	145065	196328	125372	91465	61474	54995	..
俄罗斯联邦	..	..	..	..	..	..	..	..
塞尔维亚共和国	..	..	..	..	..	..	..	..
斯洛伐克共和国	374672	314700	449429	585669	526643	593281	636652	621315
斯洛文尼亚	256449	222740	325556	385194	395945	390507	398621	458449
西班牙	..	..	..	..	..	..	..	..
瑞典	416973	533876 |	536934	486271	450303	433918	430588	411664
瑞士	..	..	..	..	..	..	..	..
土耳其	319583	439936	451710	659004	707989	814981	891605	713504
乌克兰	255014	109217	167535	214634	262455	..	..	..
英国	..	..	..	..	..	..	..	..
美国	..	..	..	..	..	..	..	..

..数据暂缺;|系列数据中断;x 数据不适用。

注:元数据详情可见:http://metalinks.oecd.org/transport/20161124/ba8d。

免责声明:http://oe.cd/disclaimer。

1. 马其顿共和国:前南斯拉夫马其顿共和国。

来源:ITF 交通运输数据。

海上集装箱运量二十英尺国际标准换算箱(TEU)

	2008	2009	2010	2011	2012	2013	2014	2015
阿尔巴尼亚	46798	68622	71614	80744	87909	109054	99350	104060
亚美尼亚	x	x	x	x	x	x	x	x
澳大利亚	6312647	6102990	6329135	6788836	7060177	7164877	7404823p	7902122p
奥地利	x	x	x	x	x	x	x	x
阿塞拜疆	3025	3768	13306	9712	4459	2276	..	..
白俄罗斯	x	x	x	x	x	x	x	x
比利时	10478990	9185866	10431840	10253280	9915814	9886286	9725574	9928293
波黑	..	..	..	..	..	..	..	..
保加利亚	200863	168339	170835	179167	212369	218999	236944	242865
加拿大	4447910	3924200	4520000	4557000	4935000	..	..	..
中国	..	..	..	..	..	..	..	..
克罗地亚	210729	151926	144649	154451	144041	130236	138278	181912
捷克共和国	x	x	x	x	x	x	x	x
丹麦	747000	637000	734000	782000	763000	747000	743000	..
爱沙尼亚	182065	131278	152060	198193	228032	253900	261069	..
芬兰	1594686	1104755	1219575	1398630	1449596	1472143	1440462	1413654
法国	3940558	3719061	3921094	3890854	4073475	4284491	4436507	..
马其顿共和国[1]	x	x	x	x	x	x	x	x
格鲁吉亚	253811	181613	226115	299461	357654	403447	446972	379816
德国	15667000	11915000	13096000	15271000	15325000	15552000	15905000	..

续上表

	2008	2009	2010	2011	2012	2013	2014	2015
希腊	1036980	1025729	1187487	2054064	3220371	3620126	3928785	3744380
匈牙利	x	x	x	x	x	x	x	x
冰岛	..	..	..	..	..	..	..	..
印度	6578000	6863000	7561000	7651000	7714000	7453000	7960000	8198000
爱尔兰	1043809	823218	772548	744056	732316	726019	796620	876848
意大利	7896531	6605651	8644600	8645200	9398353	9491151	10104971	..
日本	20705861	18015533	20533734	21135704	21225537	21490748	21717563	..
韩国	17926748	16341378	19368960	21610502	22550275	23469251	24798210	..
拉脱维亚	167491	145415	208508	246590	366824	385665	391218	359756
列支敦士登	x	x	x	x	x	x	x	x
立陶宛	373263	247995	295226	382194	381371	402733	450183	350393
卢森堡	x	x	x	x	x	x	x	x
马耳他	..	..	..	..	..	..	..	..
墨西哥	3316087	2884487	3691374 |	4223631	4878097	4875281	..	..
摩尔多瓦共和国	x	x	x	x	x	x	x	x
黑山共和国	x	x	x	x	x	x	x	x
荷兰	11206050	9955769	11242400	11446796	11522747	11133970	11756188	11719281
新西兰	..	..	..	..	2424902	2524754	2686756	2792132
挪威	624762	585647	656244	691172	714565	729947	761332	770447
波兰	635387	660594	1041690	1330746	1648886	1979703	2256061	1793407
葡萄牙	1548388	1508678	1690073	1791644	1994327	2418743	2706975	2752614
罗马尼亚	1405333	607483	548094	653306	675414	659375	663271	..
俄罗斯联邦	2486233	1786509	2454838	3028264	3371039	3501985	3617159	2906126
塞尔维亚共和国	x	x	x	x	x	x	x	x
斯洛伐克共和国	x	x	x	x	x	x	x	x
斯洛文尼亚	353880	334316 |	480981	586915	556392	596429	676381	802696
西班牙	13314317	11719125	12505803	13849935	13999337	13709523	14066730	14149470
瑞典	1081549	996444	1071238	1165087	1150775	1147065	1155418	1150691
瑞士	x	x	x	x	x	x	x	x
土耳其	5091621	4404442	5743455	6523506	7192396	7899933	8351122	8146398
乌克兰	..	516712	659690	729523	693210	..	..	..
英国	8764000	7415000	8254000	8176000	8013000	8273000	9540000	9799000
美国	32006944	28467280	31507445	32745592	33236967	34484687	35867974	..

..数据暂缺;|系列数据中断;x 数据不适用;p 临时数据。

注:元数据详情可见:http://metalinks.oecd.org/transport/20161124/ba8d。

免责声明:http://oe.cd/disclaimer。

1. 马其顿共和国:前南斯拉夫马其顿共和国。

来源:ITF 交通运输数据。

铁路客运周转量(百万人公里)

	2008	2009	2010	2011	2012	2013	2014	2015
阿尔巴尼亚	41	32	19	18	16	12	8	7
亚美尼亚	24e	35e	50e	49e	53e	55e	52	44
澳大利亚	14031	14767	14750	14974	15256	15222	15239	15675
奥地利	10837	10653	10737	10899	11323	11915	12092	12208
阿塞拜疆	1049	1024	917	660	591	457	..	..
白俄罗斯	8188	7401	7578	7941e	8977e	8998e	..	..
比利时	10406	10427	10403	11003	..	10595	..	..
波黑	78	61	59	100	54	40	..	..
保加利亚	2335	2144	2100	2068	1876	1826	1702	1552
加拿大	1574	1413	1404	1404	1376	1365	1327	1341p
中国	777860	787889	876218	961229	981233	1059560	1160480	..
克罗地亚	1810	1835	1742	1486	1104	948	927	951
捷克共和国	6803	6503	6591	6714	7265	7601	7797	8298
丹麦	6475	6367	6577	6890	7020	7076	7098	..
爱沙尼亚	274	249	248	241	236	225	282	..
芬兰	4052	3876	3959	3882	4035	4053	3874	4113 |
法国	86339	85612	85602	88732	88003	87397	86726	..
马其顿共和国[1]	148	154	155	145	99	80	80	178
格鲁吉亚	674	626	654	641	625	585	550	465
德国	82539	82253	83886	85414	88796	89615	90976	..
希腊	1657	1414	1337	958	832e	755e	1072	1263
匈牙利	8293	8073	7692	7806	7806	7843	7738	7609
冰岛	x	x	x	x	x	x	x	x
印度	838032	903465	978508	1046522	1098103	1140412	1147190	1135718e
爱尔兰	1976	1683	1678	1638	1578	1569	1695	1917
意大利	49524	48124	47172	46845	46759	48739	49957	51158e
日本	404585	393765	393466	395067	404396	414387	413970	..
韩国	56766	55489	58381	63044	70079	66353	67860	..
拉脱维亚	951	756	749	741	725	729	649	591
列支敦士登	x	x	x	x	x	x	x	x
立陶宛	398	357	373	389	403	391	373	361
卢森堡	345	333	347	349	373	394	409	383
马耳他	x	x	x	x	x	x	x	x
墨西哥	178 |	449	844 |	891	970	1036	..	..
摩尔多瓦共和国	486	423	399	363	347	330	257	181
黑山共和国	125	99	91	65	62	73	76	..
荷兰	15313	15400	15400	16808	17098	17018	17018	17700e
新西兰	..	..	..	..	..	..	..	..

续上表

	2008	2009	2010	2011	2012	2013	2014	2015
挪威	3107	3080	3134	3076	3092	3260	3440	3555
波兰	20195	18637	17921	18177	17826	16797	16015	17367
葡萄牙	4213	4152	4111	4143	3803	3649	3852	3957
罗马尼亚	6958 ǀ	6128	5438	5073	4571	4411	4976	..
俄罗斯联邦	175872	151467	138885	139742	144612	138517	130027	120644
塞尔维亚共和国	583	522	522	541	540	612	453	509
斯洛伐克共和国	2296	2264	2309	2431	2459	2485	2583	3411
斯洛文尼亚	834	840	813	773	742	760	697	709
西班牙	23969	23137	22456	22795	22476	23788	25072	26142
瑞典	11146	11321	11155	11378	11792	11842	12121	12373p
瑞士	17776	18571	19177	19471	19262	19447	20010	..
土耳其	5097	5374	5491	5882	4598	3777	4393	4828
乌克兰	53056	48327	50248	50593	49329	48881e	..	..
英国	50626	50439	53320	55914	58127	59145	61768	63363
美国	9943	9518	10332	10570	10949	10959	10742	10519

.. 数据暂缺；ǀ 系列数据中断；e 估计值；x 数据不适用；p 临时数据。

注：元数据详情可见：http://metalinks.oecd.org/transport/20161124/ba8d。

免责声明：http://oe.cd/disclaimer。

1. 马其顿共和国：前南斯拉夫马其顿共和国。

来源：ITF 交通运输数据。

私家车客运周转量(百万人公里)

	2008	2009	2010	2011	2012	2013	2014	2015
阿尔巴尼亚	5647e	6068e	5535e	6726	6654	7587	..	..
亚美尼亚	2426e	2356	2344	2380	2450	2457	2537	2396
澳大利亚	262063	260946	262517	265181	267609	269617	271591	274997
奥地利	..	..	..	..	..	..	..	..
阿塞拜疆	..	..	..	..	..	..	..	..
白俄罗斯	..	..	..	..	..	..	..	..
比利时	113010	113430	109388	109970	110141	109828	..	..
波黑	..	..	..	..	..	..	..	..
保加利亚	..	..	..	..	..	..	..	..
加拿大	477000	493000	..	..	..	..	..	..
中国	1247611	1351144	1502081	1676025	1846755	1125090	1208410	..
克罗地亚	..	..	..	..	..	..	..	..
捷克共和国	72380e	72290e	63570 ǀ	65490e	64260e	64650e	66260e	69705e
丹麦	61009	60455	59759	59759	60190	60854	60064	..
爱沙尼亚	..	..	..	..	..	..	..	..
芬兰	63400	64330	64745	65490	65270	65115	65520	66295
法国	799988	802887	810793	812656	814994	819442	829636	..

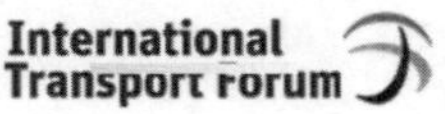

续上表

	2008	2009	2010	2011	2012	2013	2014	2015
马其顿共和国[1]	4215e	4244e	4683e	5322e	5116e	5964e	6769e	6987e
格鲁吉亚	5568	5724	5885	6049	6219	6393	6572	6756
德国	871300	881100	884800	894400	896300	903100	920800	..
希腊	35895e	..	..	..	..	..	..	..
匈牙利	54005	54396	52595	52251	51793	51823	52722e	54603e
冰岛	4950e	5003e	4958e	4777e	4832e	4971e	5226e	5605e
印度	5196000	5556000	5940000	6351000	6777787e	7314588e	7946568e	8671295e
爱尔兰	..	..	..	..	..	..	..	..
意大利	676359	719912	698390	665328	578668	620368	642920	679427
日本	822076	817360	..	..	..	..	..	..
韩国	210310	216378	264281	248111	248362	250425	258220	..
拉脱维亚	..	..	..	..	..	..	..	..
列支敦士登	..	..	..	..	..	..	..	..
立陶宛	37991	36055	32569	29908	34191	33325	24366	24865
卢森堡	..	..	..	..	..	..	..	..
马耳他	..	..	..	..	..	..	..	..
墨西哥	..	..	..	..	..	..	..	..
摩尔多瓦共和国	..	..	..	..	..	..	..	..
黑山共和国	..	..	..	..	..	..	..	..
荷兰	147044e	..	144200	144400	139700	145400	144969	139320
新西兰	..	..	..	..	..	..	..	..
挪威	55956	56536	57037	58029	58701	59407	61288	..
波兰	172620e	182758e	188810e	197835e	208501e	213120e	218941e	..
葡萄牙	85819e	..	..	..	..	..	..	..
罗马尼亚	..	..	..	..	..	..	..	..
俄罗斯联邦	123	109	295	283	338	337	263	352
塞尔维亚共和国	..	..	..	..	..	..	..	..
斯洛伐克共和国	26395	26420	26879	26887	26935e	27155e	27251e	27531
斯洛文尼亚	24878	25775	25636	..	..	..	..	..
西班牙	342611	350401	341629	334021	321045	316539	308704	317553
瑞典	108200	108300	108000	109200	109600	107600	114900	117000p
瑞士	80689	82459	83775	84889	86651	88255	89674	..
土耳其	..	..	..	..	..	..	..	..
乌克兰	..	..	..	..	..	..	..	..
英国	666024	661194	644023	641620	645123	640587	654234p	..
美国	5147478	4507134	4529562	4575485	4612480	4638407	4633149	..

..数据暂缺;|系列数据中断;e 估计值;p 临时数据。

注:元数据详情可见:http://metalinks.oecd.org/transport/20161124/ba8d。

免责声明:http://oe.cd/disclaimer。

1.马其顿共和国:前南斯拉夫马其顿共和国。

来源:ITF 交通运输数据。

公交和长途客运周转量(百万人公里)

	2008	2009	2010	2011	2012	2013	2014	2015
阿尔巴尼亚	790e	1302e	2370e	1254e	983e	1063e	..	..
亚美尼亚	95e	..	..	..	..	..	..	..
澳大利亚	18839	19176	19501	19918	20422	20745	21078	21204
奥地利	..	..	..	..	..	..	..	..
阿塞拜疆	14041	15291	16633	18264	20034	21880	..	..
白俄罗斯	8220	..	..	..	..	..	..	..
比利时	17610	17630	17385	17670	17905	21520	..	..
波黑	2113	1951	..	1454	1926	1764	..	..
保加利亚	12305	10073	9924	9766	9233	8916	10145	10231
加拿大	15471e	..	..	..	..	..	..	..
中国	..	..	..	..	..	..	..	..
克罗地亚	4093	3438	3284	3145	3249	3507	3648	3377
捷克共和国	9369	9494	10816	9267	9015	9026	10010	9996
丹麦	6782	6781	6853	6853	6849	6697	6491	..
爱沙尼亚	2676	2336	2266	2260	2490	2619	2569	..
芬兰	7540	7540	7540	7540	7540	7540	7540	7540
法国	50551	49562	50626	52000	52201	53165	54174	..
马其顿共和国[1]	1785	1765	1984	2208	1994	1980	2474	2276
格鲁吉亚	..	..	..	..	..	..	..	..
德国	79582	78594	78092	77957	76019	77146	78790	..
希腊	6287e	..	..	..	..	..	..	..
匈牙利	16979	16081	16250	16259	16868	16965	17441	17618
冰岛	637e	644e	638e	615e	622e	640e	673e	721e
印度	..	..	..	..	..	..	..	..
爱尔兰	..	..	..	..	..	..	..	..
意大利	102438	101706	102219	102440	101516	101768	102815	103053
日本	83831	81360	77750 |	73988	75668	74571	72579	..
韩国	96350	94409	114582	115207	106838	109503	110296	..
拉脱维亚	2517	2143	2311	2412	2358	2325	2330	2314
列支敦士登	..	..	..	..	..	..	..	..
立陶宛	2952	2382	2348	2400	2387	2521	2672	2457
卢森堡	..	..	..	..	..	..	..	..
马耳他	..	..	..	..	..	..	..	..
墨西哥	463865	436900	452033 |	465600	480690	484776	..	..
摩尔多瓦共和国	2599	2300	2417	2733	2835	3124	2874	2922
黑山共和国	123	102	80	80	111	109	108	..
荷兰	16192e	..	..	..	..	..	..	..
新西兰	..	..	..	..	..	..	..	..

续上表

	2008	2009	2010	2011	2012	2013	2014	2015
挪威	6147	6208	5631 I	5672	5791	5844	5985	6414
波兰	47723e	43903e	41651e	40126e	39419e	37781e	39158e	37580
葡萄牙	10937e	..	..	5850	5850	6023	5657	6047 I
罗马尼亚	13881 I	12805	11955	11773	12584	12923	14061	..
俄罗斯联邦	151774	141191	140333	138284	132968	126042	127090	126271
塞尔维亚共和国	4719	4582	4653	4652	4640	4612	4223	4601
斯洛伐克共和国	6567	5295	5142	5338	5300	5166	5281	5268
斯洛文尼亚	3146	3196	3183	..	..	..	..	..
西班牙	60864	57043	50902	55742	54531	53836	39469	46389
瑞典	9049	9046	9109	9345	9228	9274	9250	9386p
瑞士	6230	6352	6486	6677	6837	6895	7016	..
土耳其	..	..	..	..	..	..	..	..
乌克兰	60671	54631	51463	50881	49704	..	..	..
英国	43200	44200	44700	42600	42200	40400	39600p	..
美国	505782	490873	469790	471080	504300	517466	545852	..

..数据暂缺；I 系列数据中断；e 估计值；p 临时数据。

注：元数据详情可见：http://metalinks.oecd.org/transport/20161124/ba8d。

免责声明：http://oe.cd/disclaimer。

1. 马其顿共和国：前南斯拉夫马其顿共和国。

来源：ITF 交通运输数据。

公路客运总周转量（百万人公里）

	2008	2009	2010	2011	2012	2013	2014	2015
阿尔巴尼亚	6437e	7370e	7905e	7980e	7637e	8650e	..	..
亚美尼亚	2521e	2356	2344	2380	2450	2457	2537	2396
澳大利亚	280902	280122	282018	285099	288031	290362	292670	296202
奥地利	..	..	..	..	..	..	..	..
阿塞拜疆	14041	15291	16633	18264	20034	21880	..	..
白俄罗斯	8220	..	..	..	..	..	..	..
比利时	130620	131060	126773	127640	128046	131348	..	..
波黑	2113	1951	..	1454	1926	1764	..	..
保加利亚	12305	10073	9924	9766	9233	8916	10145	10231
加拿大	492471e	493000	..	..	..	..	..	..
中国	1247611	1351144	1502081	1676025	1846755	1125090	1208410	..
克罗地亚	4093	3438	3284	3145	3249	3507	3648	3377
捷克共和国	81749	81784	74386 I	74757	73275	73676	76270	79701
丹麦	67791	67236	66612	66612	67039	67551	66554	..
爱沙尼亚	2676	2336	2266	2260	2490	2619	2569	..
芬兰	70940	71870	72285	73030	72810	72655	73060	73835
法国	850539	852450	861419	864656	867195	872607	883810	..

续上表

	2008	2009	2010	2011	2012	2013	2014	2015
马其顿共和国[1]	6000e	6009e	6667e	7530e	7110e	7944e	9243e	9263e
格鲁吉亚	5568	5724	5885	6049	6219	6393	6572	6756
德国	950882	959694	962892	972357	972319	980246	999590	..
希腊	42182e	..	..	..	..	..	..	..
匈牙利	70984	70477	68845	68510	68661	68788	70163e	72221
冰岛	5587e	5647e	5596e	5392e	5454e	5611e	5899e	6326e
印度	5196000	5556000	5940000	6351000	6777787e	7314588e	7946568e	8671295e
爱尔兰	..	..	..	..	..	..	..	..
意大利	778797	821618	800609	767768	680184	722136	745735	782480
日本	905907	898720	..	..	..	..	..	..
韩国	306660	310787	378863	363318	355200	359928	368516	..
拉脱维亚	2517	2143	2311	2412	2358	2325	2330	2314
列支敦士登	..	..	..	..	..	..	..	..
立陶宛	40943	38437	34917	32308	36578	35846	27038	27322
卢森堡	..	..	..	..	..	..	..	..
马耳他	..	..	..	..	..	..	..	..
墨西哥	463865	436900	452033	465600	480690	484776	..	..
摩尔多瓦共和国	2599	2300	2417	2733	2835	3124	2874	2922
黑山共和国	123	102	81	80	111	109	108	..
荷兰	163236e	..	..	..	..	..	..	..
新西兰	..	..	..	..	..	..	..	..
挪威	62103	62744	62668 ǀ	63701	64492	65251	67273	..
波兰	220343e	226661e	230461e	237961e	247920e	250901e	258099e	..
葡萄牙	96756e	..	..	..	..	..	..	..
罗马尼亚	13881 ǀ	12805	11955	11773	12584	12923	14061	..
俄罗斯联邦	151897	141300	140628	138567	133306	126379	127353	126623
塞尔维亚共和国	..	..	..	..	..	..	..	..
斯洛伐克共和国	32962	31715	32021	32225	32235	32321	32532	32799
斯洛文尼亚	28024	28971	28819	..	..	..	..	..
西班牙	403475	407444	392531	389763	375576	370375	348173	363942
瑞典	117249	117346	117109	118545	118828	116874	124150	126386p
瑞士	86919	88811	90261	91566	93488	95150	96690	..
土耳其	206098	212464	226913	242265	258874	268178	276073	290734
乌克兰	..	..	..	..	..	..	..	..
英国	709224	705394	688723	684220	687323	680987	693834p	..
美国	5653260	4998007	4999352	5046565	5116780	5155873	5179001	..

..数据暂缺;ǀ系列数据中断;e 估计值;p 临时数据。

注:元数据详情可见:http://metalinks. oecd. org/transport/20161124/ba8d。

免责声明:http://oe. cd/disclaimer。

1. 马其顿共和国:前南斯拉夫马其顿共和国。

来源:ITF 交通运输数据。

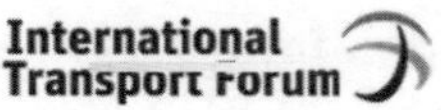

内陆客运总周转量(百万人公里)

	2008	2009	2010	2011	2012	2013	2014	2015
阿尔巴尼亚	6478	7402	7924	7998	7653	8662	..	..
亚美尼亚	2545e	2391e	2394e	2429e	2503e	2512e	2589e	2440
澳大利亚	294933	294889	296768	300073	303287	305584	307908	311876
奥地利	..	..	..	..	..	..	..	..
阿塞拜疆	15090	16315	17550	18924	20625	22337	..	..
白俄罗斯	16408	..	..	..	..	..	..	..
比利时	141026	141487	137176	..	..	141943	..	..
波黑	2191	2012	..	1554	1980	1804	..	..
保加利亚	14640	12217	12024	11834	11109	10742	11847	11783
加拿大	494045e	494413	..	..	..	..	..	..
中国	2025471	2139033	2378299	2637254	2827988	2184650	2368890	..
克罗地亚	5903	5273	5026	4631	4353	4455	4575	4328
捷克共和国	88552	88287	80977 l	81471	80540	81277	84067	87999
丹麦	74266	73603	73189	73502	74059	74627	73652	..
爱沙尼亚	2950	2585	2514	2501	2726	2844	2851	..
芬兰	74992	75746	76244	76912	76845	76708	76934	77948
法国	936878	938062	947021	953388	955198	960004	970536	..
马其顿共和国[1]	6148e	6163e	6822e	7675e	7209e	8024e	9323e	9441e
格鲁吉亚	6242	6350	6539	6690	6844	6978	7122	7221
德国	1033421	1041947	1046778	1057771	1061115	1069861	1090566	..
希腊	43839e	..	..	..	..	..	..	..
匈牙利	79277	78550	76537	76316	76467	76631	77901e	79830e
冰岛	5587	5647	5596	5392	5454	5611	5899	6326
印度	6034030	6459460	6918510	7397520	7923000e	8434000e	9010000e	9807013
爱尔兰	..	..	..	..	..	..	..	..
意大利	828321	869742	847781	814613	726943	770875	795692	833638
日本	1310492	1292485	..	..	..	..	..	..
韩国	363426	366276	437244	426362	425279	426281	436376	..
拉脱维亚	3468	2899	3060	3153	3083	3054	2979	2905
列支敦士登	..	..	..	..	..	..	..	..
立陶宛	41341	38794	35290	32697	36981	36237	27411	27683
卢森堡	..	..	..	..	..	..	..	..
马耳他	..	..	..	..	..	..	..	..
墨西哥	464043 l	437349	452877	466491	481660	485812	..	..
摩尔多瓦共和国	3085	2723	2816	3096	3182	3454	3131	3103
黑山共和国	248	201	172	145	173	182	184	..
荷兰	178549e	..	..	..	..	..	..	..
新西兰	..	..	..	..	..	..	..	..

续上表

	2008	2009	2010	2011	2012	2013	2014	2015
挪威	65210	65824	65802 ǀ	66777	67584	68511	70713	..
波兰	240538e	245298e	248382e	256138e	265746e	267698e	274114e	..
葡萄牙	100969e	..	..	..	..	..	..	..
罗马尼亚	20839	18933	17393	16846	17155	17334	19037	..
俄罗斯联邦	327769	292767	279513	278309	277918	264896	257380	247267
塞尔维亚共和国	..	..	..	..	..	..	..	..
斯洛伐克共和国	35258	33979	34330	34656	34694	34806	35115	36210
斯洛文尼亚	28858	29811	29632	..	..	..	..	..
西班牙	427444	430581	414987	412558	398052	394163	373245	390084
瑞典	128395	128667	128264	129923	130620	128716	136271	138759p
瑞士	104695	107382	109438	111037	112750	114597	116700	..
土耳其	211195	217838	232404	248147	263472	271955	280466	295562
乌克兰	113727	102958	101711	101474	99033	..	..	..
英国	759850	755833	742043	740134	745450	740132	755602	..
美国	5663203	5007525	5009684	5057135	5127729	5166832	5189743	..

..数据暂缺;ǀ系列数据中断;e 估计值;p 临时数据。

注:元数据详情可见:http://metalinks.oecd.org/transport/20161124/ba8d。

免责声明:http://oe.cd/disclaimer。

1. 马其顿共和国:前南斯拉夫马其顿共和国。

来源:ITF 交通运输数据。

公路交通伤害事故数量(事故数量)

	2008	2009	2010	2011	2012	2013	2014	2015
阿尔巴尼亚	1208	1465	1564	1876	1870	2075	1914	1992
亚美尼亚	2202	2002	1974e	2319e	2602e	2824e	3156	3399
澳大利亚	..	..	..	..	..	..	..	..
奥地利	39173	37925	35348	35129	40831 ǀ	38502	37957	37960
阿塞拜疆	2970	2792	2721	2890	2892	2846	..	..
白俄罗斯	7238	6739	..	..	..	..	..	..
比利时	48827	47798	45918	47945	44234	41279	41481	40303
波黑	40859	40237	..	37928	34884	35725	..	..
保加利亚	8045	7068	6609	6639	6717	7015	7018	7225
加拿大	129764	125456	125636	124199	124500	122101	112167p	..
中国	265204	238351	219521	210812	..	..	..	..
克罗地亚	16283	15730	13272	13228	11773	11225	10607	11038
捷克共和国	22481	21706	19676	20487	20504	20342	21054	21561
丹麦	5020	4174	3498	3525	3124	2984	..	..
爱沙尼亚	1869	1505	1347	1492	1383	1385	1435	..
芬兰	6881	6414	6072	6408	5725	5334	5324	5164
法国	74487	72315	67288	65024	60437	56812	58191	..
马其顿共和国[1]	4403	4353	4223	4462	4108	4230	3852	3854

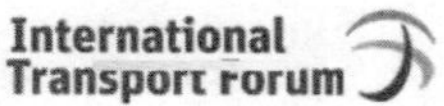

续上表

	2008	2009	2010	2011	2012	2013	2014	2015
格鲁吉亚	6015	5482	5099	4486	5359	5510	5992	6432
德国	320614	310806	288297	306266	299637	291105	302435	305659
希腊	15083	14789	15032	13849	12398	12109	11690	11565p
匈牙利	19174	17864	16308	15827	15174	15691	15847	16331
冰岛	1085	893	883	849	742	822	808	912
印度	484704	486384	499628	497686	490383	486476	489400	501423
爱尔兰	5580	6615	5780	5230	5376	4976p	5412p	..
意大利	218963	215405	212997	205638	188228	181660	177031	..
日本	766394	737637	725924	692084	665157	629033	573842	536899
韩国	215822	231990	226878	221711	223656	215354	223552	232053
拉脱维亚	4196	3160	3193	3386	3358	3489	3728	3689
列支敦士登	402	358	366	327	403	468	465	445
立陶宛	4796	3805	3530	3266	3391	3391	3256	3161
卢森堡	927	869	876	962	1019	949	908	983
马耳他	15007	14877	13727	14624	14546	14070	14473	15504
墨西哥	30379	16011ǀ	14581	11473	12888	..	..	..
摩尔多瓦共和国	2869	2729	2921	2825	2713	2603	2564	2535
黑山共和国	1760	1718	1520	1451	1217ǀ	1266	1334	..
荷兰	8897	6927	3853e	..	..	..	..	..
新西兰	11647	11125	10886	9804	9604	9347	8880	9737
挪威	7726	6922	6434	6079	6154	5241	4972	4563
波兰	49054	44196	38832	40065	37062	35847	34970	32967
葡萄牙	33613	35484	35426	32541	29867	30339	30604	31953
罗马尼亚	29861	28612	25996	26648	26928	24827	25355	..
俄罗斯联邦	218322	203618ǀ	199431	199868	203597	204068	199723	184000
塞尔维亚共和国	16651	15807	14179	14119	13333	13522	13043	13638
斯洛伐克共和国	8343	6465	6570	5775	5370	5113	5391	5502
斯洛文尼亚	8938	8589	7560	7218	6864	6542	6264	6585
西班牙	93161	88251	85503	83027	83115	89519	91570	97756
瑞典	18462	17858	16500ǀ	16119	16458	14815	12926	14672
瑞士	20736	20506	19609	18990	18148	17473	17803	17736
土耳其	104212	111121	116804	131845	153552	161306	168512	183011
乌克兰	51279	37049	31914	31281	30699	..	..	..
英国	176814	169805	160080	157068	151346	144426	152407	146203
美国	1664000e	1548000e	1572000e	1530000e	1634000e	1621000e	1648000e	..

..数据暂缺;ǀ系列数据中断;e 估计值;p 临时数据。

注:元数据详情可见:http://metalinks.oecd.org/transport/20161124/ba8d。

免责声明:http://oe.cd/disclaimer。

1. 马其顿共和国:前南斯拉夫马其顿共和国。

来源:ITF 交通运输数据。

公路交通伤亡人数(受伤人数与死亡人数之和)数量

	2008	2009	2010	2011	2012	2013	2014	2015
阿尔巴尼亚	1554	1833	2069	2472	2569	2798	2617	2692
亚美尼亚	3532e	3078e	2964e	3681e	4050e	4310e	4776	5084
澳大利亚	34961	35183	34128	35359	35391	24246	..	..
奥地利	51200	49791	46410	45548	51426 l	48499	48100	47845
阿塞拜疆	4284	3974	3796	4047	4165	4112	..	..
白俄罗斯	9058e	8605e	..	..	..	..	..	..
比利时	65381	63663	61204	63723	58533	54691	53975	52571
波黑	12318	11434	..	10395	9478	10052	..	..
保加利亚	11013	9575	8854	8958	8794	9376	9299	9679
加拿大	178825	172986	174319	169764	168558	166444	151734p	..
中国	378403	342884	319299	299808	284324	272040	..	..
克罗地亚	23059	22471	18759	18483	16403	15642	14530	15372
捷克共和国	29577	28145	25186	26322	26257	25942	27046	27704
丹麦	6329	5250	4408	4259	3778	3585	..	..
爱沙尼亚	2530	2031	1799	1980	1794	1814	1824	..
芬兰	8857	8336	7945	8223	7343	6939	6934	6651
法国	98073	95207	88453	85214	79504	73875	76432	..
马其顿共和国[1]	6886	6891	6357	7025	6281	6682	6186	6061
格鲁吉亚	9930	8999	8245	7164	8339	8559	9047	9789
德国	413524	401823	374818	396374	387978	377481	392912	396891
希腊	20563	20097	20366	18400	16628	16054	15359	14838p
匈牙利	26365	24096	21657	20810	19584	20681	20750	21543
冰岛	1585	1299	1261	1217	1044	1232	1172	1324
印度	643053	641118	662025	653897	647925	632465	633145	646412
爱尔兰	8200	9980	8482	7421	7759	7068p	7622p	..
意大利	315470	311495	308834	295879	270617	261494	254528	..
日本	950912	916194	901245	859304	829830	785880	715487	670140
韩国	344832	367713	357963	346620	349957	333803	342259	355021
拉脱维亚	5724	4184	4241	4403	4356	4517	4815	4753
列支敦士登	110	112	114	107	109	113	101	113
立陶宛	6317	4796	4529	4215	4253	4263	4054	4018
卢森堡	1274	1204	1217	1341	1412	1297	1261	1384
马耳他	1172	1069	1079	1577	1599	1582	1796	1711
墨西哥	38148	36525	33649	30451	29275	..	..	..
摩尔多瓦共和国	3994	3288	4187	3976	3952	3516	3404	3634
黑山共和国	2585	2578	2194	2133	1768	1886	1900	..
荷兰	9500e	7676e	4291e	..	2980	..	..	..
新西兰	15540	14925	14406	12858	12430	12034	11512	12589
挪威	11123	10056	9338	8531	8340	7029	6438	5804
波兰	67534	60618	52859	53690	49369	47416	45747	42716

续上表

	2008	2009	2010	2011	2012	2013	2014	2015
葡萄牙	44709	47151	47302	42851	38823	39390	39653	41549
罗马尼亚	39996	38320	34791	35509	36251	33325	34152	..
俄罗斯联邦	300819	283143	277202	279801	286609	285462	278751	254311
塞尔维亚共和国	23172	22320	19982	20040	19090	19118	18529	19909
斯洛伐克共和国	11646	8918	8503	7382	6790	6562	6912	7059
斯洛文尼亚	12623	12285	10454	9814	9278	8867	8328	8830
西班牙	134047	127680	122823	117687	117793	126400	128320	136144
瑞典	26645	25639	23571 |	22679	23110	20522	17795	19902
瑞士	25913	25479	24564	23562	22557	21648	21764	21791
土耳其	188704	205704	215541	241909	271829	278514	288583	311951
乌克兰	70972	51023	43850	43086	42650	..	..	..
英国	240456	231913	217605	212710	204733	192693	203865	195926
美国	2383000e	2251000e	2272000e	2249000e	2396000e	2346000e	2371000e	..

..数据暂缺;|系列数据中断;e 估计值;p 临时数据。

注:元数据详情可见:http://metalinks.oecd.org/transport/20161124/ba8d。

免责声明:http://oe.cd/disclaimer。

1. 马其顿共和国:前南斯拉夫马其顿共和国。

来源:ITF 交通运输数据。

公路交通受伤人数(数量)

	2008	2009	2010	2011	2012	2013	2014	2015
阿尔巴尼亚	1251	1455	1716	2150	2235	2503	2353	2422
亚美尼亚	3125e	2753e	2670e	3354e	3739e	3994e	4479	4738
澳大利亚	33524	33692	32775	34082	34091	23059	..	..
奥地利	50521	49158	45858	45025	50895 |	48044	47670	47366
阿塞拜疆	3232	3044	2871	3031	2997	2948	..	..
白俄罗斯	7494e	7283e	..	..	..	..	..	..
比利时	64437	62720	60363	62861	57763	53967	53248	51839
波黑	11884	11052	..	10039	9175	9718	..	..
保加利亚	9952	8674	8078	8301	8193	8775	8639	8971
加拿大	176394	170770	172081	167741	166479	164493	149900p	..
中国	304919	275125	254074	237421	224327	213724	..	..
克罗地亚	22395	21923	18333	18065	16010	15274	14222	15024
捷克共和国	28501	27244	24384	25549	25515	25288	26358	26966
丹麦	5923	4947	4153	4039	3611	3394	..	..
爱沙尼亚	2398	1931	1720	1879	1707	1733	1746	..
芬兰	8513	8057	7673	7931	7088	6681	6705	6385
法国	93798	90934	84461	81251	75851	70607	73048	..
马其顿共和国[1]	6724	6731	6195	6853	6149	6484	6056	5913
格鲁吉亚	9063	8261	7560	6638	7734	8045	8536	9187

续上表

	2008	2009	2010	2011	2012	2013	2014	2015
德国	409047	397671	371170	392365	384378	374142	389535	393432
希腊	19010	18641	19108	17259	15640	15175	14564	14033p
匈牙利	25369	23274	20917	20172	18979	20090	20124	20899
冰岛	1573	1282	1253	1205	1035	1217	1168	1308
印度	523193	515458	527512	511412	509667	494893	493474	500279
爱尔兰	7921	9742	8270	7235	7597	6880p	7429p	..
意大利	310745	307258	304720	292019	266864	258093	251147	..
日本	944833	910354	895417	853769	824569	780715	710649	665281
韩国	338962	361875	352458	341391	344565	328711	337497	350400
拉脱维亚	5408	3930	4023	4224	4179	4338	4603	4566
列支敦士登	109	111	114	105	108	111	98	111
立陶宛	5818	4426	4230	3919	3951	4007	3787	3777
卢森堡	1239	1156	1185	1308	1378	1252	1226	1348
马耳他	1157	1048	1064	1560	1590	1564	1786	1700
墨西哥	32769	31656	28617	26045	24736	..	..	..
摩尔多瓦共和国	3494	2801	3735	3543	3510	3221	3080	3334
黑山共和国	2473	2478	2099	2075	1722	1812	1835	..
荷兰	8750e	6956e	3651e	..	..	..	..	..
新西兰	15174	14540	14031	12574	12122	11781	11219	12270
挪威	10868	9844	9130	8363	8195	6842	6291	5687
波兰	62097	56046	48952	49501	45792	44059	42545	39778
葡萄牙	43824	46414	46365	41960	38105	38753	39015	40956
罗马尼亚	36931	35523	32414	33491	34209	31464	32334	..
俄罗斯联邦	270883	255484	250635	251848	258618	258437	251793	231197
塞尔维亚共和国	22275	21512	19326	19312	18406	18472	17993	19308
斯洛伐克共和国	11040	8534	8150	7057	6438	6311	6617	6749
斯洛文尼亚	12409	12114	10316	9673	9148	8742	8220	8710
西班牙	130947	124966	120345	115627	115890	124720	126632	134455
瑞典	26248	25281	23305 l	22360	22825	20262	17525	19643
瑞士	25556	25130	24237	23242	22218	21379	21521	21538
土耳其	184468	201380	211496	238074	268079	274829	285059	304421
乌克兰	63254	45675	38975	38178	37519	..	..	..
英国	237811	229576	215700	210750	202931	190923	202011	194122
美国	2346000e	2217000e	2239000e	2217000e	2362000e	2313000e	2338000e	..

..数据暂缺;l系列数据中断;e估计值;p临时数据。

注:元数据详情可见:http://metalinks.oecd.org/transport/20161124/ba8d。

免责声明:http://oe.cd/disclaimer。

1. 马其顿共和国:前南斯拉夫马其顿共和国。

来源:ITF交通运输数据。

公路交通死亡人数(数量)

	2008	2009	2010	2011	2012	2013	2014	2015
阿尔巴尼亚	303	378	353	322	334	295	264	270
亚美尼亚	407	325	294e	327e	311e	316e	297	346
澳大利亚	1437	1491	1353	1277	1300	1187	1150	1205
奥地利	679	633	552	523	531 |	455	430	479
阿塞拜疆	1052	930	925	1016	1168	1164	..	..
白俄罗斯	1564	1322	..	..	..	..	..	..
比利时	944	943	841	862	770	724	727	732
波黑	434	382	..	356	303	334	..	..
保加利亚	1061	901	776	657	601	601	660	708
加拿大	2431	2216	2238	2023	2079	1951	1834p	..
中国	73484	67759	65225	62387	59997	58316	..	..
克罗地亚	664	548	426	418	393	368	308	348
捷克共和国	1076	901	802	773	742	654	688	738
丹麦	406	303	255	220	167	191	..	..
爱沙尼亚	132	100	79	101	87	81	78	..
芬兰	344	279	272	292	255	258	229	266
法国	4275	4273	3992	3963	3653	3268	3384	..
马其顿共和国[1]	162	160	162	172	132	198	130	148
格鲁吉亚	867	738	685	526	605	514	511	602
德国	4477	4152	3648	4009	3600	3339	3377	3459
希腊	1553	1456	1258	1141	988	879	795	805p
匈牙利	996	822	740	638	605	591	626	644
冰岛	12	17	8	12	9	15	4	16
印度	119860	125660	134513	142485	138258	137572	139671	146133
爱尔兰	279	238	212	186	162	188p	193p	166
意大利	4725	4237	4114	3860	3753	3401	3381	..
日本	6079	5840	5828	5535	5261	5165	4838	4859
韩国	5870	5838	5505	5229	5392	5092	4762	4621
拉脱维亚	316	254	218	179	177	179	212	187
列支敦士登	1	1	0	2	1	2	3	2
立陶宛	499	370	299	296	302	256	267	241
卢森堡	35	48	32	33	34	45	35	36
马耳他	15	21	15	17	9	18	10	11
墨西哥	5379	4869	5032	4406	4539	..	..	..
摩尔多瓦共和国	500	487	452	433	442	295	324	300
黑山共和国	112	100	95	58	46	74	65	..
荷兰	750	720	640	661	650	570	570	621
新西兰	366	385	375	284	308	253	293	319

续上表

	2008	2009	2010	2011	2012	2013	2014	2015
挪威	255	212	208	168	145	187	147	117
波兰	5437	4572	3907	4189	3577	3357	3202	2938
葡萄牙	885	737	937	891	718	637	638	593
罗马尼亚	3065	2797	2377	2018	2042	1861	1818	..
俄罗斯联邦	29936	27659 ǀ	26567	27953	27991	27025	26958	23114
塞尔维亚共和国	897	808	656	728	684	646	536	601
斯洛伐克共和国	606	384	353	325	352	251	295	310
斯洛文尼亚	214	171	138	141	130	125	108	120
西班牙	3100	2714	2478	2060	1903	1680	1688	1689
瑞典	397	358	266 ǀ	319	285	260	270	259
瑞士	357	349	327	320	339	269	243	253
土耳其	4236	4324	4045	3835	3750	3685	3524	7530 ǀ
乌克兰	7718	5348	4875	4908	5131	4824p	..	..
英国	2645	2337	1905	1960	1802	1770	1854	1804
美国	37423	33883	32999	32479	33561	32719	32675	35200e

..数据暂缺；ǀ系列数据中断；e 估计值；p 临时数据。

注：元数据详情可见：http://metalinks.oecd.org/transport/20161124/ba8d。

免责声明：http://oe.cd/disclaimer。

1. 马其顿共和国：前南斯拉夫马其顿共和国。

来源：ITF 交通运输数据。

公路交通每百万人死亡人数(数量)

	2008	2009	2010	2011	2012	2013	2014	2015
阿尔巴尼亚	103	129	121	111	115	102	91	93
亚美尼亚	137	110	99	110	104	106	99	115
澳大利亚	68	69	61	57	57	51	49	51
奥地利	82	76	66	62	63	54	50	56
阿塞拜疆	120	104	102	111	126	124	..	..
白俄罗斯	164	139	..	..	..	..	..	..
比利时	88	87	77	78	69	65	65	65
波黑	113	100	..	93	79	87	..	..
保加利亚	142	121	105	89	82	83	91	99
加拿大	73	66	66	59	60	56	52	..
中国	55	51	49	46	44	43	..	..
克罗地亚	150	124	96	98	92	86	73	82
捷克共和国	104	86	77	74	71	62	65	70
丹麦	74	55	46	39	30	34	..	..
爱沙尼亚	99	75	59	76	66	61	59	..
芬兰	65	52	51	54	47	47	42	49
法国	66	66	61	61	56	50	51	..

续上表

	2008	2009	2010	2011	2012	2013	2014	2015
马其顿共和国[1]	79	78	79	83	64	96	63	71
格鲁吉亚	215	186	174	136	158	136	137	164
德国	55	51	45	49	45	41	42	42
希腊	140	131	113	103	89	80	73	74
匈牙利	99	82	74	64	61	60	63	65
冰岛	38	53	25	38	28	46	12	48
印度	100	103	109	114	109	108	108	111
爱尔兰	62	52	46	41	35	41	42	36
意大利	80	72	69	65	63	56	56	..
日本	47	46	46	43	41	41	38	38
韩国	120	119	111	105	108	101	94	91
拉脱维亚	145	119	104	87	87	89	106	95
列支敦士登	..	..	..	..	..	..	..	..
立陶宛	156	117	97	98	101	87	91	83
卢森堡	72	96	63	64	64	83	63	63
马耳他	37	51	36	41	21	43	23	26
墨西哥	47	42	42	37	37	..	..	..
摩尔多瓦共和国	140	137	127	122	124	83	91	84
黑山共和国	182	162	153	94	74	119	105	..
荷兰	46	44	39	40	39	34	34	37
新西兰	86	89	86	65	70	57	65	69
挪威	53	44	43	34	29	37	29	23
波兰	143	120	103	110	94	88	84	77
葡萄牙	84	70	89	84	68	61	61	57
罗马尼亚	149	137	117	100	102	93	91	..
俄罗斯联邦	210	194	186	196	195	188	187	160
塞尔维亚共和国	122	110	90	101	95	90	75	85
斯洛伐克共和国	113	71	65	60	65	46	54	57
斯洛文尼亚	106	84	67	69	63	61	52	58
西班牙	67	59	53	44	41	36	36	36
瑞典	43	39	28	34	30	27	28	26
瑞士	47	45	42	40	42	33	30	31
土耳其	60	61	56	52	50	48	45	96
乌克兰	167	116	106	107	113	106	..	..
英国	43	38	30	31	28	28	29	28
美国	123	110	107	104	107	103	102	110

..数据暂缺。

注：元数据详情可见：http://metalinks. oecd. org/transport/20161124/ba8d。

免责声明：http://oe. cd/disclaimer。

1. 马其顿共和国：前南斯拉夫马其顿共和国。

来源：ITF 交通运输数据。

公路交通每百万机动车死亡人数(数量)

	2008	2009	2010	2011	2012	2013	2014	2015
阿尔巴尼亚	..	..	..	..	..	..	..	..
亚美尼亚	..	..	..	..	..	..	..	..
澳大利亚	94	95	84	78	78	69	65	67
奥地利	117	108	92	86	86	72	67	74
阿塞拜疆	..	..	..	..	..	..	..	..
白俄罗斯	..	..	..	..	..	..	..	..
比利时	146	143	126	126	111	104	103	102
波黑	..	..	..	..	..	..	..	..
保加利亚	375	301	249	203	178	172	181	..
加拿大	115	104	102	91	93	85	78	..
中国	..	..	..	..	..	..	..	..
克罗地亚	370	309	243	239	237	221	182	..
捷克共和国	186	150	133	127	120	103	108	114
丹麦	141	105	88	76	57	65	..	..
爱沙尼亚	201	154	120	148	121	108	..	..
芬兰	102	75	71	73	62	61	53	60
法国	108	107	99	98	86	77	80	..
马其顿共和国[1]	..	..	..	..	..	..	..	..
格鲁吉亚	..	..	..	..	..	..	..	..
德国	87	80	70	76	67	61	61	62
希腊	168	154	133	120	104	93	84	85
匈牙利	275	226	203	177	168	163	166	..
冰岛	45	65	31	46	34	56	15	56
印度	..	..	..	..	..	..	..	..
爱尔兰	112	96	88	77	67	76	77	..
意大利	92	83	80	75	73	66	66	..
日本	67	64	64	61	58	57	53	53
韩国	293	286	264	244	246	227	208	195
拉脱维亚	283	236	296	251	245	241	276	..
列支敦士登	..	..	..	..	..	..	..	..
立陶宛	237	173	139	136	135	112	179	156
卢森堡	88	118	78	79	79	102	81	81
马耳他	51	71	50	55	29	56	30	..
墨西哥	..	..	..	..	..	..	..	..
摩尔多瓦共和国	..	..	..	..	..	..	..	..
黑山共和国	..	..	..	..	..	..	..	..
荷兰	79	74	65	66	64	56	56	..
新西兰	113	120	116	88	95	77	86	91

续上表

	2008	2009	2010	2011	2012	2013	2014	2015
挪威	76	62	60	47	39	50	37	..
波兰	255	216	177	181	150	137	127	112
葡萄牙	155	128	162	..	124	111	112	..
罗马尼亚	637	553	463	389	380	331	308	..
俄罗斯联邦	..	..	..	..	..	..	..	..
塞尔维亚共和国	..	..	..	..	..	..	..	..
斯洛伐克共和国	320	198	174	153	159	110	125	..
斯洛文尼亚	176	135	107	109	99	95	81	89
西班牙	93	82	74	62	57	51	51	51
瑞典	71	63	47	57	50	45	46	43
瑞士	66	64	59	57	59	46	41	..
土耳其	360	351	309	274	251	233	211	..
乌克兰	..	..	..	..	..	..	..	..
英国	76	67	54	56	51	49	51	48
美国	144	131	128	123	126	122	119	..

..数据暂缺。

注:元数据详情可见:http://metalinks.oecd.org/transport/20161124/ba8d。

免责声明:http://oe.cd/disclaimer。

1. 马其顿共和国:前南斯拉夫马其顿共和国来源:ITF 交通运输数据。

铁路交通基础设施投资(百万欧元)

	2007	2008	2009	2010	2011	2012	2013	2014
阿尔巴尼亚	1.0	1.0	0.0	0.0	1.0	0.0	1.0	1.0
亚美尼亚	..	..	..	..	..	..	..	..
澳大利亚	1962.0	1727.0	2285.0	3612.0	5498.0	6601.0	4973.0	4321.0
奥地利	1505.0	1683.0	2062.0	1936.0	2143.0	1688.0	1648.0	1567.0
阿塞拜疆	3.0	11.0	3.0	3.0	3.0	3.0	4.0	4.0
白俄罗斯	..	..	..	..	..	..	..	..
比利时	1009.0	1223.0	1223.0	1078.0	1076.0	1178.0	1091.0	1073.0
波黑	..	..	..	..	..	..	..	..
保加利亚	44.0	72.0	50.0	130.0	90.0	114.0	124.0	65.0
加拿大	646.0	617.0	493.0	698.0	869.0	1045.0	1011.0	934.0p
中国	..	..	..	..	..	..	..	..
克罗地亚	92.0	126.0	98.0	83.0	81.0	62.0	183.0	131.0
捷克共和国	612.0	1218.0	741.0	563.0	447.0	381.0	335.0	454.0
丹麦	232.0	373.0	357.0	396.0	863.0	916.0	996.0	1159.0
爱沙尼亚	30.0	23.0	37.0	35.0	94.0	94.0	94.0	..
芬兰	211.0	327.0	361.0	388.0	355.0	450.0	605.0	643.0
法国	4505.0	5119.0	5047.0	4915.0	7004.0	8100.0	10546.0	9610.0
马其顿共和国[1]	1.0	2.0	4.0	2.0	0.0	..	..	..
格鲁吉亚	212.0	48.0	80.0	77.0	249.0	255.0	82.0	67.0

续上表

	2007	2008	2009	2010	2011	2012	2013	2014
德国	3836.0	3816.0	3412.0	3807.0	4086.0	3930.0	4210.0	4420.0
希腊	324.0	340.0	467.0	212.0	185.0	177.0	96.0	..
匈牙利	376.0	298.0	318.0	272.0|	349.0	473.0	623.0	689.0
冰岛	x	x	x	x	x	x	x	x
印度	3927.0	4663.0	4724.0	5150.0	4836.0	5412.0	5289.0	..
爱尔兰	244.0	..	..	..	..	..	..	..
意大利	7702.0	7109.0	5687.0	4773.0	4466.0	4238.0	4103.0	..
日本	6883.0	7367.0	9602.0	11308.0	10222.0	11969.0	9192.0	..
韩国	3458.0	2417.0	2704.0	2745.0	2877.0	3517.0	4224.0	..
拉脱维亚	36.0	63.0	63.0	73.0	53.0	102.0	77.0	136.0
列支敦士登	x	x	x	x	x	x	x	x
立陶宛	76.0	85.0	67.0	107.0	116.0	140.0	139.0	264.0
卢森堡	138.0	149.0	172.0	157.0	150.0	125.0	146.0	191.0
马耳他	x	x	x	x	x	x	x	x
墨西哥	563.0	498.0	438.0	435.0	649.0	621.0	735.0	..
摩尔多瓦共和国	10.0	25.0	8.0	7.0	7.0	10.0	13.0	5.0
黑山共和国	..	..	..	..	..	..	..	..
荷兰	845.0	820.0	778.0	1097.0	1136.0	..	..	..
新西兰	..	..	..	..	..	..	..	..
挪威	310.0	288.0	359.0	479.0	561.0	676.0	839.0	..
波兰	647.0	904.0	650.0	690.0	925.0	431.0	263.0	..
葡萄牙	329.0	392.0|	360.0	403.0	333.0	86.0	71.0	120.0
罗马尼亚	311.0	316.0	177.0	169.0	161.0	118.0	209.0	278.0
俄罗斯联邦	5434.0	9480.0	6577.0	9052.0	9872.0	11194.0	9787.0	..
塞尔维亚共和国	2.0	2.0	6.0	12.0	7.0	3.0	9.0	12.0
斯洛伐克共和国	287.0	215.0	175.0|	273.0	289.0	216.0	324.0	276.0
斯洛文尼亚	62.0	96.0	72.0	131.0	106.0	72.0	140.0	297.0
西班牙	8345.0	8981.0	8772.0	7669.0	7553.0	5350.0	2710.0	3042.0p
瑞典	1253.0	1319.0	1319.0	1434.0	1400.0	1330.0	1104.0	1187.0
瑞士	2329.0	2622.0	2888.0	3036.0	3414.0	3464.0	3665.0	3550.0
土耳其	499.0	672.0	756.0	1493.0	1470.0	1485.0	2247.0	1354.0
乌克兰	..	..	..	..	..	..	..	..
英国	7733.0	7644.0	6408.0	6390.0	6110.0	6251.0	5722.0	7890.0
美国	6682.0	6949.0	7133.0	7370.0	8334.0	10485.0	9857.0	11350.0

..数据暂缺;|系列数据中断;x 数据不适用;p 临时数据。

注:元数据详情可见:http://metalinks.oecd.org/transport/20161124/ba8d。

免责声明:http://oe.cd/disclaimer。

1. 马其顿共和国:前南斯拉夫马其顿共和国。

来源:ITF 交通运输数据。

公路交通基础设施投资(百万欧元)

	2007	2008	2009	2010	2011	2012	2013	2014
阿尔巴尼亚	253.0	500.0	487.0	242.0	210.0	181.0	234.0	193.0
亚美尼亚	..	..	..	..	..	..	..	..
澳大利亚	8026.0	9263.0	9196.0	11201.0	13806.0	15898.0	12991.0	11128.0
奥地利	870.0	875.0	665.0	390.0	303.0	327.0	363.0	453.0
阿塞拜疆	374.0	1327.0	1272.0	1546.0	1562.0	1484.0	1914.0	1411.0
白俄罗斯	..	..	..	..	..	..	..	..
比利时	166.0	156.0	175.0	348.0	248.0	553.0	587.0	417.0
波黑	..	..	..	..	..	..	..	..
保加利亚	134.0	169.0	101.0	281.0	344.0	388.0	359.0	253.0
加拿大	7810.0	8751.0	10891.0	15394.0	15061.0	14763.0	13086.0	..
中国	..	..	..	..	..	..	..	..
克罗地亚	1066.0	1101.0	909.0	515.0	466.0	479.0	424.0	280.0
捷克共和国	1493.0	2043.0	1987.0	1720.0	1293.0	876.0	648.0	604.0
丹麦	1029.0	936.0	714.0	937.0	1052.0	1324.0	1047.0	1102.0
爱沙尼亚	126.0	142.0	119.0	137.0	158.0	158.0	158.0	..
芬兰	802.0	973.0	922.0	890.0	973.0	1128.0	1148.0	1132.0
法国	12489.0	12623.0	12648.0	11942.0	11876.0	12006.0	12093.0	10735.0
马其顿共和国[1]	39.0	45.0	43.0	32.0	38.0	..	..	..
格鲁吉亚	122.0	124.0	219.0	232.0	216.0	178.0	237.0	224.0
德国	10845.0	11410.0	12620.0	11240.0	11340.0	11530.0	11730.0	11780.0
希腊	1516.0	1760.0	1791.0	1394.0	1310.0	1088.0	2181.0	..
匈牙利	646.0	979.0	1566.0	840.0	298.0	153.0	401.0	164.0
冰岛	187.0	216.0	121.0	79.0	39.0	38.0	42.0	..
印度	4384.0	4722.0	4807.0	6360.0	5617.0	6208.0	7729.0	8605.0
爱尔兰	1462.0	1361.0	1214.0	1188.0	850.0	776.0	561.0	..
意大利	13664.0	13051.0	5641.0	3389.0	4129.0	3107.0	2841.0	..
日本	31561.0	31862.0	37206.0	35774.0	35858.0	37290.0	..	..
韩国	5918.0	4983.0	5290.0	5051.0	4676.0	5231.0	6144.0	..
拉脱维亚	231.0	272.0	132.0	131.0	222.0	190.0	199.0	188.0
列支敦士登	..	..	..	..	..	..	..	..
立陶宛	312.0	437.0	448.0	422.0	343.0	243.0	253.0	224.0
卢森堡	157.0	137.0	149.0	183.0	222.0	213.0	220.0	205.0
马耳他	26.0	16.0	4.0	13.0	17.0	27.0	11.0	39.0
墨西哥	2164.0	2545.0	3023.0	3938.0	3913.0	3990.0	4346.0	..
摩尔多瓦共和国	28.0	26.0	13.0	14.0	8.0	40.0	36.0	39.0
黑山共和国	51.0	11.0	23.0	18.0	15.0	18.0	20.0	9.0
荷兰	1680.0	2194.0	2363.0	2300.0	2287.0	..	..	..
新西兰	487.0	511.0	579.0	732.0	842.0	668.0	765.0	952.0

续上表

	2007	2008	2009	2010	2011	2012	2013	2014
挪威	1735.0	2137.0	2489.0	2675.0	2812.0	3301.0	3843.0	..
波兰	3443.0	4508.0	5340.0	6510.0	8319.0	4382.0	2465.0	..
葡萄牙	1453.0	1366.0	951.0ǀ	1511.0	..	274.0p	211.0p	..
罗马尼亚	2806.0	3891.0	3105.0	2850.0	3283.0	3092.0	2729.0	2493.0
俄罗斯联邦	7297.0	9872.0	6242.0	6201.0	8424.0	9281.0	9836.0	..
塞尔维亚共和国	406.0	379.0	252.0	229.0	339.0	257.0	279.0	337.0
斯洛伐克共和国	520.0	567.0	662.0	342.0	432.0	311.0	360.0	550.0
斯洛文尼亚	666.0	694.0	406.0	221.0	112.0	102.0	104.0	139.0
西班牙	8077.0	8522.0	9422.0	7851.0	5966.0	5316.0	4646.0	4266.0p
瑞典	1423.0	1604.0	1574.0	1668.0	1911.0	2213.0	2013.0	1864.0
瑞士	2674.0	2840.0	2997.0	3423.0	3827.0	3880.0	..	..
土耳其	1947.0	2234.0	2918.0	5419.0	5181.0	4799.0	4880.0	4803.0
乌克兰	..	..	..	..	..	..	..	..
英国	6202.0	6038.0	6568.0	6486.0	5566.0	5560.0	6030.0	7726.0
美国	56257.0	55208.0	59292.0	63589.0	60417.0	64524.0	62194.0	64283.0

..数据暂缺;ǀ系列数据中断;p 临时数据。

注:元数据详情可见:http://metalinks.oecd.org/transport/20161124/ba8d。

免责声明:http://oe.cd/disclaimer。

1. 马其顿共和国:前南斯拉夫马其顿共和国。

来源:ITF 交通运输数据。

内河水路交通基础设施投资(百万欧元)

	2007	2008	2009	2010	2011	2012	2013	2014
阿尔巴尼亚	0.0	0.0	0.0	0.0	0.0	0.0	0.0	0.0
亚美尼亚	x	x	x	x	x	x	x	x
澳大利亚	x	x	x	x	x	x	x	x
奥地利	4.0	3.0	5.0	11.0	2.0	3.0	11.0	10.0
阿塞拜疆	..	..	..	..	..	119.0	424.0	260.0
白俄罗斯	..	..	..	..	..	..	..	..
比利时	178.0	188.0	188.0	154.0ǀ	152.0	152.0	167.0	103.0
波黑	..	..	..	..	..	..	..	..
保加利亚	405.0	0.0	0.0	0.0	0.0	0.0	0.0	1.0
加拿大	..	..	..	..	..	..	..	..
中国	..	..	..	..	..	..	..	..
克罗地亚	2.0	2.0	4.0	3.0	3.0	3.0	2.0	..
捷克共和国	14.0	22.0	59.0	58.0	22.0	17.0	7.0	10.0
丹麦	x	x	x	x	x	x	x	x
爱沙尼亚	x	x	x	x	x	x	x	x
芬兰	5.0	2.0	2.0	2.0	1.0	2.0	3.0	2.0
法国	226.0	189.0	245.0	253.0	264.0	236.0	224.0	180.0
马其顿共和国[1]	x	x	x	x	x	x	x	x

续上表

	2007	2008	2009	2010	2011	2012	2013	2014
格鲁吉亚	x	x	x	x	x	x	x	x
德国	820.0	905.0	1170.0	1100.0	1040.0	870.0	840.0	905.0
希腊	x	x	x	x	x	x	x	x
匈牙利	4.0	0.0	3.0	1.0	0.0	0.0	0.0	..
冰岛	x	x	x	x	x	x	x	x
印度	..	..	..	..	..	..	..	..
爱尔兰	x	x	x	x	x	x	x	x
意大利	29.0	34.0	27.0	42.0	36.0	52.0	136.0	..
日本	x	x	x	x	x	x	x	x
韩国	x	x	x	x	x	x	x	x
拉脱维亚	x	x	x	x	x	x	x	x
列支敦士登	x	x	x	x	x	x	x	x
立陶宛	3.0	4.0	1.0	1.0	2.0	0.0	1.0	3.0
卢森堡	0.0	0.0	0.0	1.0	1.0	1.0	0.0	0.0
马耳他	x	x	x	x	x	x	x	x
墨西哥	x	x	x	x	x	x	x	x
摩尔多瓦共和国	0.0	0.0	0.0	0.0	1.0	0.0	0.0	..
黑山共和国	x	x	x	x	x	x	x	x
荷兰	263.0	270.0	361.0	252.0	263.0	..	..	..
新西兰	x	x	x	x	x	x	x	x
挪威	x	x	x	x	x	x	x	x
波兰	13.0	21.0	25.0	25.0	29.0	0.0	0.0	..
葡萄牙	10.0	7.0	5.0	1.0	1.0	3.0	0.0	..
罗马尼亚	359.0	490.0	536.0	423.0	519.0	279.0	268.0	314.0
俄罗斯联邦	58.0	102.0	59.0	68.0	302.0	230.0	107.0	..
塞尔维亚共和国	24.0	36.0	19.0	21.0	26.0	25.0	15.0	18.0
斯洛伐克共和国	0.0	1.0	2.0	3.0	1.0	1.0	1.0	0.0
斯洛文尼亚	x	x	x	x	x	x	x	x
西班牙	x	x	x	x	x	x	x	x
瑞典	x	x	x	x	x	x	x	x
瑞士	0.0	0.0	0.0	0.0	0.0	0.0	0.0	0.0
土耳其	x	x	x	x	x	x	x	x
乌克兰	..	..	..	..	..	..	..	..
英国	..	..	..	..	..	..	..	..
美国	..	..	..	..	..	..	..	..

..数据暂缺;|系列数据中断;x 数据不适用。

注:元数据详情可见:http://metalinks.oecd.org/transport/20161124/ba8d。

免责声明:http://oe.cd/disclaimer。

1.马其顿共和国:前南斯拉夫马其顿共和国。

来源:ITF 交通运输数据。

内陆交通基础设施总投资（百万欧元）

	2007	2008	2009	2010	2011	2012	2013	2014
阿尔巴尼亚	254.0	501.0	487.0	242.0	211.0	181.0	235.0	193.0
亚美尼亚	..	..	..	..	..	..	..	..
澳大利亚	9987.0	10991.0	11481.0	14812.0	19304.0	22499.0	17964.0	15449.0
奥地利	2379.0	2560.0	2731.0	2337.0	2448.0	2018.0	2022.0	2030.0
阿塞拜疆	378.0	1338.0	1275.0	1548.0	1565.0	1606.0	2342.0	1675.0
白俄罗斯	..	..	..	..	..	..	..	..
比利时	1354.0	1567.0	1586.0	1580.0	1475.0	1883.0	1845.0	1593.0
波黑	..	..	..	..	..	..	..	..
保加利亚	584.0	240.0	151.0	411.0	434.0	502.0	483.0	318.0
加拿大	8456.0	9368.0	11385.0	16093.0	15930.0	15808.0	14097.0	..
中国	..	..	..	..	..	..	..	..
克罗地亚	1160.0	1229.0	1011.0	601.0	550.0	544.0	609.0	..
捷克共和国	2120.0	3282.0	2787.0	2341.0	1762.0	1275.0	990.0	1068.0
丹麦	1261.0	1309.0	1070.0	1333.0	1915.0	2239.0	2043.0	2261.0
爱沙尼亚	156.0	165.0	156.0	172.0	252.0	252.0	252.0	..
芬兰	1018.0	1302.0	1285.0	1280.0	1329.0	1580.0	1756.0	1777.0
法国	17220.0	17931.0	17940.0	17110.0	19144.0	20342.0	22863.0	20525.0
马其顿共和国[1]	40.0	47.0	46.0	34.0	39.0	..	..	..
格鲁吉亚	334.0	173.0	299.0	310.0	465.0	433.0	319.0	291.0
德国	15501.0	16131.0	17202.0	16147.0	16466.0	16330.0	16780.0	17105.0
希腊	1840.0	2100.0	2258.0	1606.0	1495.0	1265.0	2276.0	..
匈牙利	1026.0	1278.0	1887.0	1112.0	647.0	625.0	1024.0	..
冰岛	187.0	216.0	121.0	79.0	39.0	38.0	42.0	..
印度	8311.0	9385.0	9531.0	11509.0	10452.0	11620.0	13018.0	..
爱尔兰	1706.0	..	..	..	..	..	..	..
意大利	21395.0	20194.0	11355.0	8204.0	8631.0	7397.0	7080.0	..
日本	38444.0	39229.0	46808.0	47082.0	46079.0	49259.0	..	..
韩国	9376.0	7400.0	7994.0	7796.0	7553.0	8748.0	10368.0	..
拉脱维亚	267.0	335.0	195.0	204.0	275.0	292.0	276.0	324.0
列支敦士登	..	..	..	..	..	..	..	..
立陶宛	391.0	527.0	516.0	530.0	462.0	383.0	393.0	491.0
卢森堡	296.0	287.0	321.0	340.0	374.0	339.0	366.0	397.0
马耳他	26.0	16.0	4.0	13.0	17.0	27.0	11.0	39.0
墨西哥	2727.0	3043.0	3461.0	4373.0	4562.0	4611.0	5081.0	..
摩尔多瓦共和国	38.0	51.0	22.0	21.0	16.0	51.0	49.0	43.0
黑山共和国	51.0	11.0	23.0	18.0	15.0	18.0	20.0	9.0
荷兰	2788.0	3284.0	3502.0	3649.0	3686.0	..	..	..
新西兰	487.0	511.0	579.0	732.0	842.0	668.0	765.0	952.0

续上表

	2007	2008	2009	2010	2011	2012	2013	2014
挪威	2045.0	2425.0	2847.0	3154.0	3373.0	3977.0	4682.0	..
波兰	4103.0	5434.0	6016.0	7225.0	9273.0	4813.0	2728.0	..
葡萄牙	1792.0	1765.0丨	1316.0丨	1915.0	..	363.0p	282.0p	..
罗马尼亚	3476.0	4698.0	3818.0	3442.0	3964.0	3489.0	3206.0	3085.0
俄罗斯联邦	12789.0	19454.0	12878.0	15321.0	18598.0	20706.0	19729.0	..
塞尔维亚共和国	432.0	417.0	276.0	262.0	372.0	284.0	304.0	366.0
斯洛伐克共和国	808.0	782.0	839.0丨	618.0	722.0	528.0	685.0	826.0
斯洛文尼亚	728.0	790.0	478.0	352.0	218.0	174.0	244.0	436.0
西班牙	16422.0	17503.0	18194.0	15520.0	13519.0	10666.0	7356.0	7308.0p
瑞典	2677.0	2924.0	2892.0	3101.0	3311.0	3543.0	3117.0	3052.0
瑞士	5003.0	5462.0	5885.0	6459.0	7241.0	7344.0	..	..
土耳其	2446.0	2905.0	3674.0	6913.0	6651.0	6284.0	7127.0	6156.0
乌克兰	..	..	..	..	..	..	..	..
英国	13935.0	13682.0	12976.0	12876.0	11676.0	11812.0	11752.0	15616.0
美国	..	..	..	..	..	..	..	..

..数据暂缺;丨系列数据中断;p 临时数据。

注:元数据详情可见:http://metalinks.oecd.org/transport/20161124/ba8d。

免责声明:http://oe.cd/disclaimer。

1. 马其顿共和国:前南斯拉夫马其顿共和国。

来源:ITF 交通运输数据。

沿海港口基础设施总投资(百万欧元)

	2007	2008	2009	2010	2011	2012	2013	2014
阿尔巴尼亚	1.0	3.0	3.0	4.0	10.0	9.0	1.0	2.0
亚美尼亚	x	x	x	x	x	x	x	x
澳大利亚	702.0	1057.0	1171.0	1813.0	3329.0	5400.0	4595.0	3201.0
奥地利	x	x	x	x	x	x	x	x
阿塞拜疆	..	..	..	..	59.0	49.0	420.0	260.0
白俄罗斯	x	x	x	x	x	x	x	x
比利时	159.0	203.0	219.0	230.0丨	241.0	236.0	197.0	150.0
波黑	..	..	..	..	..	..	..	..
保加利亚	46.0	7.0	8.0	5.0	5.0	3.0	3.0	15.0
加拿大	175.0	184.0	299.0	320.0	249.0	411.0丨	630.0	..
中国	..	..	..	..	..	..	..	..
克罗地亚	17.0	52.0	77.0	51.0	63.0	96.0	74.0	70.0
捷克共和国	x	x	x	x	x	x	x	x
丹麦	67.0	71.0	66.0	49.0	62.0	58.0	164.0	..
爱沙尼亚	57.0	41.0	75.0	39.0	18.0	..	..	..
芬兰	221.0	238.0	100.0	69.0	76.0	56.0	39.0	44.0
法国	226.0丨	436.0	532.0	328.0	299.0	313.0	446.0	460.0
马其顿共和国[1]	x	x	x	x	x	x	x	x
格鲁吉亚	4.0	30.0丨	24.0	24.0	13.0	8.0	12.0	3.0

续上表

	2007	2008	2009	2010	2011	2012	2013	2014
德国	640.0	630.0	685.0	965.0	925.0	890.0	780.0	450.0
希腊	64.0	112.0	107.0	73.0	25.0	24.0	33.0	..
匈牙利	x	x	x	x	x	x	x	x
冰岛	37.0	21.0	20.0	14.0	17.0	15.0	13.0	..
印度	66.0	55.0	65.0	72.0	61.0	62.0	44.0	64.0
爱尔兰	..	..	..	..	..	..	..	..
意大利	1179.0	940.0	1278.0	1345.0	1268.0	1343.0	1126.0	..
日本	2506.0	2849.0	4656.0	2169.0	2290.0	3280.0	2291.0	..
韩国	2347.0	185.0	..	..	..	..	..	..
拉脱维亚	142.0	269.0	..	..	..	..	..	..
列支敦士登	x	x	x	x	x	x	x	x
立陶宛	26.0	42.0	16.0	21.0	27.0	28.0	83.0	22.0
卢森堡	x	x	x	x	x	x	x	x
马耳他	8.0e	6.0e	13.0e	3.0	6.0	8.0	4.0	5.0
墨西哥	438.0	579.0	383.0	487.0	543.0	667.0	649.0	..
摩尔多瓦共和国	..	5.0	3.0	5.0	4.0	..	..	4.0
黑山共和国	2.0	3.0	2.0	3.0	3.0	1.0	25.0	19.0
荷兰	..	..	..	..	..	..	..	..
新西兰	..	..	..	..	..	..	..	..
挪威	123.0	9.0	81.0	19.0	8.0	11.0	29.0	..
波兰	17.0	30.0	4.0	27.0	64.0	154.0	94.0	..
葡萄牙	157.0	128.0	100.0	112.0	83.0	62.0	34.0	..
罗马尼亚	..	..	..	..	..	..	..	..
俄罗斯联邦	197.0	410.0	181.0	116.0	325.0	86.0	147.0	..
塞尔维亚共和国	x	x	x	x	x	x	x	x
斯洛伐克共和国	x	x	x	x	x	x	x	x
斯洛文尼亚	7.0	10.0	54.0	13.0	6.0	5.0	8.0	23.0
西班牙	2573.0	2871.0	2508.0	2247.0	1789.0	1245.0	830.0	873.0p
瑞典	81.0	60.0	72.0	107.0	88.0	69.0	101.0	..
瑞士	x	x	x	x	x	x	x	x
土耳其	23.0	30.0	20.0	16.0	34.0	72.0	43.0	9.0
乌克兰	..	..	..	..	..	..	..	..
英国	..	..	..	..	..	..	..	..
美国	..	..	..	..	..	..	..	..

..数据暂缺;|系列数据中断;e 估计值;x 数据不适用;p 临时数据。

注:元数据详情可见:http://metalinks.oecd.org/transport/20161124/ba8d。

免责声明:http://oe.cd/disclaimer。

1. 马其顿共和国:前南斯拉夫马其顿共和国。

来源:ITF 交通运输数据。

机场基础设施总投资(百万欧元)

	2007	2008	2009	2010	2011	2012	2013	2014
阿尔巴尼亚	1.8	0.1	0.0	0.0	0.0	0.0	0.0	0.0
亚美尼亚	..	..	..	..	..	..	..	..
澳大利亚	..	..	..	..	..	..	..	..
奥地利	187.0	306.0	221.0	174.0	..	..	..	..
阿塞拜疆	70.6	82.7	28.6	200.9	163.8	278.2	270.6	78.7
白俄罗斯	..	..	..	..	..	..	..	..
比利时	135.0	116.0	116.0	30.0	34.0	74.0	93.0	107.0
波黑	..	..	..	..	..	..	..	..
保加利亚	3.0	4.0	1.0	2.0	2.0	10.0	5.0	..
加拿大	741.0	810.0	731.0	608.0	701.0	953.0	1155.0	1033.0
中国	..	..	..	..	..	..	..	..
克罗地亚	19.9	20.6	27.9	28.1	18.6	15.6	16.1	77.9
捷克共和国	77.0	325.0	92.0	81.0	40.0	47.0	56.0	36.0
丹麦	64.0	20.0	92.0	48.0	31.0	31.0	80.0	..
爱沙尼亚	31.0	56.0	19.0	3.0	6.0	..	..	..
芬兰	74.0	108.0	76.0	45.0	44.0	45.0	35.0	86.0
法国	1052.0	820.0	718.0	759.0	896.0	932.0	757.0	700.0
马其顿共和国[1]	0.0	1.0	0.0	0.0	102.0	..	..	..
格鲁吉亚	27.5	0.0	0.0	0.4	0.9	38.6	12.7	6.8
德国	1620.0	1140.0	1510.0	1480.0	1815.0	1390.0	930.0	770.0
希腊	37.0	45.0	51.0	38.0	49.0	60.0	49.0	..
匈牙利	2.5	..	10.7	50.3	38.8	26.6	16.7	9.3
冰岛	5.0	10.0	5.0	2.0	2.0	2.0	1.0	..
印度	17.0	21.0	133.0	208.0	189.0	876.0	783.0	811.0
爱尔兰	271.0	403.0	509.0	243.0	83.0	..	..	..
意大利	124.0	126.0	117.0	634.0	184.0	98.0	87.0	..
日本	2278.0	2265.0	2538.0	2362.0	1330.0	1359.0	1131.0	..
韩国	262.0	92.0	..	..	..	..	..	..
拉脱维亚	16.0	19.0	3.0	3.0	6.0	9.0	38.0	50.0
列支敦士登	x	x	x	x	x	x	x	..
立陶宛	53.0	11.0	29.0	8.0	14.0	3.0	7.0	6.0
卢森堡	64.0	47.0	19.0	7.0	12.0	11.0	0.0	2.0
马耳他	..	..	..	..	..	..	..	..
墨西哥	191.0	326.0	179.0	271.0	226.0	202.0	187.0	..
摩尔多瓦共和国	4.0	12.0	4.0	0.0	2.0	..	0.0	0.0
黑山共和国	4.0	0.0	2.0	28.0	4.0	2.0	..	..
荷兰	..	..	..	..	..	..	..	..
新西兰	..	..	..	..	..	..	..	..

续上表

	2007	2008	2009	2010	2011	2012	2013	2014
挪威	238.0	206.0	252.0	203.0	158.0	476.0	485.0	..
波兰	85.0	79.0	63.0	132.0	206.0	146.0	153.0	..
葡萄牙	82.0	135.0	151.0	127.0 |	102.0	64.0	53.0	..
罗马尼亚	42.0	9.0	6.0	1.0	2.0	21.0	19.0	29.0
俄罗斯联邦	434.0	438.0	267.0	472.0	433.0	660.0	778.0	..
塞尔维亚共和国	0.0	0.0	1.0	1.0	0.0	0.0	3.0	1.0
斯洛伐克共和国	16.0	30.0	56.0	70.0	33.0	31.0	4.0	5.0
斯洛文尼亚	24.0	5.0	13.0	7.0	3.0	4.0	4.0	1.0
西班牙	2164.0	2132.0	1773.0	1744.0	1235.0	943.0	585.0	363.0p
瑞典	118.0	108.0	87.0	79.0	126.0	404.0	289.0	115.0
瑞士	..	..	169.0	211.0	328.0	265.0	294.0	294.0
土耳其	175.0	138.0	569.0	520.0	426.0	376.0	610.0	127.0
乌克兰	..	..	..	..	..	..	..	..
英国	..	..	..	..	..	..	..	..
美国	..	..	..	..	..	..	..	..

..数据暂缺;|系列数据中断;x 数据不适用;p 临时数据。

注:元数据详情可见:http://metalinks.oecd.org/transport/20161124/ba8d。

免责声明:http://oe.cd/disclaimer。

1. 马其顿共和国:前南斯拉夫马其顿共和国。

来源:ITF 交通运输数据。

铁路基础设施维护费用(百万欧元)

	2007	2008	2009	2010	2011	2012	2013	2014
阿尔巴尼亚	..	..	..	..	..	..	..	..
亚美尼亚	..	..	..	..	..	..	..	..
澳大利亚	..	..	..	..	..	..	..	..
奥地利	325.0	356.0	348.0	344.0	451.0	480.0	497.0	504.0
阿塞拜疆	12.0	21.0	29.0	23.0	19.0	..	..	..
白俄罗斯	..	..	..	..	..	..	..	..
比利时	..	..	..	295.0	312.0	311.0	329.0	333.0
波黑	..	..	..	..	..	..	..	..
保加利亚	30.0	58.0	38.0	36.0	33.0	37.0	42.0	50.0
加拿大	528.0	532.0	500.0	643.0	705.0	755.0	739.0	850.0p
中国	..	..	..	..	..	..	..	..
克罗地亚	112.0	106.0	76.0	90.0	87.0	102.0	102.0	106.0
捷克共和国	253.0	353.0	372.0	359.0	364.0	353.0	378.0	424.0
丹麦	..	..	..	..	..	..	..	..
爱沙尼亚	..	..	..	..	..	..	..	..
芬兰	167.0	180.0	196.0	195.0	197.0	181.0	201.0	194.0
法国	3377.0	3672.0	3730.0	3770.0	3804.0	3983.0	3884.0	3115.0

续上表

	2007	2008	2009	2010	2011	2012	2013	2014
马其顿共和国[1]	0.0	5.0	3.0	2.0	2.0	..	..	..
格鲁吉亚	133.0	133.0	132.0	138.0	23.0	42.0	48.0	46.0
德国	..	..	..	..	..	..	..	..
希腊	..	..	..	..	..	..	..	..
匈牙利	1288.0	458.0	399.0	440.0	435.0	435.0	418.0	400.0
冰岛	x	x	x	x	x	x	x	x
印度	9706.0	11396.0	12444.0	14916.0	15327.0	16389.0	16900.0	..
爱尔兰	144.0	..	..	..	..	..	..	..
意大利	8282.0	8036.0	7832.0	7829.0	7675.0	7477.0	7205.0	..
日本	..	..	..	..	..	..	..	..
韩国	1470.0	..	..	..	..	..	..	..
拉脱维亚	85.0	129.0	133.0	98.0	109.0	112.0	110.0	119.0
列支敦士登	x	x	x	x	x	x	x	x
立陶宛	115.0ǀ	166.0	132.0	143.0	151.0	156.0	153.0	155.0
卢森堡	108.0	115.0	126.0	120.0	124.0	132.0	139.0	143.0
马耳他	x	x	x	x	x	x	x	x
墨西哥	..	..	..	..	..	..	..	..
摩尔多瓦共和国	..	..	..	..	..	..	..	..
黑山共和国	..	..	..	..	..	..	..	..
荷兰	1367.0	1175.0	1410.0	1690.0	1798.0	1798.0	1798.0	..
新西兰	..	..	..	..	..	..	..	..
挪威	422.0	449.0	542.0	678.0	730.0	757.0	713.0	801.0
波兰	100.0	36.0	157.0	213.0	239.0	307.0	387.0	..
葡萄牙	122.0	122.0	127.0	135.0	..	..	..	..
罗马尼亚	96.0	..	..	..	..	..	..	..
俄罗斯联邦	..	..	..	..	..	..	..	..
塞尔维亚共和国	20.0	21.0	16.0	13.0	17.0	16.0	9.0	9.0
斯洛伐克共和国	15.0	14.0	15.0ǀ	12.0	6.0	9.0	7.0	8.0
斯洛文尼亚	70.0	112.0	102.0	68.0	81.0	87.0	71.0	69.0
西班牙	..	..	..	..	..	..	..	..
瑞典	540.0	598.0	590.0	724.0	750.0	851.0	924.0	976.0
瑞士	847.0	475.0	534.0	588.0	668.0	728.0	729.0	708.0
土耳其	191.0	207.0	178.0	223.0	195.0	193.0	172.0	171.0
乌克兰	..	..	..	..	..	..	..	..
英国	..	..	..	..	..	..	..	..
美国	..	..	..	..	..	..	..	..

...数据暂缺;ǀ系列数据中断;x 数据不适用;p 临时数据。

注:元数据详情可见:http://metalinks.oecd.org/transport/20161124/ba8d。

免责声明:http://oe.cd/disclaimer。

1. 马其顿共和国:前南斯拉夫马其顿共和国。

来源:ITF 交通运输数据。

公路基础设施维护费用(百万欧元)

	2007	2008	2009	2010	2011	2012	2013	2014
阿尔巴尼亚	6.0	8.0	9.0	7.0	8.0	7.0	9.0	15.0
亚美尼亚	..	..	..	..	..	..	..	..
澳大利亚	873.0	900.0	1056.0	1327.0 l	1553.0	1817.0	1855.0	1931.0
奥地利	486.0	467.0	516.0	559.0	494.0	517.0	559.0	667.0
阿塞拜疆	31.0	35.0	25.0	23.0	26.0	..	..	..
白俄罗斯	..	..	..	..	..	..	..	..
比利时	94.0	102.0	111.0	184.0	156.0	145.0	147.0	..
波黑	..	..	..	..	..	..	..	..
保加利亚	215.0	203.0	69.0	100.0	71.0	103.0	96.0	93.0
加拿大	6879.0	6948.0	6551.0	8703.0	5816.0	6233.0	3943.0 l	..
中国	..	..	..	..	..	..	..	..
克罗地亚	158.0	168.0	144.0	195.0	212.0	187.0	209.0	257.0
捷克共和国	590.0	612.0	579.0	670.0	570.0	571.0	513.0	587.0
丹麦	729.0	716.0	866.0	1058.0	881.0	945.0	..	..
爱沙尼亚	32.0	38.0	39.0	38.0	39.0	..	..	..
芬兰	611.0	673.0	684.0	667.0	658.0	525.0	511.0	506.0
法国	2294.0	2286.0	2601.0	2431.0	2746.0	2851.0	2904.0	2760.0
马其顿共和国[1]	14.0	14.0	12.0	16.0	15.0	..	..	..
格鲁吉亚	11.0	12.0	11.0	9.0	13.0	15.0	14.0	16.0
德国	..	..	..	..	..	..	..	..
希腊	..	..	..	..	..	..	..	..
匈牙利	1367.0	445.0	454.0	328.0e	256.0	296.0	370.0	357.0
冰岛	36.0	47.0	30.0	29.0	29.0	30.0	28.0	..
印度	5382.0	5296.0	6255.0	9380.0	9299.0	7764.0	7041.0	6894.0
爱尔兰	56.0	56.0	46.0	164.0	161.0	139.0	129.0	..
意大利	9764.0	10756.0	6008.0	6437.0	6220.0	7196.0	9134.0	..
日本	11373.0	10876.0	13529.0	13966.0	15701.0	17606.0	..	..
韩国	1526.0	..	..	..	..	..	..	..
拉脱维亚	202.0	231.0	131.0	113.0	125.0	120.0	133.0	154.0
列支敦士登	..	..	..	..	..	..	..	..
立陶宛	125.0	134.0	125.0	160.0	153.0	123.0	127.0	143.0
卢森堡	23.0	27.0	30.0	34.0	37.0	34.0	41.0	41.0
马耳他	13.0	1.0	25.0	25.0	27.0	24.0	25.0	17.0
墨西哥	465.0	690.0 l	672.0	802.0	821.0	825.0	1097.0	..
摩尔多瓦共和国	11.0	18.0	17.0	37.0	36.0	55.0	64.0	72.0
黑山共和国	..	..	..	..	..	..	..	..
荷兰	1091.0	1231.0	827.0	1209.0	323.0	..	..	..
新西兰	616.0	579.0 l	607.0	720.0	789.0	948.0	885.0	969.0

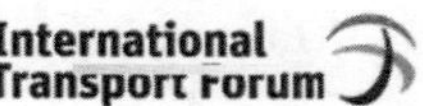

续上表

	2007	2008	2009	2010	2011	2012	2013	2014
挪威	1109.0	1149.0	1221.0	1361.0	1615.0	1747.0	1841.0	1998.0
波兰	1515.0	2006.0	2341.0	2636.0	2678.0	428.0	438.0	..
葡萄牙	192.0	141.0	124.0ǀ	102.0	..	165.0	174.0	..
罗马尼亚	1337.0	..	..	..	..	..	..	..
俄罗斯联邦	..	..	..	..	..	..	..	..
塞尔维亚共和国	300.0	331.0	259.0	229.0	205.0	209.0	129.0	143.0
斯洛伐克共和国	156.0	161.0	192.0	175.0	160.0	193.0	204.0	181.0
斯洛文尼亚	139.0	148.0	151.0	137.0	122.0	120.0	123.0	118.0
西班牙	..	..	..	..	..	..	..	..
瑞典	836.0	859.0	787.0	875.0	856.0	959.0	1044.0	1017.0
瑞士	1410.0	1611.0	1817.0	2001.0	2238.0	2414.0	..	..
土耳其	278.0	309.0	411.0	360.0	674.0	600.0	630.0	582.0
乌克兰	..	..	..	..	..	..	..	..
英国	5639.0	5009.0	4337.0	3919.0	3462.0	3470.0	3160.0	3229.0
美国	22513.0	22642.0	23088.0	29810.0	29886.0	33994.0	..	..

..数据暂缺;ǀ系列数据中断;e 估计值。

注:元数据详情可见:http://metalinks.oecd.org/transport/20161124/ba8d。

免责声明:http://oe.cd/disclaimer。

1.马其顿共和国:前南斯拉夫马其顿共和国。

来源:ITF 交通运输数据。

内河水路基础设施维护费用(百万欧元)

	2007	2008	2009	2010	2011	2012	2013	2014
阿尔巴尼亚	..	..	..	..	..	..	..	..
亚美尼亚	x	x	x	x	x	x	x	x
澳大利亚	x	x	x	x	x	x	x	x
奥地利	..	..	..	..	11.0	12.0	17.0	19.0
阿塞拜疆	..	..	..	..	..	..	..	..
白俄罗斯	..	..	..	..	..	..	..	..
比利时	76.0	87.0	131.0	65.0	58.0	71.0	66.0	27.0
波黑	..	..	..	..	..	..	..	..
保加利亚	788.0	2.0	1.0	1.0	2.0	1.0	1.0	1.0
加拿大	..	..	..	..	..	..	..	..
中国	..	..	..	..	..	..	..	..
克罗地亚	2.0	3.0	1.0	1.0	1.0	1.0	1.0	..
捷克共和国	3.0	2.0	2.0	2.0	2.0	3.0	5.0	5.0
丹麦	x	x	x	x	x	x	x	x
爱沙尼亚	x	x	x	x	x	x	x	x
芬兰	16.0	17.0	26.0	17.0	20.0	15.0	15.0	17.0
法国	58.0	60.0	61.0	60.0	61.0	61.0e	61.0e	60.0e
马其顿共和国[1]	x	x	x	x	x	x	x	x

续上表

	2007	2008	2009	2010	2011	2012	2013	2014
格鲁吉亚	x	x	x	x	x	x	x	x
德国	..	..	..	..	..	..	..	..
希腊	x	x	x	x	x	x	x	x
匈牙利	33.0	2.0	1.0	3.0e	2.0	1.0	1.0	1.0
冰岛	x	x	x	x	x	x	x	x
印度	..	..	..	..	..	..	..	..
爱尔兰	x	x	x	x	x	x	x	x
意大利	98.0	83.0	82.0	81.0	78.0	77.0	113.0	..
日本	x	x	x	x	x	x	x	x
韩国	x	x	x	x	x	x	x	x
拉脱维亚	x	x	x	x	x	x	x	x
列支敦士登	x	x	x	x	x	x	x	x
立陶宛	2.0	3.0	1.0	1.0	1.0	2.0	2.0	2.0
卢森堡	0.0	0.0	0.0	0.0	0.0	0.0	0.0	0.0
马耳他	x	x	x	x	x	x	x	x
墨西哥	x	x	x	x	x	x	x	x
摩尔多瓦共和国	0.0	4.0	1.0	0.0	..	..	..	..
黑山共和国	x	x	x	x	x	x	x	x
荷兰	492.0	583.0	693.0	544.0	343.0	..	..	..
新西兰	x	x	x	x	x	x	x	x
挪威	x	x	x	x	x	x	x	x
波兰	2.0	2.0	3.0	8.0	17.0	8.0	21.0	..
葡萄牙	..	..	..	..	0.0	1.0	1.0	..
罗马尼亚	28.0	..	..	..	..	..	..	..
俄罗斯联邦	..	..	..	..	..	..	..	..
塞尔维亚共和国	11.0	13.0	11.0	13.0	23.0	18.0	17.0	17.0
斯洛伐克共和国	1.0	4.0	2.0	2.0	2.0	3.0	4.0	9.0
斯洛文尼亚	x	x	x	x	x	x	x	x
西班牙	x	x	x	x	x	x	x	x
瑞典	x	x	x	x	x	x	x	x
瑞士	..	..	..	..	..	..	..	..
土耳其	x	x	x	x	x	x	x	x
乌克兰	..	..	..	..	..	..	..	..
英国	..	..	..	..	..	..	..	..
美国	..	..	..	..	..	..	..	..

..数据暂缺;e 估计值;x 数据不适用。

注:元数据详情可见:http://metalinks.oecd.org/transport/20161124/ba8d。

免责声明:http://oe.cd/disclaimer。

1. 马其顿共和国:前南斯拉夫马其顿共和国。

来源:ITF 交通运输数据。

沿海港口基础设施维护费用(百万欧元)

	2007	2008	2009	2010	2011	2012	2013	2014
阿尔巴尼亚	..	..	..	..	..	..	..	..
亚美尼亚	x	x	x	x	x	x	x	x
澳大利亚	..	..	..	..	..	..	..	..
奥地利	x	x	x	x	x	x	x	x
阿塞拜疆	..	..	..	..	..	..	..	..
白俄罗斯	x	x	x	x	x	x	x	x
比利时	130.0	130.0	135.0	..	..	..	..	..
波黑	..	..	..	..	..	..	..	..
保加利亚	27.0	0.0	5.0	1.0	1.0	1.0	1.0	2.0
加拿大	114.0	128.0	138.0	151.0	264.0	251.0	219.0	..
中国	..	..	..	..	..	..	..	..
克罗地亚	8.0	5.0	4.0	3.0	3.0	4.0	4.0	3.0
捷克共和国	x	x	x	x	x	x	x	x
丹麦	..	..	..	..	..	..	..	..
爱沙尼亚	..	..	..	..	..	..	..	..
芬兰	89.0	82.0	107.0	106.0	122.0	101.0	112.0	101.0
法国	44.0	48.0	48.0	53.0	53.0	53.0e	53.0e	53.0e
马其顿共和国[1]	x	x	x	x	x	x	x	x
格鲁吉亚	..	0.0	0.0	0.0	2.0	0.0	0.0	0.0
德国	..	..	..	..	..	..	..	..
希腊	..	..	..	..	..	..	..	..
匈牙利	x	x	x	x	x	x	x	x
冰岛	..	..	..	..	..	..	..	..
印度	171.0	158.0	132.0	192.0	148.0	131.0	178.0	193.0
爱尔兰	..	..	..	..	..	..	..	..
意大利	1394.0	1163.0	1287.0	1098.0	1447.0	1628.0	1263.0	..
日本	..	..	..	..	..	..	..	..
韩国	273.0	..	..	..	..	..	..	..
拉脱维亚	52.0	60.0	..	..	..	..	..	..
列支敦士登	x	x	x	x	x	x	x	x
立陶宛	4.0	6.0	2.0	7.0	2.0	3.0	3.0	4.0
卢森堡	x	x	x	x	x	x	x	x
马耳他	..	..	..	1.0	1.0	1.0	0.0	2.0
墨西哥	..	..	..	..	..	..	..	..
摩尔多瓦共和国	..	..	..	..	..	..	..	..
黑山共和国	..	..	..	..	..	..	..	..
荷兰	..	..	..	..	..	..	..	..
新西兰	..	..	..	..	..	..	..	..
挪威	..	..	..	..	..	..	..	..
波兰	6.0	6.0	10.0	10.0	15.0	15.0	20.0	..

续上表

	2007	2008	2009	2010	2011	2012	2013	2014
葡萄牙	1.0	1.0	1.0	1.0	4.0	3.0	3.0	..
罗马尼亚	..	..	..	..	..	..	..	..
俄罗斯联邦	..	..	..	..	..	..	..	..
塞尔维亚共和国	x	x	x	x	x	x	x	x
斯洛伐克共和国	x	x	x	x	x	x	x	x
斯洛文尼亚	1.0	1.0	2.0	2.0	3.0	3.0	2.0	3.0
西班牙	..	..	..	..	..	..	..	..
瑞典	28.0	1.0	23.0	27.0	27.0	20.0	20.0	..
瑞士	x	x	x	x	x	x	x	x
土耳其	x	x	x	x	x	x	x	x
乌克兰	..	..	..	..	..	..	..	..
英国	..	..	..	..	..	..	..	..
美国	..	..	..	..	..	..	..	..

..数据暂缺;|系列数据中断;e 估计值;x 数据不适用。

注:元数据详情可见:http://metalinks. oecd. org/transport/20161124/ba8d。

免责声明:http://oe. cd/disclaimer。

1. 马其顿共和国:前南斯拉夫马其顿共和国。

来源:ITF 交通运输数据。

机场基础设施维护费用(百万欧元)

	2007	2008	2009	2010	2011	2012	2013	2014
阿尔巴尼亚	0.1	0.1	0.1	0.1	0.1	0.1	0.0	0.0
亚美尼亚	..	..	..	..	..	..	..	..
澳大利亚	..	..	..	..	..	..	..	..
奥地利	..	..	..	..	..	..	..	..
阿塞拜疆	10.2	7.4	10.7	3.8	7.3	..	..	..
白俄罗斯	..	..	..	..	..	..	..	..
比利时	..	..	..	..	..	..	..	..
波黑	..	..	..	..	..	..	..	..
保加利亚	3.0	0.0	1.0	2.0	2.0	0.0	2.0	..
加拿大	630.0	630.0	600.0	707.0	699.0	756.0 |	741.0	721.0
中国	..	..	..	..	..	..	..	..
克罗地亚	1.9	1.8	3.4	2.3	3.5	3.5	4.5	4.5
捷克共和国	13.0	12.0	13.0	14.0	7.0	9.0	15.0	9.0
丹麦	..	..	..	..	..	..	..	..
爱沙尼亚	..	..	..	..	..	..	..	..
芬兰	218.0	232.0	230.0	240.0	267.0	268.0	251.0	233.0
法国	..	..	..	..	..	..	..	..
马其顿共和国[1]	..	..	..	..	..	..	..	..
格鲁吉亚	0.0	1.4	0.4	0.4	0.4	0.9	0.5	0.0

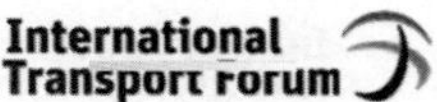

续上表

	2007	2008	2009	2010	2011	2012	2013	2014
德国	..	..	..	..	..	..	..	..
希腊	..	..	..	..	..	..	..	..
匈牙利	658.8	..	..	6.0	0.1	0.1	0.0	0.1
冰岛	..	..	..	..	..	..	..	..
印度	211.0	117.0	168.0	220.0	144.0	167.0	130.0	122.0
爱尔兰	37.0	37.0	33.0	34.0	29.0	..	..	..
意大利	113.0	98.0	100.0	102.0	95.0	115.0	109.0	..
日本	..	..	..	..	..	..	..	..
韩国	28.0	..	..	..	..	..	..	..
拉脱维亚	..	..	..	..	..	..	..	..
列支敦士登	x	x	x	x	x	x	x	..
立陶宛	4.0	12.0	2.0	1.0	1.0	1.0	2.0	2.0
卢森堡	4.0	3.0	5.0	8.0	7.0	10.0	10.0	9.0
马耳他	..	..	..	..	..	..	..	..
墨西哥	..	..	..	..	..	..	..	..
摩尔多瓦共和国	..	..	..	..	..	..	0.0	0.0
黑山共和国	..	..	..	..	..	..	..	..
荷兰	..	..	..	..	..	..	..	..
新西兰	..	..	..	..	..	..	..	..
挪威	..	..	..	..	..	..	..	..
波兰	6.0	20.0	4.0	5.0	21.0	64.0	34.0	..
葡萄牙	5.0	18.0	14.0	9.0 |	16.0	..	..	..
罗马尼亚	2.0	..	..	..	..	..	..	..
俄罗斯联邦	..	..	..	..	..	..	..	..
塞尔维亚共和国	0.0	0.0	0.0	0.0	0.0	1.0	0.0	0.0
斯洛伐克共和国	2.0	2.0	3.0	5.0	2.0	3.0	1.0	1.0
斯洛文尼亚	..	..	..	..	..	..	..	..
西班牙	..	..	..	..	..	..	..	..
瑞典	32.0	34.0	31.0	26.0 |	17.0	18.0	16.0	12.0
瑞士	..	..	..	..	..	..	..	..
土耳其	2.0	3.0	5.0	7.0	3.0	45.0	32.0	10.0
乌克兰	..	..	..	..	..	..	..	..
英国	..	..	..	..	..	..	..	..
美国	..	..	..	..	..	..	..	..

..数据暂缺;| 系列数据中断;x 数据不适用。

注:元数据详情可见:http://metalinks.oecd.org/transport/20161124/ba8d。

免责声明:http://oe.cd/disclaimer。

1. 马其顿共和国:前南斯拉夫马其顿共和国。

来源:ITF 交通运输数据。

公路基础设施总投资和维护费用(百万欧元)

	2007	2008	2009	2010	2011	2012	2013	2014
阿尔巴尼亚	259.0	508.0	496.0	249.0	218.0	187.0	243.0	208.0
亚美尼亚	..	..	..	..	..	..	..	..
澳大利亚	8899.0	10163.0	10252.0	12527.0丨	15359.0	17715.0	14846.0	13059.0
奥地利	1356.0	1342.0	1181.0	949.0	797.0	844.0	922.0	1120.0
阿塞拜疆	406.0	1362.0	1297.0	1569.0	1588.0	..	..	..
白俄罗斯	..	..	..	..	..	..	..	..
比利时	261.0	258.0	286.0	532.0丨	404.0	698.0	734.0	..
波黑	..	..	..	..	..	..	..	..
保加利亚	349.0	372.0	170.0	381.0	415.0	490.0	455.0	345.0
加拿大	14690.0	15699.0	17443.0	24097.0	20877.0	20996.0	17029.0丨	..
中国	..	..	..	..	..	..	..	..
克罗地亚	1224.0	1270.0	1053.0	710.0	678.0	665.0	633.0	537.0
捷克共和国	2083.0	2654.0	2566.0	2390.0	1863.0	1447.0	1161.0	1191.0
丹麦	1757.0	1651.0	1580.0	1995.0	1933.0	2268.0	..	..
爱沙尼亚	158.0	180.0	158.0	175.0	197.0	..	..	..
芬兰	1413.0	1646.0	1606.0	1557.0	1631.0	1653.0	1659.0	1638.0
法国	14783.0	14909.0	15249.0	14373.0	14622.0	14857.0	14997.0	13495.0
马其顿共和国[1]	53.0	59.0	55.0	47.0	53.0	..	..	..
格鲁吉亚	134.0	136.0	230.0	242.0	229.0	193.0	251.0	240.0
德国	..	..	..	..	..	..	..	..
希腊	..	..	..	..	..	..	..	..
匈牙利	2013.0	1423.0	2021.0	1168.0e	554.0	449.0	771.0	521.0
冰岛	222.0	263.0	151.0	108.0	68.0	68.0	70.0	..
印度	9766.0	10018.0	11062.0	15740.0	14916.0	13972.0	14770.0	15500.0
爱尔兰	1518.0	1417.0	1260.0	1352.0	1011.0	915.0	690.0	..
意大利	23428.0	23807.0	11649.0	9826.0	10349.0	10303.0	11975.0	..
日本	42934.0	42737.0	50735.0	49740.0	51559.0	54896.0	..	..
韩国	..	..	..	..	..	..	..	..
拉脱维亚	434.0	503.0	263.0	244.0	346.0	310.0	332.0	342.0
列支敦士登	..	..	..	..	..	..	..	..
立陶宛	437.0	571.0	573.0	582.0	496.0	366.0	380.0	367.0
卢森堡	180.0	164.0	178.0	216.0	259.0	247.0	261.0	246.0
马耳他	38.0	17.0	29.0	37.0	44.0	51.0	36.0	56.0
墨西哥	2629.0	3235.0丨	3695.0	4740.0	4733.0	4815.0	5443.0	..
摩尔多瓦共和国	39.0	44.0	31.0	51.0	45.0	95.0	100.0	111.0
黑山共和国	..	..	..	..	..	..	..	..
荷兰	2771.0	3425.0	3190.0	3509.0	2610.0	..	..	..
新西兰	1104.0	1091.0丨	1186.0	1452.0	1630.0	1615.0	1650.0	1921.0

续上表

	2007	2008	2009	2010	2011	2012	2013	2014
挪威	2844.0	3286.0	3709.0	4036.0	4427.0	5048.0	5684.0	..
波兰	4959.0	6514.0	7681.0	9147.0	10998.0	4810.0	2903.0	..
葡萄牙	1645.0	1507.0	1075.0ǀ	1613.0	..	439.0p	385.0p	..
罗马尼亚	4143.0	..	..	..	..	..	..	..
俄罗斯联邦	..	..	..	..	..	..	..	..
塞尔维亚共和国	706.0	710.0	510.0	458.0	544.0	465.0	408.0	480.0
斯洛伐克共和国	676.0	728.0	854.0	517.0	592.0	504.0	564.0	731.0
斯洛文尼亚	805.0	842.0	557.0	358.0	234.0	222.0	227.0	257.0
西班牙	..	..	..	..	..	..	..	..
瑞典	2259.0	2463.0	2360.0	2542.0	2768.0	3172.0	3056.0	2882.0
瑞士	4084.0	4451.0	4814.0	5424.0	6064.0	6295.0	..	..
土耳其	2226.0	2542.0	3329.0	5780.0	5854.0	5398.0	5510.0	5385.0
乌克兰	..	..	..	..	..	..	..	..
英国	11841.0	11047.0	10905.0	10406.0	9029.0	9031.0	9190.0	10955.0
美国	78770.0	77850.0	82380.0	93399.0	90302.0	98517.0	..	..

..数据暂缺;ǀ系列数据中断;e估计值;p临时数据。

注:元数据详情可见:http://metalinks.oecd.org/transport/20161124/ba8d。

免责声明:http://oe.cd/disclaimer。

1.马其顿共和国:前南斯拉夫马其顿共和国。

来源:ITF交通运输数据。

内陆交通基础设施总投资占GDP的比例(百分比)

	2007	2008	2009	2010	2011	2012	2013	2014
阿尔巴尼亚	3.2	5.7	5.6	2.7	2.3	1.9	2.4	1.9
亚美尼亚	..	..	..	..	..	..	..	..
澳大利亚	1.5	1.6	1.6	1.6	1.8	1.9	1.6	1.4
奥地利	0.8	0.9	1.0	0.8	0.8	0.6	0.6	0.6
阿塞拜疆	1.6	4.0	4.0	3.9	3.3	3.0	4.2	3.0
白俄罗斯	..	..	..	..	..	..	..	..
比利时	0.4	0.4	0.5	0.4ǀ	0.4	0.5	0.5	0.4
波黑	..	..	..	..	..	..	..	..
保加利亚	1.8	0.6	0.4	1.1	1.1	1.2	1.2	0.7
加拿大	0.8	0.9	1.2	1.3	1.2	1.1	1.0	1.0p
中国	..	..	..	..	..	..	..	..
克罗地亚	2.6	2.6	2.2	1.3	1.2	1.2	1.4	1.0
捷克共和国	1.5	2.0	1.9	1.5	1.1	0.8	0.6	0.7
丹麦	0.5	0.5	0.5	0.6	0.8	0.9	0.8	0.9
爱沙尼亚	1.0	1.0	1.1	1.2	1.5	1.4	1.3	1.3
芬兰	0.5	0.7	0.7	0.7	0.7	0.8	0.9	0.9
法国	0.9	0.9	0.9	0.9	0.9	1.0	1.1	1.0
马其顿共和国[1]	0.7	0.7	0.7	0.5	0.5	0.5	0.5	0.5
格鲁吉亚	4.5	2.0	3.9	3.5	4.5	3.5	2.6	2.3

续上表

	2007	2008	2009	2010	2011	2012	2013	2014
德国	0.6	0.6	0.7	0.6	0.6	0.6	0.6	0.6
希腊	0.8	0.9	1.0	0.7	0.7	0.7	1.3	1.3
匈牙利	1.0	1.2	2.0	1.1ǀ	0.6	0.6	1.0	0.8
冰岛	1.2	2.0	1.3	0.8	0.4	0.3	0.4	0.3
印度	0.9	1.1	1.0	0.9	0.8	0.8	0.9	0.9
爱尔兰	0.9	0.8	0.8	0.8	0.6	0.5	0.4	0.3
意大利	1.3	1.2	0.7	0.5	0.5	0.5	0.4	0.4
日本	1.2	1.2	1.3	1.1	1.1	1.1	1.0	1.0
韩国	1.1	1.1	1.2	0.9	0.9	0.9	1.1	1.0
拉脱维亚	1.2	1.4	1.0	1.1	1.4	1.3	1.2	1.4
列支敦士登	..	..	..	..	..	..	..	..
立陶宛	1.3	1.6	1.9	1.9	1.5	1.2	1.1	1.3
卢森堡	0.8	0.8	0.9	0.9	0.9	0.8	0.8	0.8
马耳他	0.5	0.3	0.1	0.2	0.3	0.4	0.2	..
墨西哥	0.4	0.4	0.5	0.6	0.5	0.5	0.5	0.5
摩尔多瓦共和国	1.2	1.2	0.6	0.5	0.3	0.9	0.8	..
黑山共和国	1.9	0.4	0.8	0.6	0.5	0.6	0.6	0.3
荷兰	0.5	0.5	0.6	0.6	0.6	0.6	0.6	0.6
新西兰	0.5	0.6ǀ	0.7	0.7	0.7	0.5	0.5	0.6
挪威	0.7	0.8	1.0	1.0	0.9	1.0	1.2	1.2
波兰	1.3	1.5	1.9	2.0	2.4	1.2	0.7	0.7
葡萄牙	1.0	1.0ǀ	0.8ǀ	1.1	0.9	0.2p	0.2p	..
罗马尼亚	2.8	3.3	3.2	2.7	3.0	2.6	2.2	2.1
俄罗斯联邦	1.3	1.7	1.5	1.3	1.4	1.3	1.3	1.2
塞尔维亚共和国	1.5	1.2	0.9	0.9	1.1	0.9	0.9	1.1
斯洛伐克共和国	1.3	1.1	1.3ǀ	0.9	1.0	0.7	0.9	1.1
斯洛文尼亚	2.1	2.1	1.3	1.0	0.6	0.5	0.7	1.2
西班牙	1.5	1.6	1.7	1.4	1.3	1.0	0.7	0.7p
瑞典	0.8	0.8	0.9	0.8	0.8	0.8	0.7	0.7
瑞士	1.4	1.5	1.5	1.5	1.4	1.4	1.4	..
土耳其	0.5	0.6	0.8	1.3	1.2	1.0	1.2	1.0
乌克兰	..	..	..	..	..	..	..	..
英国	0.6	0.7	0.8	0.7	0.6	0.6	0.6	0.7
美国	0.6	0.6	0.7	0.7	0.6	0.6	0.6	0.6

..数据暂缺;ǀ系列数据中断;p临时数据。

注:元数据详情可见:http://metalinks.oecd.org/transport/20161124/ba8d。

1.马其顿共和国:前南斯拉夫马其顿共和国。

来源:ITF交通运输数据。

术　语

2DS 环境：国际能源署（IEA）的 2DS 环境中提出了一条能源系统发展的道路，该环境下的碳排放量至少有 50% 的概率将全球平均气温增长限制在 2℃以内。2050 年，全球小客车平均燃料能效为每百公里耗油 4.4 升，较基准环境下的 6.4 升有所下降。

4DS 环境：国际能源署（IEA）的 4DS 环境中考虑了各国近期为节能减排作出的承诺，这些承诺都将有助于将长期气温增长限制在 4℃以内。从很多角度而言，4DS 已经是一个充满野心的目标，需要政策和技术上的重大改革。这表明 2050 年全球小客车平均燃料能效将达到每百公里耗油 6.4 升，相比之下 2015 年的百公里油耗为 10.3 升。

可达性：可达性的定义为到达有价值的目的地或机会（如人、工作、商场或其他服务）的便捷程度。航空运输可达性测算了从任何人口大于 30 万的城市到达代表全球经济活动中心的国际大都市（alpha-city）所需要的时间。城市可达性分别计算了在既定城市内私家车和公共交通在 30 分钟内可覆盖的人口比例。

航空服务协定：指双方（通常为国家）在改善航空服务方面的协定。此类协定的条约包括最大化容许飞行频率和运载能力、机场运营、票价，以及两国之间运营航空公司的国籍。

亚洲：除了日本和韩国之外所有的亚洲国家，日本和韩国属于 OECD 太平洋地区。

生物燃料：直接或间接来自于有机材料（如生物质）生产的燃料，如植物材料或动物废弃物。本书中的生物燃料指液体生物燃料，如乙醇或生物柴油。

快速公交系统（BRT）：在与常规交通分离的专用道上运行的公交，拥有更高标准的服务质量，尤其是运行频率和可靠性。

散装货船（散货船）：运输未经包装的散装货物（如粮食、煤炭、矿石或水泥）的船舶。

小客车：除助动车或摩托车之外的在公路上运行的一种机动车辆，主要用于运输一个及以上的乘客，包括 SUV 和轻型客运车辆（PLDV）。

城市：用于表示所有超过 30 万人口以上城市群的通用术语。本书中的城市边界超越了行政边界（见城市群）。

拥堵：道路网络高峰时期由于过高的出行需求导致的出行速度降低所造成的相对时间损失。

集装箱船：仅为集装箱运输使用的为全船订制有固定或移动单元的船舶。

境内非城市运输：一个国家境内所有城市之外的旅客及货物运输。

EEA + 土耳其：欧盟 28 个成员国加上瑞士、挪威、冰岛和土耳其。

自由行驶速度：根据道路类型，在没有拥堵或其他限制（交通信号、气候条件等）的情况下车辆能达到的平均速度。

赫希曼指数（h-index）：用于测量竞争程度（本书中针对航空市场）的指标，定义为每个公司（即航空公司）市场分担率的平方之和。h-index 的值在 0 ~ 1，0 代表充分自由性竞争，1 代表垄断性竞争。

液化天然气（LNG）：天然气主要由地下矿床中天然存在的甲烷组成，还包括煤矿中回收的原油或煤气（煤矿瓦斯）。为了方便运输，天然气可能会经常压降温 160℃转变为液态，由此成为液化天然气（LNG）。

地方污染：环境空气污染元素，包括氮氧化物（NO_x）、硫酸盐（SO_4）和细颗粒物（PM2.5）排放。

廉价航空公司（LCC）：以降低舒适度为代价提供廉价机票的航空公司。附加服务如机上食物、行李托运或座位选择通常会产生额外的费用。廉价航空公司会共有某些削减成本的行为，如仅拥有单一种类的飞机,或通过飞行短途航线最大化飞机使用效率。

大型公交系统:快速公交系统(BRT)或城市轨道交通(包括地铁)。

超大型船舶:运载能力超过13000TEU的超大型集装箱船。

中东地区:包括以色列在内的中东地区。

交通方式:根据比较类型划分的相对不同种类的交通运输服务:如公路、铁路、水路、航空或私家车、两轮驱动车、公交、地铁、城市轨道。

交通方式划分/交通方式分担率:某种交通方式在总客运周转量中所占的比例;某种交通方式在总货运周转量或货运量中所占的比例。

MoMo模型:IEA交通模型是一个全球化交通运输电子数据表,包含交通运输行业内不同交通方式、燃料类型、区域的历史数据和2050年预测数据,以及相关的能源使用和温室气体排放量。

摩托车:两轮驱动车,包括摩托车和轻便摩托车。本书中与两轮车概念相同。

新政策环境:新政策环境即IEA基准环境。其中考虑了大量不同国家宣布的政策承诺和计划,包括国家对于减少温室气体排放的承诺和逐步取消石油能源补助的计划,即使用于实施这些承诺的措施还没有制定或宣布。

非机动化交通方式:步行和自行车。

北美洲:本书中指美国和加拿大,墨西哥属于拉丁美洲。

OECD太平洋地区:澳大利亚、日本、新西兰和韩国。

人公里(pkm):用于计算客运周转量的单位,代表运输一位旅客经过的以公里为单位的距离。

收入人公里:用于计算客运量的单位:付费旅客人数与行驶里程的乘积。

共享交通:大规模提供需求响应交通服务的共享车辆群体。

城市群:在连续建成区土地上的城市及其周边区域。

液货船:运输液体货物的船舶,尤其是油和油产品。

TEU(20英尺国际标准集装箱单位):以ISO20英尺(6.10米)集装箱为基础的统计单位,用于描述在存在不同运载能力的集装箱的情况下,集装箱船或码头的运载能力的标准计量单位。一个20英尺集装箱等于1TEU。

三轮车:三轮驱动车,如印度的机动单轮车。

吨公里(tkm):用于计算货运周转量的单位,代表运输1吨货物经过的以公里为单位的距离。

转轨经济体:前南斯拉夫联盟国家和不属于欧盟的东南欧国家。

公交导向发展:以能步行前往公共交通为目标的密集发展为导向,包括居住、就业、商业和其他用途混合的开发模式。

两轮车:两轮驱动车,包括摩托车和轻便摩托车。本书中与摩托车概念相同。

车公里:用于计算交通需求的单位,包括货运和客运,代表一辆车行驶的以公里为单位的距离。

缩略词表

ACI	国际机场协会
ADB	亚洲发展银行
BAU	一切如常
BRT	快速公交系统
CORSIA	国际航空碳抵消和减少计划
ECLAC	拉丁美洲经济委员会
EEA	欧洲经济区
EFTA	欧洲自由贸易区
FIA	国际汽车联盟
GDP	国内生产总值
GIS	地理信息系统
GTFS	通用公共交通供应说明
HSR	高速铁路
IATA	国际航空运输协会
ICAO	国际民航组织
ICCT	国际清洁交通委员会
IEA	国际能源署
IMF	国际货币基金组织
IMO	国际海事组织
IRF	国际道路联盟
IRTAD	国际交通安全数据和分析小组
ITDP	交通与发展政策研究所
ITF	国际运输论坛
JICA	日本国际合作机构
LCC	廉价航空公司
LNG	液化天然气
LUT	综合土地利用与交通规划(第5章的政策环境之一)
MBM	以市场为基础的测算
MTEU	百万标准箱
OSM	开放街道地图
PLDV	轻型客运车辆
PnT	公共交通邻近人群
PPP	购买力平价
ROG	健康管制(第5章的政策环境之一)
SDG	可持续发展目标
TEU	20英尺国际标准集装箱
TOD	公共交通导向发展
UITP	国际公共交通协会
UNCTAD	联合国贸易和发展委员会

UNFCCC	联合国气候变化框架公约
USA	美国
VKM	车公里
WBCSD	世界企业可持续发展委员会
WTO	世界贸易组织

经济合作与发展组织

OECD 是一个政府联合处理有关全球化经济、社会和环境问题的组织，是帮助政府认识和应对新发展和新问题（如企业管理、信息经济和人口老年化问题）的先锋。该组织为政府提供了对比政策经验、寻求社会常见问题的答案、决定最佳方案，以及协调国内和国际政策的平台。

OECD 成员国包括：澳大利亚、奥地利、比利时、加拿大、智利、捷克共和国、丹麦、爱沙尼亚、芬兰、法国、德国、希腊、匈牙利、冰岛、爱尔兰、以色列、意大利、日本、韩国、拉脱维亚、卢森堡、墨西哥、荷兰、新西兰、挪威、波兰、葡萄牙、斯洛伐克共和国、斯洛文尼亚、西班牙、瑞典、瑞士、土耳其、英国和美国。欧盟也参与了 OECD 的工作。

OECD 的出版物广泛传播了该组织收集的数据及其在经济、社会和环境问题上得到的研究成果，还包括其成员国一致同意的公约、准则和标准。

国际运输论坛

国际运输论坛是一个由 57 个成员国组成的政府间组织，其作为交通运输政策的智库，负责组织交通部长的年度峰会。ITF 是唯一一个包含所有交通方式的全球化组织，它在政治上是自主的，在管理上与 OECD 相结合。

ITF 为提高民生福祉的交通运输政策服务。我们的目标是深化人们对于交通运输在经济增长、环境可持续发展和社会包容性发展中作用的认识，并且提升交通运输政策的公共影响。

ITF 为改善交通运输发展组织全球化的对话机制，作为讨论和预协商所有交通方式中政策主题的平台。我们分析了交通运输的发展趋势，在交通运输政策制定者和公民社会间分享交通运输的知识并促进信息的交换。ITF 的年度峰会是世界上最大的交通运输部长会议，而且是交通运输政策对话的全球领先平台。

论坛的成员国包括：阿尔巴尼亚、亚美尼亚、阿根廷、澳大利亚、奥地利、阿塞拜疆、白俄罗斯、比利时、波斯尼亚、黑塞哥维那、保加利亚、加拿大、智利、中华人民共和国、克罗地亚、捷克共和国、丹麦、爱沙尼亚、芬兰、法国、前兰斯拉夫马其顿共和国、格鲁吉亚、德国、希腊、匈牙利、冰岛、印度、爱尔兰、以色列、意大利、日本、韩国、拉脱维亚、列支敦士登、立陶宛、卢森堡、马耳他、墨西哥、摩尔多瓦共和国、黑山共和国、摩洛哥、荷兰、新西兰、挪威、波兰、葡萄牙、罗马尼亚、俄罗斯联邦、塞尔维亚、斯洛伐克共和国、斯洛文尼亚、西班牙、瑞典、瑞士、土耳其、乌克兰、英国和美国。

ITF 交通运输展望 2017

《ITF 交通运输展望》简要介绍了全球层面交通运输领域近来的发展趋势和未来短期内发展方向。文中还记录了在不同政策环境下，针对未来至 2050 年货物运输（海运、航空和陆运）和旅客运输（公路、铁路和航空）及其相关 CO_2 排放发展趋势的预测。

文中重点关注了 2015 年以来全球主要政策、经济和技术变革及其他国际发展动态（如联合国可持续发展目标的制定）对未来交通的影响。聚焦城市内部的可达性可以凸显相关战略政策在为全体民众获得平等的出行权力与服务方面的作用。